内部审计

理论基础 工作流程 案例详解

微课版

袁小勇 王茂林 主编
陈小欢 刘红生 副主编

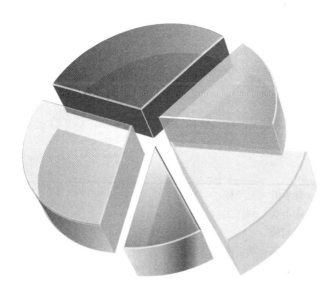

人民邮电出版社
北京

图书在版编目（CIP）数据

内部审计：理论基础 工作流程 案例详解：微课
版 / 袁小勇，王茂林主编. -- 北京：人民邮电出版社，
2023.7
高等院校会计学新形态系列教材
ISBN 978-7-115-61192-5

Ⅰ. ①内… Ⅱ. ①袁… ②王… Ⅲ. ①内部审计－高
等学校－教材 Ⅳ. ①F239.45

中国国家版本馆CIP数据核字（2023）第025051号

内 容 提 要

本书以我国内部审计具体准则及内部审计实务指南为依据，参考《国际内部审计专业实务框架》（2017）的部分先进理念，全面系统地介绍了内部审计的基本原理与方法体系。本书包含三个部分共十三章。第一部分，阐述内部审计的基础知识和基本原理（第一章至第三章：内部审计的性质与使命、内部审计机构与人员、内部审计的业务类型）；第二部分，阐述内部审计的工作流程与技术方法（第四章至第八章：内部审计的基本程序、审计证据的获取与评价、审计发现与建议、审计报告、内部审计管理）；第三部分，阐述当前内部审计的热点实务（第九章至第十三章：内部控制审计、风险管理审计、公司治理审计、舞弊审计专题、内部审计展望）。

本书可以作为高等院校会计学、财务管理、审计学等专业相关课程的教材，也可作为会计、审计类专业研究生的"内部审计"课程的教材，还可作为企事业单位会计、审计、纪检、监察及其他管理人员总结经验及提升能力的参考书。

◆ 主　　编　袁小勇　王茂林
　　副 主 编　陈小欢　刘红生
　　责任编辑　刘向荣
　　责任印制　李 东　胡 南
◆ 人民邮电出版社出版发行　　北京市丰台区成寿寺路 11 号
　　邮编　100164　　电子邮件　315@ptpress.com.cn
　　网址　https://www.ptpress.com.cn
　　北京市艺辉印刷有限公司印刷
◆ 开本：787×1092　1/16
　　印张：12.5　　　　　　　　　2023 年 7 月第 1 版
　　字数：324 千字　　　　　　　2023 年 7 月北京第 1 次印刷

定价：54.00 元
读者服务热线：(010)81055256　印装质量热线：(010)81055316
反盗版热线：(010)81055315
广告经营许可证：京东市监广登字 20170147 号

前　　言

首都经济贸易大学会计学院在 2007 年就为本科生开设了内部审计课程，当时由我主讲。那时我发现，研究内部审计的著作实在是太少了。这让我决定动笔写一本关于内部审计的书。2012 年，经济科学出版社出版了我的《内部审计：怎样才能有所作为》。此后，我一直以此书的部分内容作为本科内部审计课程的参考内容。如今，我决定重新编写《内部审计》，主要原因有三：一是《内部审计：怎样才能有所作为》作为一本专著，包含了较多的探索性问题，将其作为教材不完全合适；二是内部审计是一门实务性很强的学科，教材的编写最好能有更多的老师和实务界的专家参与；三是当前市面上的一些内部审计教材存在一些缺陷，比如，未能突出内部审计的使命与责任，缺少对内部审计实务中的一些热点、难点问题的思考，理论与实务结合不足等。

本书延续《内部审计：怎样才能有所作为》一书的结构，也分为三大部分，一方面引导初学者加深对内部审计的原理与技术的理解，另一方面鼓励实务工作者思考与探讨内部审计工作的一些深层次问题。本书的逻辑结构如下。

第一部分，阐述内部审计的基础知识和基本原理。第一章，内部审计的性质与使命；第二章，内部审计机构与人员；第三章，内部审计的业务类型。

第二部分，阐述内部审计的工作流程与技术方法。第四章，内部审计的基本程序；第五章，审计证据的获取与评价；第六章，审计发现与建议；第七章，审计报告；第八章，内部审计管理。

第三部分，阐述当前内部审计的热点实务。第九章，内部控制审计；第十章，风险管理审计；第十一章，公司治理审计；第十二章，舞弊审计专题；第十三章，内部审计展望。

本书具有以下特点。

第一，以我国内部审计具体准则及内部审计实务指南为依据，参考《国际内部审计专业实务框架》(2017)的部分先进理念，全面阐述了内部审计"以风险为基础，提供客观的确认、建议和洞见，增加和保护组织价值"的使命。

第二，明确提出内部审计部门应该设置在管理层之中。本书认为，内部审计是为管理服务的，内部审计本质上是管理职能的一部分，它不直接参与管理，但为管理提供有价值的信息。因此，内部审计部门应该设置在管理层之中。至于内部审计部门受谁领导，取决于组织内部的权力安排。

第三，将内部审计视为一个系统化、规范化的过程。内部审计工作从认真选择审计对象开始，到制定审计方案、深入现场进行调查、发现异常、提出建议、出具审计报告、开展后续审计等，是一个系统的、规范化的审计流程。无论是传统的财务审计、舞弊审计，还是内部控制审计、风险管理审计，都适用这一流程。

第四，将内部审计置于公司治理的框架下，突显内部审计在公司治理中的作用。风险与控制是公司治理的关键要素，内部审计的基本职责就是改善风险管理、提供控制确认、服务公司治理。因此，本书专设三章，探讨内部控制审计、风险管理审计和公司治理审计等核心课题。

第五，提出了内部审计与注册会计师审计的区别。内部审计与注册会计师审计的区别有很多，其中在审计程序上的突出区别是，对注册会计师审计而言，控制测试和实质性程序是很重要的程序，尤其是实质性程序，被认为是财务报表审计的必需程序。但《国际内部审计专业实务框架》（2017）中并没有"控制测试"和"实质性程序"这两个词。之所以出现这种结果，是因为实质性程序主要是为财务报表审计服务的，而财务报表审计并不是内部审计的主要内容。在内部控制审计和风险管理审计中，不存在实质性程序一说。就控制测试而言，注册会计师审计将其作为审计过程中的一个可选程序，是为实质性程序服务的；而内部审计中，对内部控制进行测试、评价是审计的目的，而不是过程。

第六，体现审计实务的重点与难点。考虑到财务审计已经不是内部审计的主流，故本书在写作内容上，淡化了财务审计，突出了内部控制审计、风险管理审计和舞弊审计。另外，有多年实务调查和培训经验的内部审计人员认为，内部审计的核心问题就是发现审计对象的异常，提出审计建议。因此，本书特设一章"审计发现与建议"，讨论如何让审计发现更有说服力，让审计建议更有效。

第七，贯彻"二十大精神"。审计是党和国家监督体系的重要组成部分。审计监督首先是经济监督，经济问题的背后实质上是政治问题。如何深入挖掘、系统梳理和精准厘定内部审计中蕴含的政治引领作用，做到"学、思、用"贯通，"知、信、行"统一，切实把党的"二十大精神"贯穿内审工作全过程各环节，是内部审计教材建设的重要内容。为此，本书在概念阐述、案例选择、微视频及教学资源库等内容中突出内部审计的政治站位，强调审计人员的责任担当，注重审计成果的有效应用。

第八，注重审计业务创新。本书第三章专设一节"内部审计的业务创新"，帮助读者了解内部审计业务的发展方向，拓宽审计视角，创新审计思维。

第九，吸收审计实务界专家参与写作。审计报告是内部审计的最终产品，非常重要，因此，由宁波鄞州农村商业银行审计部总经理刘红生博士撰写"审计报告"一章。刘红生博士是2017～2019年全国内部审计先进工作者、浙江省内部审计协会理事、宁波市内部审计协会副秘书长、高级会计师、高级审计师，具有非常丰富的内部审计工作经验。参与本书创作的另一位实务界人士是陈小欢老师，她现在是中审众环会计事务所的项目经理，目前借调在某大型央企财务公司从事内部审计工作，此前任职过企业的财务经理、审计经理，对内部审计与注册会计师审计都有很深的理解。他们二位的加入，使本书理论与实务结合得更加紧密。

第十，引导读者思考与探索。为了让本书更加适合于初学者学习，本书每章开头设置"引导案例"模块，以激发读者的学习兴趣，揭示各章主题，做好学习铺垫；章尾设置"思考与探索"模块，设计了一些思考题与案例分析题，供读者学习与组织讨论，以加深对各章知识的理解；同时，还设置"拓展资料"模块，让读者通过网络收集一些参考文献，进一步深入学习。

本书由袁小勇、王茂林任主编，陈小欢、刘红生任副主编。具体分工如下：第一章和第二章由首都经济贸易大学审计系袁小勇撰写；第三章由首都经济贸易大学审计系王茂林撰写；第四章及第五章的第一、二、五节由首都经济贸易大学审计系鄢翔撰写；第五章的第三、四节及第六章、第八章和第九章由中审众环会计师事务所陈小欢撰写；第七章由宁波鄞州农村商业银行审计部总经理刘红生撰写；第十章、第十一章和第十三章由首都经济贸易大学审计系崔春撰写；第十二章由首都经济贸易大学审计系王霞撰写。

本书虽然定位于高等教育本科教材，也可作为会计、审计类专业研究生的"内部审计"课程的教材，并且对于内部审计实务工作者提升能力也有较强的应用价值。在这里，我代表本书的作者团队衷心地祝愿：每一位进入内部审计行业的初学者"前程无量"，每一位内部审计实务工作者都能大有作为，受到单位领导的器重！

当前的内部审计实务发展很快，本书在理论与实务方面可能会存在一些问题，还望各位读者提出宝贵意见，以便我们不断改进。

作者在写作本书过程中，参考了部分文献，得到了许多专家的帮助，在此一并表示感谢。更要特别感谢首都经济贸易大学会计学院领导许江波、于鹏，以及顾奋玲教授的大力支持。

首都经济贸易大学　袁小勇

2023 年 5 月

目　　录

第一章 内部审计的性质与使命

引导案例

内部审计怎样才能由"招人烦"到"讨人爱"[①]

肖勇是 X 集团旗下 D 公司总经理,在现任岗位上工作了 5 年,今年 41 岁,意气风发。肖勇本科学的是工商管理,研究生学的是财务管理,在任 D 公司总经理之前,曾在集团财务部任副部长 3 年。此次集团董事长亲自找他,是想让他出任集团审计部部长一职。现任审计部部长因年龄原因将于 1 周后离任。

来到董事长办公室,肖勇还是有些紧张。

"小肖,请坐!喝杯茶吧!"董事长吩咐人给肖勇准备茶水,然后直接问道"你对这次从 D 公司调到集团当审计部部长有什么想法?"

肖勇摸了摸自己的脑袋,用不那么自信的口吻说:"领导安排,我绝对服从,但我从来没有做过审计工作,只怕辜负领导的期望……"此时,肖勇想起了过去与审计部打交道的情形,真的没有信心。

"你在财务部、基层都做得很好,你年轻,有实力,敢于面对挑战,我们相信你的能力。你也知道,当前我们集团面临的竞争压力不小,内部审计工作非常重要。也快到年底了,给你一周时间,你要尽快了解一下内部审计的工作,转变观念,厘清思路,尽快拿出一套审计方案。"董事长知道肖勇的能力,也相信肖勇能够领导好内部审计的工作。临走时,董事长拍了拍肖勇的肩膀,说:"小伙子,好好干!"

出了集团大楼,司机早已等候在楼下。在车里,肖勇一直在回味临走时董事长鼓励的话,思考如何尽快转变观念,争取比前任做得更好。

想着想着,肖勇不禁轻轻地摇了摇头,回忆起自己在财务部工作时,常会因内部审计人员抓住一件小事情要求财务部提供多年的会计账簿而不胜其烦,认为审计工作"招人烦";自己晋升为财务部副部长后,每当事先知道内部审计人员要到财务部查账时,都会严肃地告诫下属"认真做账,不要让审计部因查出我们未按制度执行而抓住我们不放"。今年 8 月,集团审计部对 D 公司开展审计时,发现 D 公司在仓储管理、产品检验、档案管理等内部控制方面存在一些问题,已经是 D 公司总经理的肖勇也认为在这些方面有可以改进的地方,于是很痛快地在审计问题和整改建议沟通函中签了字。但在上个月月末集团审计部对审计问题进行整改跟踪评价时,内部审计人员认为审计时提出的问题没有整改到位,相应扣减 D 公司管理层 20% 的年终奖。肖勇解释 D 公司已经就审计问题进行了多次部署,但内部控制问题属于系统缺陷,公司内部要有个认识的过程,制度修改也要有个报批的过程,不是两三个月就能改好的,不能因此扣减管理层奖金。对此,肖勇还与集团审计部副部长袁梦发生了激烈的争吵。另外,肖勇还回想起在今年年初的一次经营分析会议上,与公司的一位执行董事在闲聊时提到了内部审计工作,这位执行董事抱怨说:"每次审计部门汇报时,说是发现了许多问题,但其实都是一些细枝末节的问题。"

[①] 刘红生,袁小勇. 内部审计情景案例:理解审计行为,辨析审计决策. 北京:人民邮电出版社,2022.

车很快开进了 D 公司的大门。肖勇这才回过神来，原来自己对内部审计工作并不是那么喜欢，现在偏偏领导让自己来管理审计部，领导真会和自己开玩笑。但不管如何，既然已经答应了，就要尽快转变自己的观念，与同事们一起思考如今集团内部审计存在的问题，扭转人们对内部审计的看法，开创内部审计的新局面。

回到自己的办公室，肖勇让助理把近几年 D 公司审计部工作计划与审计工作总结、集团历次审计沟通函及审计意见等找出来，认真地研究。肖勇发现审计部的工作其实很辛苦，并且已经涵盖了公司的主要风险领域以及监管关注点，但为什么过去自己就没有对内部审计满意过呢？并且在与其他子公司领导的日常交流中也没有人对内部审计有很高的评价。肖勇觉得自己必须从根本上找出扭转内部审计局面的新方案。

肖勇在从财务部副部长到子公司总经理，再到集团审计部部长的职务变迁中，经历了从不理解内部审计到了解内部审计的艰辛和职责，再到立志引领内部审计工作创造新局面的过程。这个渐进的过程给人们很多启示，引发人们思考。

思考：

1．怎样理解内部审计的使命？

2．为什么多数情况下内部审计会给业务部门一种"招人烦"的印象？你认为根源可能在哪里？

3．你认为内部审计与审计对象天然就存在利益冲突吗？为什么？

4．如何理解内部审计在组织风险管理"三道防线"中的功能定位与作用？

5．D 公司总经理肖勇与集团审计部副部长袁梦的争吵说明了什么？现在肖勇成为袁梦的上级，肖勇需要向袁梦就当时的争吵进行解释吗？

6．如何看待部分执行董事抱怨审计报告中的很多问题其实都是一些细枝末节的问题？

7．为促进内部审计"讨人爱"，X 集团内部审计需要从哪些方面改进或创新？

第一节　内部审计的性质

一、内部审计的定义

关于内部审计的定义，国际上比较权威、有影响力的应该是国际内部审计师协会（Institute of Internal Auditors，IIA）的定义，国内比较权威的是中国内部审计协会的定义。

IIA 发布的《国际内部审计专业实务框架》（2017）中对内部审计的定义为："内部审计是一种独立、客观的确认和咨询活动，旨在增加价值和改善组织的运营。它通过应用系统的、规范的方法，评价并改善风险管理、控制和治理过程的效果，帮助组织实现其目标。"

内部审计的定义

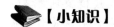【小知识】

《国际内部审计专业实务框架》

《国际内部审计专业实务框架》是 IIA 发布的概念性框架，是国际公认的内部审计专业实务标准体系，是国际内部审计经验的结晶，在内部审计活动中具有普遍的指导意义。其内容包括内部审计的使命、强制性指南和推荐性指南，无论是对内部审计专业实务，还是国际注册内部审计师（Certified Internal Auditor，CIA）考试都非常重要。

中国内部审计协会发布的《第 1101 号——内部审计基本准则》（2013）第二条指出："本准则所称内部审计，是一种独立、客观的确认和咨询活动，它通过运用系统、规范的方法，审查和评价组织的业务活动、内部控制和风险管理的适当性和有效性，以促进组织完善治理、增加价值和实现目标。"

通过上面的比较可以看出，国内国际内部审计的定义没有本质区别。可从以下方面理解内部审计的内涵。

（一）内部审计的特点：独立和客观

内部审计所应具备的独立、客观特质，是其在受托责任关系中充当控制机制的基本前提之一。独立性和客观性构成了内部审计职业道德规范的基本要素，是内部审计职业化进程的基石。其中，客观性与确认和咨询服务的评价、判断和决策活动的质量有关，而独立性与确认和咨询服务所处的环境状态有关。

具体来讲，独立性指内部审计部门或首席执行官不偏不倚地履行职责，免受任何威胁其履职能力的情况影响。客观性是一种精神状态，指的是内部审计人员不偏不倚的工作态度。保持客观性，内部审计人员可在开展业务时确信其工作成果，不做任何质量方面的妥协。对于内部审计而言，保持独立性一直是个难题，因为内部审计部门与被审计单位之间天然存在利益关系。事实上，独立性依附于客观性，一味追求独立性容易造成内部审计部门和被审计单位的冲突与对立。因此，不应过分强调独立性，而应重点关注客观性。并且，内部审计的独立和客观是相对的。内部审计是企业价值链的一个环节，如果要求其完全独立，那么仅进行外部审计就行了，说不定还能把成本降下来。此外，企业管理是不可能完全客观的，肯定会受到主观因素的影响，内部审计也不例外。

《国际内部审计专业实务框架》的"属性准则 1100 号"对独立性和客观性的解释如下。内部审计的独立性和客观性体现为组织上的独立性和个人的客观性。内部审计组织独立性的标志是内部审计活动在确定内部审计范围、实施审计及报告审计结果时应不受干扰。内部审计人员个人的客观性是指内部审计人员应有公正的态度，避免利益冲突，即内部审计人员精神上的独立。内部审计人员的客观性很大程度上取决于内部审计组织机构独立性的实现。内部审计必须有专职的审计人员，不应由其他业务部门，特别是会计部门的人员兼任。内部审计人员只有在独立性和客观性的保证下，才能做出公正、无偏见的判断，只有这样，才能最大限度地增强内部审计人员的独立性，以便其在规定的权限内独立行使职权，完成规定的任务。

对组织独立性和个人客观性造成损害的因素可能包括但不限于：个人利益冲突，工作范围限制，接触记录、人员和实物资产的限制，在经费等资源方面受到约束等。IIA 提供了一个管理独立性或客观性威胁因素的综合性框架（如图 1-1 所示）。该框架关注项目层次与个人层次的客观性，要求内部审计人员识别影响独立性或客观性的威胁因素，进而评估和减少这些威胁因素，并确定在采取措施减少所识别的威胁因素后内部审计人员的客观性。

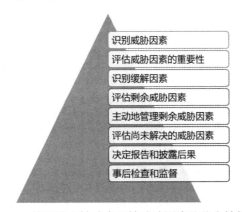

图 1-1　管理独立性或客观性威胁因素的综合性框架

（二）内部审计的本质：确认和咨询

内部审计的本质是一种确认和咨询活动。通过强调内部审计的范围包括确认与咨询活动，IIA将内部审计设计成主动的以客户①为中心的活动，关注内部控制、风险管理与公司治理过程的关键问题。

（三）内部审计的基本职责：增加价值和改善运营

内部审计的基本职责是为组织增加价值并改善组织的运营。现阶段，很多企业内部审计的价值往往体现在查错纠弊上。要改善企业的运营，内部审计人员需要提出更有针对性的建议。有些组织把内部审计的作用确定为促进效益的提高。这对内部审计来说难度比较大，衡量起来也比较难。而增加价值和改善运营的说法相对比较合适，也为内部审计提供了更多的发展空间。

（四）内部审计的核心内容：内部控制、风险管理和公司治理

内部审计的两大基石分别是风险管理和内部控制，脱离了这两个基石，内部审计就可能被其他经营管理活动所取代。而内部审计也是公司治理的三大基石之一。内部审计的地位越高，在公司治理中发挥的作用也就越大。因此，要想增加价值和改善运营，内部审计必须加强对内部控制、风险管理和公司治理过程的评价，即对内部控制、风险管理与公司治理进行审计是内部审计的核心内容。

（五）内部审计的方法：系统和规范的方法

毫无疑问，内部审计要完成规定的任务并实现组织的目标，必须采用科学的方法，而科学的方法就应该是系统的和规范的，而不是零散的和随心所欲的。所谓系统和规范的方法，包括审计抽样方法、风险评估方法和内部控制方法等。

（六）内部审计的作用：帮助组织实现目标

与增加价值和改善运营相比，帮助组织实现目标更加具体地指出了内部审计应发挥的作用。而这里说的目标是指组织的长期目标和战略目标，这和内部审计在公司治理里的重要作用一致。从短期看，内部审计并不能促进经营业绩的提升，但是从长期看，内部审计有助于组织更加健康、持续地成长。

二、内部审计的产生与发展

内部审计的历史悠久。"审计的产生可以追溯到比会计产生稍晚的时期……当社会文明发展到存在某个人被其他人托付财产的必要性时，那么对前者的忠诚进行某种检查的合理性就显而易见了。"②

早在奴隶社会，内部审计就萌芽了。人类进入奴隶社会以后，出现了私有制，奴隶主为了坐享其成，过上不劳而获的生活，往往将自己的私有财产委托给精明能干的经理人去经营管理。同时，为了切实了解经理人是否按照奴隶主的利益诚实经营，奴隶主需要委派亲信审查经理人的行为或报告，这就是内部审计的萌芽。当然，这些亲信的审查还不能算是真正意义上的独立的内部审计，因为除了审计业务外，他们还要负责其他的管理事务。

在奴隶制政府机构中，也出现了内部审计的萌芽，如中国的西周时期、古罗马、古希腊对内部审计组织及活动均有记载。中国《周礼》记载，西周时期，周王朝设有"司会"和"宰夫"两种官职。"司会"可以从日成、月要、岁会三个方面考核皇室的财政收支，保管书契、

---

① 内部审计的客户可以是被审计单位、管理高层、审计委员会、董事会、股东等。内部审计部门需要明确主要客户，并分析主要客户的需求，针对客户需求提供审计服务。在不同的时期，因为内部审计的职能侧重不同，内部审计的主要客户可能会不同。所以，内部审计部门需要对主要客户进行定期排序。

② 罗伯特·K.莫茨，夏拉夫. 审计理论结构. 文硕，译. 北京：中国商业出版社，1990.

版图及其副本，实际行使会计稽核和控制的权利，可谓原始意义上的内部审计。

进入中世纪以后，内部审计有了进一步的发展，其主要标志是出现了相对独立的内部审计人员（但很少有相对独立的内部审计机构），审计目的主要是查错纠弊，通过对会计账目的审计，查明单位内部承担经济责任者的诚实性。在这一时期，内部审计主要采用寺院审计、行会审计、银行审计、庄园审计、公司财务审计等形式。

19世纪末20世纪初，资本主义进入垄断阶段。一些大型股份企业为了开拓垄断资本利润的新来源，瓜分世界市场，纷纷将过剩资本输出到国外，输出到发展中国家，在那里设立分支机构和分公司。例如，美国的西屋电气公司，英国商人与荷兰商人合资建立的联合利华公司，瑞士的雀巢公司，都先后到国外投资设厂，开始跨国性经营。这时，总公司开始撤离管理第一线，变直接管理为间接管理，与分公司只保持松散的关系，对分公司（尤其是海外分公司）只起控股作用，分公司拥有较大的自主权。这种管理层次增多、实行分权管理的情况，给企业管理者提出了难题：一方面，必须制定各种管理方法和方针，确定各基层部门（主要是分公司）在经营管理中履行职责的标准；另一方面，出现了"管理失控"的危机，必须采用新型的控制方式，对这些管理方法和方针的遵守情况进行管理。

对于高层管理者来说，合理地解决新形势下出现的新问题，已迫在眉睫。如果采用以前的控制方式，继续聘用民间审计人员对下属分公司的财产、会计记录和经营情况进行审查，已无法满足管理之需。于是，企业高层管理者便将目光转向企业内部，千方百计地从员工中选拔具有经营管理知识和能力的特殊人才，让他们从企业自身的利益出发，对分公司的管理责任进行经常性监督。这些特殊的人才与外部审计人员相对应，被称为"内部审计人员"。

内部审计职业创始人维克多·布林克在其名著《前程无量》一书中有如下论述[1]。

在内部审计师职业建立以前，工商企业和其他各种组织的活动范围变得越来越庞大，越来越复杂。这些变化的到来，致使对控制和经营效率的管理更加困难。管理人员再也不能亲自去观察责任范围内的所有活动，甚至不再有充分的机会去接触直接或间接向他们报告的人。

于是，他们开始寻求能够处理这些新问题的所有可能的途径。越来越多的管理部门发现有必要任用一些助理（秘书）去检查和报告正在发生的事情，并对其原因进行深入的调查。这些助理（秘书），后来成为专业人员，就是"内部审计人员"。

——布林克

在19世纪40年代前，独立的内部审计人员就出现了，"内部审计人员通常受雇于会计部门，负责检查单位日常的财务活动，他们力图确定其他员工是否遵循财务和会计程序，资产的保管是否有适当的安全措施，以及是否存在舞弊或其他不道德行为的迹象"[2]。也就是说，内部审计的目的主要是查错纠弊，通过对会计账目的审查，查明单位内部受托经济责任者的诚实性[3]。

因此，内部审计是随着企业的规模日益增大，分权化管理成为必要，企业对内部经济管理控制和监督的需求日益增多而产生的。内部审计从一开始就是管理职能的一部分，是最高管理者的助手，是管理层的参谋。内部审计是应企业管理的需求而自发产生的，开展内部审计的初始目的是高层管理者监督和控制其下属的不当行为（如偷懒、犯错误、舞弊等），评价其经济活动的效果和效率，提高组织经营效率。内部审计并不是为所有者服务的，而是为管

---

[1] Victor Z.Brink: Foundations of Unlimited Horizons,IIA,1977.

[2] 劳伦斯·B. 索耶. 索耶内部审计. 北京：中国财政经济出版社，1990.

[3] 这个时期的内部审计称为内部财务审计。

理者服务的。

　　进入 20 世纪 40 年代以后，资本主义企业的内部结构和外部环境进一步复杂化，尤其是随着跨国公司的迅速崛起，不仅管理层次的分解比以往任何时候都更加迅速，而且企业与企业的竞争日益激烈。企业管理者对降低成本、提高经济效益的要求更加迫切。企业在做出经营决策时，不再只是考虑局部的得失，而是重点考虑企业的最大利益，不仅考虑企业的现在，而且要考虑企业的未来。在这种情况下，"为管理而审计（audit for management）"显得更加重要了①。

　　20 世纪 70 年代，是内部审计大发展的阶段，IIA 正式开启内部审计会员注册，为内部审计人员提供了一个获得专业职称的机会，内部审计从"为管理而审计（audit for management）"发展到"对管理进行审计（audit of management）"。

　　20 世纪 90 年代，内部审计已经发展成为一个令人羡慕的职业了。更为重要的是，内部审计开始与那些负责公司治理的人建立密切关系，内部审计人员直接与审计委员会进行交流，向他们汇报。这样的汇报关系被广泛认为有利于改进公司治理结构与程序。通常，审计委员会被看作董事会与内部审计人员之间的桥梁，其主要履行董事会对股东和公众的职责。

三、内部审计与管理

　　内部审计的性质是关于内部审计的基本命题，它直接影响内部审计的职能、地位和机构设置等问题。

　　从内部审计的产生与发展历程中，我们可以看出，无论是内部审计的形成阶段，还是内部审计的兴起阶段、发展阶段，虽然内部审计的概念发生了变化，内部审计的关注重点和工作方式发生了变化，但内部审计的服务对象始终没有变化，那就是为管理服务，且"协助本组织的管理成员有效地履行其职责"的宗旨没有发生变化。因此，内部审计本质上是管理的一部分，是管理层保证企业目标得以实现的重要手段，内部审计人员是高层管理者的秘书（助手）②。开展内部审计的初始目的是高层管理者监督和控制其下属的不当行为（如偷懒、犯错误、舞弊等），评价其经济活动的效果和效率，提高组织经营效率；随着内部审计的发展，开展内部审计的目的开始转化为监控组织风险、评价风险管理与内部控制的效果。内部审计作为企业内部的一种内在控制机制，其最基本的目标是为管理服务、协助管理层完善企业的内部管理，提高经营效率，减少浪费损失，从而实现企业利益最大化。

　　现代内部审计不是自发发生的，而是管理人员和内部审计师为了适应管理现代化的要求，自觉地追求和提倡的结果。

——文硕《世界审计史》

四、内部审计与外部审计的关系

　　外部审计包括政府审计与注册会计师审计，这里主要说明内部审计与注册会计师审计的关系。

---

① 贝利，格拉姆林，拉姆蒂. 内部审计思想. 王光远，等，译. 北京：中国时代经济出版社，2006.
② 高层管理者可能会有许多秘书（助手），这些秘书（助手）有的负责谋划、设计，有的负责下达指令，有的负责检查指令的执行情况。显然，内部审计负责检查指令的执行，即内部审计人员是高层管理者的一个化身，专职检查指令的执行情况及次级管理人员的能力与品德。

（一）内部审计与注册会计师审计的相似点

1. 基本原理相同

审计是人类为了建立对某种标准的遵循性而进行的评价过程，其结果是得出一种意见（或结论）。内部审计与注册会计师审计同属于审计范畴，他们的工作都是为了还原事实真相、评价事实真相（如图1-2所示）。

（1）还原事实真相。首先，审计人员拥有"真相"。审计人员头脑中存在的"真相"，是一个复杂的图解系统，是过去经验的升华，是审计人员通过学习与工作积累下来的区分"是非"和"真假"的知识。其次，审计人员通过调查，弄清事实的来龙去脉。事实以证据为依据。如果存在宣称的证据，审计人员要展开调查，验证证据真假；如果不存在宣称的证据，审计人员更要调查，去获取关于事实真相的证据。再次，审计人员依据所获取的证据链，还原事实真相。在还原事实真相的过程中，如果得出的结论不是唯一的，说明获取的证据不充分，需要再次调查，获取其他证据，直到审计人员能够得出唯一的结论。

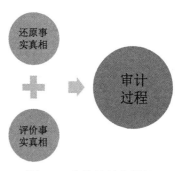

图1-2 审计的基本原理

（2）评价事实真相。为了评价事实（真相），审计人员首先要有一个双方①认可的评价标准；其次，审计人员要把还原出来的事实真相转化成"标准"所要求的格式（格式化的真相）；最后，将提炼出来的格式化的事实真相与评价标准进行比较，进行综合判断，得出审计结论，形成审计意见，并将其报告给信息使用者。

2. 基本方法相同

内部审计与注册会计师审计都需要查明事实，因而两者为实现各自目标所采用的某些方法（手段）很多是相似的。例如，为支持所得出的审计结论，审计人员都需要获取充分、适当的审计证据，都可以运用观察、询问、函证、盘点和分析程序等审计方法。

3. 审计对象部分重叠

内部审计对象与注册会计师审计对象是密切相关的，甚至存在部分重叠。例如，经营活动审计、内部控制审计既涉及内部审计，又涉及注册会计师审计。因此，注册会计师通过了解与评估内部审计工作，利用可信赖的内部审计工作相关部分的成果（如内部审计发现的、可能对被审计单位财务报表和注册会计师审计产生重大影响的事项），可以减少不必要的重复劳动，提高审计工作效率。同样，内部审计人员也可以利用注册会计师审计的某些成果，如关于内部控制测试的结果。

（二）内部审计与注册会计师审计的不同点

1. 审计目标不同

内部审计对组织经营活动的正确性、合法性和有效性以及组织战略、组织治理、内部控制、风险管理等有效性进行审计。注册会计师审计接受委托后对组织财务报表的合法性、公允性进行审计。

2. 审计的独立性不同

内部审计服务于组织内部，接受组织总经理或董事会的领导，独立性相对较弱。注册会计师审计服务于需要可靠信息的第三方，不受被审计单位管理层的领导和约束，具有很强的独立性。

---

① 这里所说的双方，是指责任人与信息使用者（除责任人之外的）。

3. 审计采用的标准不同

内部审计必须遵守内部审计准则以及组织内部制定的各项政策和标准。注册会计师审计遵循的是注册会计师审计准则以及国家的有关政策和标准，组织内部制定的各项政策和标准对注册会计师审计约束力较小。

4. 对内部控制的关注点不同

在财务报表审计中，注册会计师对内部控制进行测试是一项可选择程序，而不是一项审计目标。注册会计师就算进行内部控制审计，也主要对与财务报告相关的内部控制设计与运行的有效性进行评价，发表审计意见。虽然《企业内部控制审计指引》第四条第二款规定，"注册会计师应当对财务报告内部控制的有效性发表审计意见，并对内部控制审计过程中注意到的非财务报告内部控制的重大缺陷，在内部控制审计报告中增加'非财务报告内部控制重大缺陷描述段'予以披露"，但注册会计师并没有义务就重大缺陷提出改进建议。而对内部审计部门来说，对内部控制进行测试是一项日常工作，若开展内部控制审计，则是对内部控制整体框架进行评价，不仅要发表审计意见，还要就内部控制的缺陷提出改进建议。

五、内部审计在公司治理中的作用

内部审计在公司治理中的作用

2002 年 7 月 23 日，IIA 在对美国国会的建议中指出：一个健全的治理结构是建立在四个主要条件的协同之上的，这四个条件是董事会、执行管理层、外部审计和内部审计。在司法机构和管理机构的监管下，这四个部分是有效治理赖以存在的基石。内部审计在公司治理中的作用如图 1-3 所示。

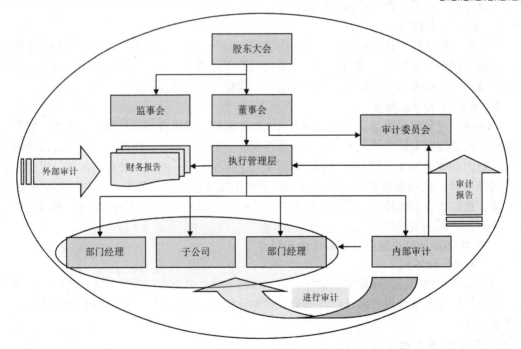

图 1-3　内部审计在公司治理中的作用

董事会：建立有效的内部控制系统，确定并监控经营风险和绩效指标。

执行管理层：实施风险管理和内部控制，负责日常计划、组织安排。

外部审计：增强对外报送的财务报告的真实可靠性。

内部审计：接受审计委员会的指导，增强内部审计报告的真实可靠性。

由此可见，有效的内部审计是公司治理结构中形成权力监督与制衡机制并促使其有效运行的重要手段，是公司治理过程中不可缺少的组成部分，在保证公司高效运作的过程中起着不可替代的作用。

（1）内部审计通过风险评估，监督、分析和评价公司的风险和控制状况。

（2）内部审计进行合规性检查，审核和确认经营管理和财务活动是否符合法律法规，进而规范管理者的经济行为，查处弄虚作假等违法违纪行为，促使公司提供真实、合法、完整的会计信息，并完善内部控制制度，改进经营管理，保证公司经营活动的有序运行。

（3）内部审计通过从事确认服务，为管理层防范风险、加强内部控制、实现既定目标提供一定程度的保证。

（4）内部审计利用自身的资源优势和专业技能，为改进风险管理、内部控制和公司治理提供咨询建议。

对外部利益相关者而言，内部审计虽然无法保证公司提供的会计报表是真实、合法、完整的，但能够持独立、客观、公正的立场对公司会计报表的公允性与合法性做出判断，从而起到增强会计信息可信性的作用。实践证明，在成功的公司治理中，内部审计功不可没，失败的公司治理必定伴随着审计失败。所以，要弥补公司治理机制的缺陷，完善公司治理，必须发挥内部审计的重要作用。

第二节 内部审计的使命

依据《国际内部审计专业实务框架》（2017），内部审计的使命是"以风险为基础，提供客观的确认、建议和洞见，增加和保护组织价值。"[①]

内部审计的使命

一、增加和保护组织价值

组织是指按一定目标、原则、程序和分工组合起来的人群、团体，如企业、社团、行政事业单位等。组织价值是指通过组织系统内部诸多资源的组合、共生所表现出来的被市场认可的经济价值（经济实力）和被社会认可的社会价值（社会影响力）。前者主要指的是企业价值，后者主要指的是非营利组织价值。创造价值包括增加价值与保护价值。这里以企业为例说明管理的核心就是创造价值。

企业是一个以营利为目标的组织，其出发点和归宿都是营利。企业一旦成立，就会面临竞争，并始终处于生存和倒闭、发展和萎缩的矛盾之中。企业必须生存下去才可能获利，而企业只有不断发展才能求得生存。因此，管理者应以增加企业的市场价值为目标来经营企业的资源。

但是许多企业的经营并没有实现其全部的潜在价值，甚至有些管理者不但不能为企业创造价值，反而使企业经营活动误入歧途，降低了企业的价值。

企业的价值是由企业未来的现金流量折现所决定的。在市场经济中，没有"免费使用"的资金，每项资金都有其成本，每项资产都是投资。股东投资是为了获取利润，债权人提供资金是为了得到利息，只有当企业投入资金的回报超过资金的成本时，企业才能创造价值。因此，管理者在做出一项决定（如引进生产设备、增加广告投入、收购一家企业等）之前，都应该先问自己一个问题：这项决定能增加企业的价值吗？

---

① 在内部审计使命的定义中，用的是"建议和洞见"，而没有使用"咨询"这个词（"咨询"一词仍出现在内部审计的定义中），这在本质上是没有差别的。"建议和洞见"只是"咨询"一词的替换，但却比"咨询"更具理解力，更加强调了内审计人员分享他们专业的思维和建议的必要性，有助于管理层作出最佳决策。同时与核心原则中提出的"富有见解、积极主动，并具有前瞻性"相呼应。

著名的管理大师彼得·德鲁克说过："现代企业无非两大职能，即营销和创新。"这两大职能从某个角度来说，其实都围绕着创造价值这一核心。营销是为企业的现在创造价值的职能活动，而创新则是为保持企业未来的竞争优势、为未来创造价值的职能活动。

由此可见，管理的核心就是创造企业价值。一个企业的日常活动，都是围绕着增加企业价值而展开的。内部审计作为企业中的一个组成部分，其目标当然也是增加和保护企业价值。

二、在风险管理中创造价值

企业的目标是创造价值。从企业的角度来讲，风险表现为价值的不确定性，包括可能带来损失和可能获得收益。风险就是目标与结果之间的不确定性。总体来说，风险与收益是对等的，高收益伴随着高风险，低风险对应着低收益。但这是针对一般情况而言的，实际上，如果有正确的经营理念和管理策略，也会实现风险小、利润大的结果。风险是客观存在、不可避免的，这是客观现实，管理的核心就是要在风险与收益的权衡中，控制与利用风险，制定企业战略，创造企业最大价值。

在制定企业战略、实现企业使命的过程中，管理者必须考虑两个问题：一个是战略与企业的使命、愿景和核心价值不一致的可能性；另一个是战略选择所产生的影响。当管理者在制定一项战略并与董事会沟通备选战略时，他们会不可避免地做出一些折中的决定。每项备选战略都有其自身的风险特征，董事会和管理者需要决定战略应如何与企业的风险偏好相匹配，以及战略应怎样帮助企业制定目标并有效地分配资源。图1-4反映了战略制定与风险权衡的关系，诠释了企业的使命、愿景、核心价值，以及其目标和绩效驱动方面所应考虑的要素。

图1-4　战略制定与风险权衡的关系

2017年COSO发布了新版企业风险管理框架——《企业风险管理——与战略和业绩的整合》（以下简称"COSO2017"）。COSO2017由五大要素组成，这五大要素又由二十项原则提供支持，这些原则涵盖了从治理到监督的各个方面，提供了适用于不同规模、类型或领域的企业的操作惯例。企业可以依据这些原则，结合自身的战略和业务目标对风险进行有效管理。COSO2017框架如图1-5所示。

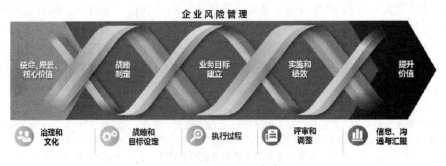

图1-5　COSO2017框架

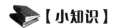 **【小知识】**

COSO 的由来

COSO 是美国反虚假财务报告委员会下属的发起人委员会（The Committee of Sponsoring Organizations of the Treadway Commission）的英文缩写。1985 年，美国注册会计师协会、美国会计学会、财务经理人协会、内部审计师协会、管理会计师协会联合创建了反虚假财务报告委员会，旨在探讨财务报告中的舞弊产生的原因，并寻找解决之道。两年后，基于该委员会的建议，其赞助机构成立 COSO，专门研究内部控制问题。1992 年 9 月，COSO 首次发布《内部控制整合框架》，简称 COSO 报告。此后，COSO 报告不断修订。目前最新的 COSO 报告是 2017 年发布的企业风险管理框架。

与 COSO2013 相比，COSO2017 中五要素最明显的变化标志就是"去风险化"和"去控制化"，五大要素中均不包含"风险"一词，而是直接从管理的角度将风险管理内容融入，实际上更加突出强调了企业在战略制定与业绩提升过程中的风险管理。大量的企业失败案例表明，运营风险会使企业利益受到损害，而战略风险则会给企业带来致命的打击。因此，COSO2017 要求企业在制定战略规划的过程中，将企业风险管理、战略和目标进行整合，风险偏好的设立应与战略相一致，通过业务目标的制定来实施企业战略。内部审计也应以风险为导向，识别、评估和应对风险，帮助企业在一系列不确定的因素下，即在风险的伴随中，为利益相关者增加和保护企业价值，最终实现企业目标，完成企业使命。

三、内部审计履行使命的途径

《国际内部审计专业实务框架》（2017）"2000——内部审计活动的管理"中指出："当内部审计活动充分考虑了战略、目标及风险，努力提供加强公司治理、风险管理和内部过程的各种渠道，客观做出相关确认时，内部审计活动就是为组织及其利益相关方增加价值"。这段论述明确了内部审计的确认、建议与洞见只要基于对战略、目标与风险的充分考虑，就是为组织增加价值。具体来说，内部审计至少可能通过以下三个方面来履行自己的使命。

内部审计履行
使命的途径

（一）在战略决策中通过确认发挥第三道防线作用

内部审计部门的独立性、客观性以及董事会赋予内部审计部门在风险管理中的权力，使得内部审计能在战略决策中发挥独一无二的第三道防线作用。风险管理的三道防线如图 1-6 所示。组织在重大的战略决策中，迫切需要内部审计从独立、客观的角度来应对相关风险。这主要是因为，一旦战略风险领域发生诸如资本项目、并购重组和产品项目等方面的失败，就会对组织价值产生巨大的潜在影响。

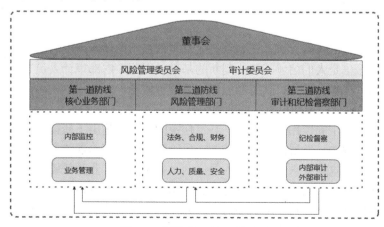

图 1-6　风险管理的三道防线

根据 IIA 于 2018 年对内部审计在全面风险管理中作用的检查结果,内部审计在战略决策的风险管理中发挥着核心作用,即对战略决策风险管理过程进行确认,对战略决策风险是否进行过正确评估进行确认,对战略决策风险管理过程进行评估,对战略决策的关键风险的报告进行评价,以及对关键风险的管理进行审查。内部审计人员通过对这些领域进行确认,为组织的战略决策保驾护航。

在图 1-6 中,第一道防线是核心业务部门,其作为风险管理的前台部门,是风险管理的第一责任机构;第二道防线是风险管理部门,包括法务、合规、财务、人力、质量、安全等部门,对第一道防线进行检查;第三道防线是风险保证部门,主要指的是审计和纪检督察部门,对第一道防线和第二道防线进行再监督。

这就要求内部审计以风险为基础制定计划,确定审计活动的优先顺序,并确保充分的审计资源履行审计职能。

(二)在战略决策中通过建议和洞见发挥作用

内部审计采用 COSO2017 框架,能更深层次地将风险管理融入组织的策略。因此,内部审计也可以在支持采用和实施 COSO2017 框架方面发挥积极作用。COSO2017 要求内部审计在更好地识别和应对与战略相关的关键风险中发挥重要作用,因此,服务于组织战略决策的内部审计人员的地位将日益重要。

虽然内部审计的核心作用是向董事会提供关于风险管理有效性的客观确认,但是内部审计仍然可以通过开展多种方式的建议与洞见活动,帮助组织在风险管理方面取得成果。

在这里,建议比较容易理解。“洞见”是一个比较新的名词。这里的“见”指内部审计人员应该有远见卓识;这里的“洞”指“以小见大”,即内部审计人员能够发现一般人不易察晓的事物,能够从细微的事物中看到可能的变化。也就是说,内部审计人员要从提供简单的后见之见,过渡到具备洞察力和提供远见之见。有洞察力的内部审计部门,应该让利益相关者了解控制失败的影响和根本原因,应该将新出现的风险知识纳入组织的风险策略,并应用相关见解来加强整个组织的风险管理。例如,在战略决策方面,内部审计人员可以为组织在战略决策中的风险管理提供方案,为战略决策提供咨询与建议,还可以对战略决策中的风险管理情况进行评价,从而在战略风险管理中发挥更重要的作用。

(三)在内部审计工作中坚持核心原则

《中国内部审计准则》《国际内部审计专业实务框架》(2017),均为内部审计人员开展工作提供了应该遵循的一般原则。特别是《国际内部审计专业实务框架》(2017)新增的“内部审计实务的核心原则”,为内部审计人员开展审计工作提供了非常具体的指导。

原则 1:彰显诚信。

诚信是内部审计的基础。审计正是委托人对责任人不信任而产生的。内部审计人员的诚信是人们信赖其职业判断的基础。因此,内部审计人员应该真诚、守信地工作,并且符合所在组织的道德价值观。

原则 2:彰显胜任能力和应有的职业审慎。

内部审计核心原则(上)

内部审计核心原则(下)

内部审计在组织中的作用不断提升,其工作范围已远远超出了最初的对财务报告的简单评估,发展到对内部控制、风险管理和公司治理的有效性进行确认与咨询。这就要求内部审计人员必须具备足够的专业胜任能力去履行他们的职责。与此同时,由于内部审计人员所从事的是确认与咨询服务,从而要求内部审计人员在提供服务时,应该保持应有的职业审慎,能够基于客观事实作出不偏不倚的评价、判断与决策,不会因任何环境压力而产生偏见。

原则3：保持客观，并且免受不当影响（独立）。

内部审计人员要时刻提醒自己，客观性和独立性各有所指，无法替代。客观性要求内部审计人员对审计事项做出判断时不屈从于其他因素；独立性是指内部审计部门公正地履行职责时免受任何威胁其履职能力情况的影响。

原则4：适应组织的战略、目标和风险状况。

内部审计的使命是"以风险为基础，提供客观的确认、建议和洞见，增加和保护组织价值。"内部审计人员必须深刻领会与理解组织的战略和目标，识别与评估影响组织战略与目标实现最大的风险，完善内部控制、风险管理及公司治理。

原则5：定位适当且资源配置充分。

虽然不同组织的发展阶段不同，内部审计的职责也有所差异，但内部审计服务于管理的核心职责是不变的。内部审计部门需要根据企业内部的发展变化及外部环境要求，对内部审计重新定位，并确定是否需要修改内部审计章程、调整内部审计的工作范围或报告路径，以执行组织的风险管理战略。当然，为了很好地履行内部审计的职责，必须配置适当的资源，包括人力、资金和技术资源。

原则6：彰显质量和持续改进。

这一核心原则表明，内部审计人员需要不断提升自己的技能，提高自己为组织提供服务的水平。

持续监督内部审计业绩、定期进行自我评估或由合格人士进行外部评估，以及每五年进行一次正式的外部质量评估，都是评估内部审计工作质量的方法。通过内部审计人员自身的努力与外部评估，持续改进内部审计工作，提升内部审计质量。

原则7：有效沟通。

沟通是内部审计人员必备的技能。内部审计人员经常需要向利益相关者报告信息、行动和建议，有效的沟通是双向的，即要进行有效的沟通，就必须交换知识、目标、期望、困难，尽可能地达成共识。实现这种沟通，需要内部审计人员与利益相关者之间建立起相互尊重和信任的关系。

原则8：提供以风险为基础的确认。

这一核心原则要求内部审计部门和人员需要将风险评估与应对贯穿于整个审计过程的始终。无论是对于审计程序与方法（审计计划的制订、审计方案的实施、审计报告的形成）的执行，还是审计内容（评估公司治理、风险管理和控制过程）的确定，内部审计人员都需要坚持这一核心原则。

原则9：富有见解、积极主动，并具有前瞻性。

这一核心原则实际上体现了内部审计使命中"洞见"能力的要求。洞见能力要求内部审计人员富有见解并具有前瞻性。见解能力是一种因果分析的能力。借助这种因果分析能力，内部审计人员可以对决策对象的认识由表到里、由浅入深、由难到易、由繁到简，从而把握决策对象的本质，为管理决策提供依据。所谓前瞻性，要求内部审计人员在提供确认与咨询服务时，要深谋远虑，预见公司未来将会发生的关键风险或挑战，并提前采取行动，进行化解。洞见能力是对内部审计人员的一种高标准要求。至于积极主动，是对任何工作的一种要求。

原则10：促进组织改善。

内部审计工作的本质就是评价并改善风险管理、内部控制和公司治理的效果。内部审计必须在促进组织改善方面发挥积极作用。内部审计不仅要对内部审计部门自身的工作进行改进，还要提供必要的评价和洞见来促进整个公司进步。

以上 10 条核心原则相互关联，彼此之间存在着相互交织的地方。

思考与探索

1．内部审计部门的独立性要求非常重要吗？怎样才能保证内部审计部门的相对独立呢？

2．以下哪种情况说明内部审计人员可能缺乏客观性？

（1）在一个与主要客户相连接的新的电子数据交换程序运行之前，内部审计人员对其进行审核。

（2）前任采购助理调入内部审计部门四个月之后，对采购业务的内部控制进行审查。

（3）编制工资单的会计职员，协助内部审计人员确认小型电动机的实际库存量。

3．以下哪项最不可能加强内部审计部门的独立性？

（1）内部审计部门已制定正式的书面章程。

（2）内部审计部门向审计委员会提交年度内部审计工作计划。

（3）内部审计部门与审计委员会建立直接报告关系。

（4）内部审计部门获得充足资源，落实全面审计方案。

4．如何理解内部审计在公司治理中的作用？

5．怎样理解内部审计的使命？

6．关于内部审计与注册会计师审计的区别，除了正文中提到的外，你还能举出其他一些区别吗？

第二章 内部审计机构与人员

引导案例

内部审计机构如何设置

M 公司是一家上市公司，公司管理层一直将内部审计部门作为一个中层职能部门而存在，内部审计工作直接向公司总经理汇报。长期以来，该公司的内部审计工作虽然没有突出的成绩，但公司也没有发生什么特别重大的意外损失事件，管理层包括董事会也认可这种结构。但是最近几年，该公司的外部审计机构在年度审计报告中质疑公司内部审计机构的相对独立性问题，在管理建议书中多次建议公司董事会将内部审计机构从由总经理直接领导转为直接向审计委员会报告工作。

公司决策层一直没有认可这个建议，因为该公司的审计委员会除了参加董事会外，通常情况下并无活动，而且审计委员会的成员（一些外聘的独立董事）平时更不过问公司的具体业务，将该公司的内部审计部门置于审计委员会的领导之下没有什么实际意义。后来，考虑到会计师事务所的多次建议，该公司董事会只能接受外部审计师提出的将内部审计部门转为直接向董事会下属的审计委员会报告工作，但同时也间接向总经理汇报审计工作。

思考：

内部审计机构是应该设置在董事会之下还是应该设置在管理层之中呢？各有何优缺点呢？

第一节 内部审计机构的设置

要探讨内部审计机构的设置问题，必须先了解管理层与治理层的关系，即股东大会、董事会、经理层等三大班子①在公司治理中是如何进行职责分工及如何发挥作用的。

一、三大班子及其职责

股东大会是股份公司的最高权力机构。但由于股份公司的股东非常分散，股东大会通常将其决策权委托给董事会。股东大会与董事会之间的关系实际上是一种委托代理的关系。

董事会是公司的决策机构，其职权由股东大会授予。董事会负责公司业务经营活动的指挥与管理，对公司股东大会负责并报告工作。公司在董事会内部设立不同的专业委员会，如战略与发展委员会，薪酬与考核委员会、审计委员会、提名委员会等，以协助董事会更好地进行决策②。

---

① 外派监事会制度是从 1998 年的稽察特派员制度过渡而来的。2000 年 3 月，国务院发布了《国有企业监事会暂行条例》，明确国有重点大型企业监事会由国务院派出。按照第十三届全国人民代表大会第一次会议（2018 年 3 月）通过的国务院机构改革方案，国有重点大型企业不再设立监事会。至此，履职近 20 年的"国有重点大型企业监事会"完成了它的历史使命。

② 这些专业委员会一般由董事长直接领导，分别行使了董事会的部分决策职能。因为战略与发展委员会特别重要，往往又成为董事会的常设机构。

经理层属于管理层。从理论上讲，董事会有权将部分经营管理权力下放给代理人代为执行，这个代理人就是公司政策执行机构的最高负责人。这个代理人一般被称为总经理（又称首席执行官，CEO）。

三者的关系如图 2-1 所示。

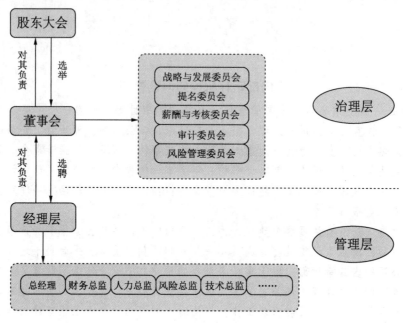

图 2-1　公司三大班子及其关系

二、管理层与治理层的概念

通常认为，管理层是指对企业经营活动负有管理责任的人员或组织，受到治理层的监督。

治理层是指对企业战略方向以及管理层履行经营管理责任负有监督责任的人员或组织。治理层的责任包括对财务报告过程的监督。

在公司治理中，总经理的主要职责是经营管理，因而属于管理层。董事会的主要职责是制定战略、进行重大决策、聘任总经理并对其经营管理活动进行监督，因此，一般认为董事会属于治理层。股东大会的主要职责是选举董事和监事、对重大问题进行决策以及审议批准公司财务预算、决算方案和利润分配（亏损弥补）方案等，因此股东大会当然属于重要的治理机构。但是由于股东大会属于以会议形式存在的公司权力机关，并非常设机构（代表股东利益的常设机构是董事会），本书不把它列为治理层。

但是，在现实工作中，往往不同程度地存在着董事兼任高级管理人员的情形，即所谓的"治理层参与管理"的情形，这时划分管理层与治理层就比较复杂。

三、内部审计与管理层的关系

内部审计是为管理服务的，它不直接参与管理，但为管理提供有价值的信息。这样看，内部审计部门应该设置在管理层之中。至于内部审计受谁领导，取决于董事会与总经理的权力安排。

情形一。如果董事会只负责制定公司重大经营决策，总经理负责公司全面经营管理，那么内部审计就应该听命于总经理，受总经理委托，对总经理以下的副总经

内部审计与管理层的关系

理、部门经理和子公司（分公司）经理的经营行为和内部报告进行审计，向总经理报告。总经理定期向董事会报告，董事会对总经理的经营行为和经营报告（主要是财务报告）是否可信和满意的审查，可以交由审计委员会负责，也可以通过审计委员会聘请外部专家（主要是会计师事务所）进行独立审计。

情形二。如果董事长兼任总经理，或董事兼任高级管理人员的情形较为严重，即存在较为严重的"治理层参与管理"的情形，这时的内部审计部门可以作为审计委员会的一个执行机构，设置于审计委员会之下。内部审计受董事长或审计委员会的委托，对董事长以下的总经理、副总经理、董事、部门经理和子公司（分公司）经理的经营行为和内部报告进行审查评价，向董事长或审计委员会报告。董事长定期向董事会报告，董事会对董事长的经营行为和经营报告（主要是财务报告）是否可信和满意，很难进行审查和评价，因为这时的审计委员会是"内部人"，审计委员会的提案需经过董事会的审查决定才能付诸实施，而且审计委员会成员的薪酬和提名都要由董事会决定。因此，审计委员会对董事会只有一定的牵制作用，并不具有真正意义上的监督职能，尤其是当董事会被大股东绝对控制时，审计委员会面对决定其薪酬和提名的董事会，将很难保持其独立性。在这种情形下，即使通过审计委员会聘请外部专家（主要是会计师事务所）进行审查，由于是"内部人"聘请的，注册会计师也很难进行独立审计。

也就是说，"治理层参与管理"的情形对公司治理来说，并不是一种好的安排。因此，在本书后面的叙述中，如果不加特别说明，所说的内部审计均指管理层（主要是总经理）领导下的内部审计。

四、内部审计与治理层（审计委员会）的关系

内部审计与治理层的关系，主要是指内部审计与隶属于董事会的审计委员会的关系。

依据中国证券监督管理委员会（简称"证监会"）发布的《上市公司治理准则》（2018），审计委员会的主要职责如下。

内部审计与审计
委员会的关系

（1）监督及评估外部审计工作，提议聘请或者更换外部审计机构；

（2）监督及评估内部审计工作，负责内部审计与外部审计的协调；

（3）审核公司的财务信息及其披露；

（4）监督及评估公司的内部控制；

（5）负责法律法规、公司章程和董事会授权的其他事项。

事实上，审计委员会与内部审计具有共同的目标，都致力于内部控制的独立评审。审计委员会是为董事会提供服务的监督机构，其监督对象主要是经董事会提名任免的高层管理人员。内部审计是为经理层提供服务的监督机构，其监督对象主要是经总经理提名任免的中层管理人员。审计委员会的地位相对较高，与内部审计是指导与监督关系。

（1）审计委员会对内部审计工作的指导与监督，可加强内部审计人员的独立性并强化内部审计部门在公司治理结构中的地位。

（2）审计委员会对内部审计工作质量的复核，提高了内部信息的可信性，可降低外部审计的费用。

（3）由于审计委员会的时间与人力有限，审计委员会可以委托内部审计部门完成特定的监督事项，因此，一个有效的内部审计部门可以帮助审计委员会减轻一定的工作量。

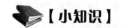【小知识】

第二节　内部审计的职责与权限

内部审计的职责有基本职责和主要职责之分。本书认为，内部审计的基本职责是增加公司价值，而主要职责则与一个公司的具体情况及经营特点相关。

一、内部审计的基本职责

内部审计的基本职责就是增加公司价值。

随着证券市场的兴起，上市公司已经成为公司发展的目标。在这一背景下，价值问题已成为新经济时代公司管理的核心，现代公司已经把公司价值作为其经营行为之指南，公司管理者已不再执着地追求传统经营模式下的成本、利润方面的单一目标，而是把关注的焦点转向了公司价值的增加。

现代公司规模不断扩大，集团化、全球化、信息化的趋势日益明显，外部竞争日趋激烈，外部条件变化日益加快，公司面临的不确定因素日益增多。内部审计正是在公司规模不断扩大、管理层次不断增加、管理空间不断拓展的情况下，为加强公司内部的管理控制而产生的一种管理活动。公司存在的目的在于为其服务对象（股东、客户和委托人）创造价值或利益。价值是从生产和销售过程中产生的。作为公司内部重要的职能部门，内部审计部门应当以帮助改善公司的经营管理、增加公司的价值、实现公司的目标为目的。

所以，提倡并强调"增加公司价值是内部审计的基本职责"非常重要。

二、内部审计的主要职责

内部审计的主要职责是围绕基本职责而展开的。内部审计部门应每年向董事会和总经理分别提交年度内部审计业务工作报告和行政工作报告。公司应该根据本公司的具体情况及生产经营的特点，确定内部审计的主要职责。一般而言，内部审计应履行（但不限于）如下主要职责。

（1）审查和评估公司的经营或项目，以确保其成果与公司既定战略目标相一致，以及确定经营或项目是否按计划进行。

（2）审查财务与经营信息的可靠性、完整性，以及鉴别、衡量、分类和报告这些信息所使用的方法。

（3）审查为确保那些对经营和报告可能有重大影响的政策、计划、程序、法律和规定被遵守而建立的系统，并确定公司是否一贯遵守。

（4）审查和评估人力、财力和物质资源的利用是否经济、有效。

（5）审查和评估资产的安全性和完整性，必要时，核实这些资产是否真实存在。

（6）了解和评价公司出现重大风险的可能性，并帮助公司改进风险管理工作。

（7）必要时，对属于内部审计任务规定范围内的涉及被指控的任何措施行为和渎职的案件进行调查。

（8）进行特别调查，查明经营管理中薄弱环节和故障所在。

（9）确保内部审计、调查、检查报告的完整性、及时性、客观性和准确性。

（10）向管理层和审计委员会提供其他服务。

三、内部审计履行职责的方式

（一）通过评价并改进公司的风险管理过程为公司增加价值

确定风险管理过程是否有效的常见方法是由内部审计人员对下列事项进行评估。

（1）公司目标支持公司的使命并与其保持一致。

（2）重大风险得到识别和评估。

（3）选定适当的风险应对方案，并符合公司的风险偏好。

（4）获取相关的风险信息并在公司内部及时沟通，以便员工、管理层和董事会履行其相关职责。

为实现上述目标，内部审计部门应做到以下几点：评估发生舞弊的可能性以及公司如何管理舞弊风险；在提供咨询服务时，内部审计人员应关注与业务目标相关的风险，并警惕其他重大风险的存在；内部审计人员应将提供咨询服务过程中了解到的风险情况，运用于评估公司的风险管理过程；协助管理层建立或改善风险管理过程时，内部审计人员应避免在实际工作中对风险进行直接管理，从而避免承担管理层的责任。

（二）通过评价并改进公司的内部控制状况为公司增加价值

在内部审计实务中，内部审计部门应在对公司风险管理评价结果的基础上，对其内部控制的充分性与有效性进行深入的评价，包括公司管理、经营及信息系统控制等。评价体系可以设定为制度建设评价、制度执行评价和制度保障评价三大部分。

制度建设评价属于内部控制健全性的评价范畴，主要评价公司制度建设是否健全，制定的经营方针、政策和规章制度是否符合国家相关政策法规的要求；制度执行评价属于内部控制遵循性评价范畴，主要评价公司各部门执行内部控制制度的过程和结果的合理性和有效性；制度保障评价主要是对公司监管保障部门职能履行情况的评价。

也就是说，内部审计部门通过进行内部控制审计，评价内部控制状况，衡量内部控制体系的健全程度和有效性，寻找内部控制薄弱环节，向公司提出强化内部控制建设的建议，以防范和化解经营风险，提高经营管理水平，从而为公司增加价值。

（三）通过评价并改进公司的治理过程为公司增加价值

治理指董事会实施的各种流程和框架的组合，用以告知、指导、管理和监督公司的活动，以实现公司目标。治理流程是公司管理者所遵循的旨在对管理层执行业务的风险和控制过程加以监督的程序，它包括确定公司目标与战略的程序、监控目标实现情况的程序、衡量业绩并建立有效的问责机制的程序、维护价值的程序等。

依据内部审计准则的规定，内部审计必须对公司的治理过程进行评价并提出适当的改进建议。

（1）在公司内部推广适当的道德和价值观。

（2）确保整个公司开展有效的业绩管理，建立有效的问责机制。

（3）向公司内部有关方面通报风险和控制信息。

（4）协调董事会、外部审计人员、内部审计人员和管理层之间的工作和信息沟通。

为实现上述目标，内部审计部门应针对公司内与职业道德相关的目标、计划和业务，评估其设计、实施和效果；内部审计部门应评估公司的信息技术治理是否持续支持公司的战略和目标；内部审计部门提供咨询服务的目标必须与公司的总体价值和目标保持一致。

内部审计人员以其公认的道德操守和良好的职业技术，通过对上述治理程序的定期评价，对治理程序的完整性、有效性、合法性等得出结论，并提请公司负责人、管理人员和全体员工遵守法律、法规、道德和社会责任，推进公司依法管理经营，帮助公司完成各项治理目标，从而实现价值增加。

（四）通过不断创新审计手段为公司增加价值

内部审计应贯彻成本效益原则，使其工作成本小于其为公司带来的效益，即所得大于所费。同时，内部审计还应遵循效率原则。而提高内部审计效率和效益的有效方法就是不断创新审计手段，加大非现场审计力度。随着现代信息技术的高速发展，经营活动中的不确定因素不断增加，非现场审计工作已越来越引起内部审计部门的高度重视。目前大多数公司存在的内部审计人员数量与公司规模、业务量不对称的矛盾，扁平化管理以及风险防范的内在要求等诸多因素，客观上要求公司内部审计部门加大非现场审计力度。同时，电子化建设的飞速发展为非现场审计工作在技术上的突破与创新提供了新的渠道。

四、内部审计的权限

内部审计人员在履行职责时，享有业务上的独立性。内部审计人员有权启动、采取和通报其认为系履行其职责所必需的任何行动。

为有效地履行内部审计职责，公司管理层应该通过内部审计章程授予内部审计权限。内部审计部门或人员通常有如下权限。

（1）内部审计部门可以根据管理层批准的年度审计计划，在职责范围内，自主确定审计项目和审计对象。

（2）内部审计部门可根据需要委派内部审计人员对有关单位或特定的事项实施内部审计。实施内部审计过程中，除特别限定外，受委派的内部审计人员具有与委派其工作的审计部门同等的审计权限。

（3）在履行职责时，内部审计人员可以不受限制地任意、直接、立即查阅属于公司的所有文件与记录，包括但不限于以下内容。

① 规章制度、会议纪要、工作计划和总结等内部文件资料。

② 凭证、账册、报表、对账记录、实物等会计资料。

③ 签订的各类合同、招投标活动记录、材料物资核价单、供应单位及人员信息档案等资料。

④ 工程计划、施工图纸、预算、结算、决算等文件资料。

⑤ 行政管理、人力资源管理、档案管理等文件资料。

⑥ 其他与审计工作相关的资料。

（4）进行内部审计时，被审计单位应当按照内部审计部门规定的期限和要求，向其报送、提供与审计内容相关的原始文件或其复印件。如有必要，报经批准，内部审计部门可以暂时封存会计账册、凭证、档案等原始文件。

（5）根据需要，内部审计部门参加公司有关的会议，会签有关文件。公司其他部门、各下属公司召开财务、经营、管理等工作会议，以及洽谈与签订重要合同、协议时，应当邀请内部审计部门参加。公司重大事项（如大额采购、发包工程等）的招标、评标工作小组的成员中应有内部审计人员。

（6）公司有关部门和下属公司编制的经营、财务等计划和执行结果报告，应当抄送公司内部审计部门。

（7）内部审计部门进行审计工作时，有权实地察看、盘点实物，有权进行工作流程测试。

（8）内部审计部门履行职责时，有权就审计事项向有关单位和个人进行书面或口头调查、询问，公司下属单位和个人应当如实向内部审计部门反映情况，提供有关证明材料。口头询问时，应做笔录，并由内部审计人员和被询问人员签字。

（9）内部审计人员应根据预定的审计目标，在预定的审计范围内实施内部审计。如有必要并经批准，可调整审计目标，扩大审计范围，或进行追溯、延伸审计。

（10）内部审计人员可以直接受理公司职员提出的投诉或提供的信息。这些投诉或信息可能涉及欺诈、浪费、滥用职权、不遵守相关制度等情形。

（11）公司最高管理层和董事会保证本公司所有职员均有权与内部审计人员进行秘密接触和向其提供信息，而无打击报复之虞。但相关人员明知信息不属实或故意无视其真实性或错误性而向内部审计人员提供的，将不影响公司内部举报政策中的有关措施。

（12）内部审计人员在履行职责过程中，对被审计单位的下列行为，有权做出制止的决定，提出改进经营管理的建议，并报告公司董事会和最高管理层。

① 阻挠、妨碍审计工作的行为。

② 转移、隐匿、篡改、毁弃会计凭证、账簿、报表及其他与经济活动和审计事项有关的资料。

③ 截留、挪用公司资金，转移、隐匿、侵占公司财产的行为。

④ 其他违反公司内部规章、侵害公司经济利益的行为。

（13）内部审计部门向董事会或公司管理层提交的审计报告和其他汇报材料，可以不抄送、抄发相关单位和个人。

（14）对阻挠、妨碍内部审计工作以及提供虚假信息和拒绝提供资料的单位、部门或人员，经审计委员会同意并经董事长批准，内部审计部门可以采取必要的措施，并提出追究有关人员责任的建议。

（15）内部审计部门认为按照法律法规和公司规定，应当对有关责任人给予处分、处罚或追究刑事责任的，可以向公司董事会或最高管理层提出处理建议。

（16）内部审计部门对遵守和维护规章制度、经济效益显著的部门和个人，可以提出表彰和奖励建议。

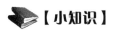 【小知识】

内部审计章程

内部审计章程是内部审计部门的基本法。无论是在确立内部审计的地位、职责、权限等时，还是在内部审计部门开展工作时，内部审计章程都是内部审计工作的最高指南。内部审计章程是下一级的审计准则、办法、指引的依据。

第三节　内部审计人员职业胜任能力

一、职业胜任能力的内涵

（一）职业胜任能力的概念

职业胜任能力是驱动个体产生优秀工作绩效的各种个性特征的集合，它反映的是可以通过不同方式表现出来的知识、能力与职业素养。

（二）知识、能力、职业素养的内涵

知识是客观事物的固有属性或内在联系在人们头脑中的一种主观反映，即员工为了顺利地完成自己的工作所需要知道的东西，如技术知识或商业知识等。它包括员工通过学习和经验所掌握的事实、信息以及对事物的看法。

能力是个体顺利进行某种活动的个性心理特征，即人们为了实现工作目标，有效地利用自己掌握的知识而需要的能力。

职业素养是指职业内在的规范和要求，是在工作过程中表现出来的综合品质，简单地说就是对待职业的态度，包含职业意识、职业心态、职业道德等方面。

（三）知识、能力、职业素养三者之间的关系

知识、能力、职业素养三者之间具有严密的内在逻辑关系。

首先，知识与能力是紧密相连的。一方面，掌握知识的速度与质量依赖于能力。一个能力强的人较容易获得某种知识；反之，一个能力弱的人要获得同样的知识一般要付出更多的努力。另一方面，知识为能力的发展提供基础，能力是在知识的基础上，对知识的综合运用，如果没有对知识的综合运用能力，知识就不能发挥作用，这也就是我们通常所说的高学历、低能力的现象。

其次，职业素养为知识和能力导引方向。学习的知识不仅有待于转化为能力，而且有一个导向问题，职业素养对获取知识和能力发挥主导作用。知识掌握在不同的人手中可能呈现出完全不同的力量，这就涉及人的思想品质。知识和能力必须受人的思想品德制约。

知识、能力、职业素养三者之间的关系如图 2-2 所示。

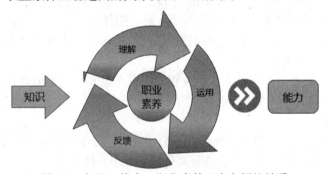

图 2-2　知识、能力、职业素养三者之间的关系

二、内部审计人员应该掌握的知识

在内部审计职业化进程中，内部审计人员的职业能力随着内部审计的发展而不断变化。

内部审计主要经历了财务审计、业务经营审计、管理审计等阶段，而现在西方发达国家的内部审计已经进入了风险管理审计阶段。管理审计相较于财务审计、业务经营审计，其对象和目标层次都有很大的提升，涉及企业经营管理核心层面，对内部审计人员职业能力的要求更高。内部审计

内部审计人员
应该掌握的知识

职业团体建立了一系列的职业规范标准，对内部审计执业、行为等多方面提出了要求。为此，《第 1201 号——内部审计人员职业道德规范》第十五条指出，内部审计人员应当具备下列履行职责所需的专业知识、职业技能和实践经验。

（1）审计、会计、财务、税务、经济、金融、统计、管理、内部控制、风险管理、法律和信息技术等专业知识，以及与组织业务活动相关的专业知识。

（2）语言文字表达、问题分析、审计技术应用、人际沟通、组织管理等职业技能。

（3）必要的实践经验及相关职业经历。

三、内部审计人员应该具备的能力

内部审计人员
应该具备的能力

当前，中国尚未正式出台内部审计职业能力框架。这里主要参照 IIA 的研究。

IIA 在 1999 年发布了一系列报告，总称《内部审计人员职业胜任能力框架》（The Competency Framework for Internal Auditing，CFIA）。CFIA 指出，风险导向内部审计的关注点发生了变化，直接影响了对内部审计人员职业胜任能力的要求，内部审计人员应当具备两方面的素质：知识技能和行为技能。

（1）在知识技能方面，包括技术技能、分析/设计技能、鉴别技能。

（2）在行为技能方面，包括个人技能、人际技能以及组织技能。

内部审计人员专业胜任能力框架如表 2-1 所示。

表 2-1　　　　　　　　　　　内部审计人员职业胜任能力框架[①]

知识技能	技术技能	根据既定规则熟练地工作
	分析/设计技能	识别问题或界定任务，构建典型的解决或执行方案
	鉴别技能	在不确定条件下做出复杂的、有创意的判断
行为技能	个人技能	能很好地应对挑战、压力、冲突、时间紧迫和变化的环境
	人际技能	通过人际互动取得收获
	组织技能	利用组织网络取得收获

除此之外，IIA 还分别针对内部审计管理者（内部审计机构负责人或首席审计官）、内部审计项目经理（有经验的内部审计人员）和内部审计助理人员（内部审计初级人员）分别就这多种技能进行了详细的规范。具体内容如表 2-2～表 2-4 所示。

表 2-2　　　　　　　　内部审计管理者（首席审计官）所需的个人技能

技能	具体要求
分析/设计技能	开发减少设计风险的技术；设计用于系统分析与评价的内部审计技术；发展用于评估经营风险的内部审计技术；开发用于制定业绩标准和业绩衡量的方法及数据库；设计风险管理制度
组织技能	管理内部审计工作；利用组织力量与组织结构；授权——部门内部；解读组织的文化和政策；对外联络与协商；部门领导能力——本部门；运用企业家的咨询方法确定内部审计工作范围；将内部审计工作拓展到新的领域（需要新的技能）；人力资源管理；战略信息（部门）构建变革的动力；支持授权

表 2-3　　　　　　内部审计项目经理（有经验的内部审计人员）所需的个人技能

技能	具体要求
技术技能	应用信息技术（审计软件）；应用控制系统设计；内部审计工作存档；运用/复核会计程序/原则；应用法律法规；应用内部审计技术与程序；掌握新信息技术；理解专业领域的重要原则（包括环境管理系统、质量管理系统、信息技术控制等）
分析/设计技能	分析商业与财务数据；账户与会计报告的基本分析；系统分析与复核；内部审计要求的分析/定义；利用综合分析模型支持内部审计判断；在内部审计过程中运用行业、专业数据库；运用综合内部审计方法；在内部审计过程中运用组织外信息；在内部审计过程中运用非财务评价方法；设计控制系统；组织分析（包括战略、职能、结构、流程、风险、控制等）；利用模型进行分析；利用内部审计方法评价计算机系统控制制度；计划与决策的前提/预测的验证；针对问题制定典型解决方案；具有应对日益复杂的交易、管制和组织结构的能力；修正其他人对内部审计过程和结果的期望；具有风险意识；准确解读相关法律和准则；能够将对相关学科的理解和研究成果应用于内部审计工作；善于扩大判断的时间跨度；准确了解现状；快速判断缺陷；善于从分散的证据中总结；具备长远的眼光；具有战略眼光，具备宏观和微观的视角；了解经营现状（运用商业现实感）；具有商业敏锐力；能把握大局，能预见/处理异常现象；渴望双赢；对复杂的环境敏感；能处理复杂事务；寻求增加价值；寻求质量提升；善于平衡内部权利；努力寻求其他方面持续增长；确立和使用标准以促进一致性；在缺少数据的情况下，能够利用概率论做出复杂、多元的判断

---

① 贝利，格拉姆林，拉姆蒂. 内部审计思想. 王光远，等，译. 北京：中国时代经济出版社，2006 年.

第二章　内部审计机构与人员

技能	具体要求
鉴别技能	发现所有相关信息；整理出调查所得到的实质性中心线索；发现异常并辨别其意义；察觉问题的重要性；将内部审计过程视为一个整体；依据环境或责任的整体来考虑特定问题或情形；充分联想，突破传统进行思考；结合经营环境理解内部审计；分辨实质与形式；富于想象；洞见客户的需要与期望；对解决问题的可操作性和重要性高度敏感；能够评估与内部审计项目相关的风险
个人技能	促进目标实现；压力管理能力；时间管理能力；坚持原则；坚持立场；有忍耐力；有毅力；有奉献精神；直觉；坚韧；果断；处理/迎接变革；积极主动；自信；职业风度；突破限制；敏锐；预先判断
人际技能	沟通技能；影响、说服、激励、改变他人；领导能力（团队或小组）；应付不同意见；同时处理多个项目；缓解冲突，解决冲突；能稳定局面；缓解他人的挫折感；处理团队内部成员的动态关系；为团队成员界定要求；安全控制；指导/监督；促进团队成员的发展；授权（团队内部）；主持会议；联络/协商（团队内部或代表团队）
组织技能	寻找组织面临的机会；获取经营知识（产品、战略、流程、市场、风险等）；拓宽内部审计工作范围；协商职业准则的应用；增加项目的商业价值；创造生产力；营销内部审计服务；在内部审计管理中运用综合技术/方法（包括全面质量管理、项目管理、时间管理，运用绩效标准、标杆、计划等）；计划安排；处理国际交易和法律事务；建立及使用关系网络；增加客户价值；建立信任

表 2-4　　　　　　内部审计助理人员（内部审计初级人员）所需的个人技能

技能	具体要求
技术技能	应用信息技术（数据库系统、电子数据表）；沟通（口头、书面、撰写报告）；利用相关的统计方法；了解组织的动态发展；了解风险理论；了解组织控制理论
分析/设计技能	逻辑推理；定义概念的能力；问题分析/构建；研究技能（发现、获取和评估资料）；利用数据解决问题；将证据、观点与结论相联系
鉴别技能	识别数据的重要性；按相关性进行整理（如对数据、证据等）；判断信息是否充分、能否支持所发表的意见；关注/了解；批判性思考；简洁/明了；接受新的/其他人的想法；努力实现自我；持续进步
个人技能	诚实；正直；政治敏感；有好奇心、好问精神；面对质询保持冷静；富有主见；主动；聪明；灵活；具有开放性思维；有环境适应能力；创新能力；客观；随和；自信；热情；勇于承担责任
人际技能	沟通能力；表达能力；团队合作能力；学习能力；有处理遇到的挫折的能力；判断能力；换位思考能力；外交能力；能赢得他人的支持；敏感性强

从 CFIA 还可以看出，除了对知识技能上的强调外，基于风险的内部审计还强调内部审计人员行为及心理方面的能力及特征。

第四节　内部审计人员配置

对于内部审计部门来说，人员配置尤为重要，不仅要"专"，还要"全"。有效配置和使用人员是内部审计取得成功的关键因素。

一、内部审计人员的配置思路

通常，内部审计人员配置有三种思路：临时组合、职业化、内部轮换。这三种思路，也分别对应组织发展的三个阶段：运行初期阶段（或小型企业）、规模较大且运行成熟阶段、大型集团阶段。

（一）临时组合

临时组合以专业胜任能力为核心，简单理解就是"拥有专业特长的人员"。比如，从财务人员中找一些经验丰富之人，专门做财务审计；在造价评估人员中挑选造价评估高手来做成本审计；从营销部门调来行家来做销售审计等。

在这种情况下，并不要求内部审计人员具有全面的专业技能和知识，审计小组可以是临时组成的，任务完成，审计小组解散，下次有任务，再重新组建审计小组。这种思路在企业运行初期或小型企业比较常见。

（二）职业化

审计职业化是目前一些大中型企业普遍采用的方式，适用于那些已经建立了完整的专业团队的企业。这种企业拥有相对独立的审计部门，审计成员可以从内部选用，也可以从外部聘用，专职做内部审计工作。

这种思路在规模较大且处于运行成熟阶段的企业比较常见。职业化要求内部审计人员既有相对全面的专业技能和知识，也有明确的分工合作。

（三）内部轮换

在这一思路中，内部审计人员基本从企业内部各业务部门选派，培养1~3年后，再从内部审计部门将这些人才输送到各业务部门做管理工作，从而完成管理人员轮换。这要求企业对审计业务充分重视，且能认识审计经验带给各业务部门的价值，同时应建立完善的审计管理体系，专业标准化要到位。在这种环境中，内部审计人员会接触各业务部门，有更广泛的知识面和视野，有整体的思维观念，人才输出利于提升企业的整体利益。

这种做法也是世界500强企业普遍的做法。比如美国的通用电气公司（General Electric Company，GE）就采用这一方法。GE在审计委员会职责中规定内部审计人员和首席审计执行官中的副职必须在任期届满后进行强制轮换，并且明确了轮换的要求和办法。GE的内部审计人员绝大多数是工作了几年的年轻人，其中，大约80%的人有财会方面的知识，15%的人有相关产业知识背景和管理等方面的经验，5%的人从事信息处理工作。GE每年从几百名报名者中精心挑选几十名进入审计部门，同时从审计部门输送数量差不多的人去充实各业务部门的管理队伍。GE包括副总裁在内的各级管理人员中有相当数量的人有审计工作经历，中级以上财会管理人员中有60%~70%是由公司审计部门输送的。每年离开审计部门的人员中约有40%可以直接提升为中级以上管理人员。

当然，这三种思路并不是必须一对一地对应三个阶段，同一个阶段可能存在不同的思路，同一思路也会存在于审计业务发展的不同阶段。

二、专业技术人员特征

（一）专业技术结构

内部审计人员所需要的执业知识的范围相当广泛，包括会计、审计、法律、税务、信息技术等，因此，内部审计部门人员的专业技术结构应当包括财务、审计、法律、管理、经济、期货、工程等。在专业资格方面至少应有"五师"，即会计师、审计师、经济师、工程师和律师五方面的专业人员，这样才能基本符合现代综合审计的需要。

（二）年龄结构

老、中、青结合，将经验丰富的资深内部审计人员和富有革新精神的年轻内部审计人员合理结合，发挥各自优势，避免出现断层现象，同时为审计工作的稳定与持续发展提供保证。

（三）人员来源

由于内部审计是一门综合性和专业性很强的工作，要求人员来源要趋于多元化。内部审计人员的来源不同，各自的工作经历、专业特长和不足等也各不相同。

人员来源主要有以下几个方面。

（1）从高等学校招聘的大学毕业生。他们拥有很好的理论基础，接受新生事物快，但缺乏审计实务知识，缺乏对企业整个业务流程的深刻认识，缺乏综合管理知识，审计的沟通能力与经验欠缺。

（2）企业内部财会人员。他们的财会实务经验丰富，擅长财务收支审计，但由于长期从事具体账务工作，缺乏审计所需的综合、全面的管理知识，审计思维容易局限在财会领域，未能跳出财务看问题。

（3）工程和造价管理人员。他们一般具有工程及技术相关专业背景，主要从事工程项目审计，但由于专业单一，难以适应管理审计、绩效审计等综合性审计的要求。

（4）企业内部具有丰富阅历的领导人员。他们一般年龄偏大，具有严谨的逻辑思维能力、丰富的管理经验和良好的沟通能力，但可能缺乏活力和创新力。

（5）企业内部其他部门调入的人员。

（6）借用内外专家或聘请外部中介机构人员。

思考与探索

1．阐述内部审计与审计委员会的关系。

2．阐述内部审计与管理层的关系。

3．《国际内部审计专业实务框架》（2017）认为，理想的情况是首席审计官在职能上向审计委员会报告业务工作，在行政上向首席执行官（CEO）报告行政工作。谈谈你对这一问题的理解。

4．内部审计的基本职责是什么？怎样理解？

5．内部审计的主要职责是什么？

6．阐述内部审计履行职责的途径。

7．你认为内部审计工作可以外包吗？哪些内容可以外包，哪些不可以外包？外包对内部审计职业的发展有何影响？

8．有人认为："内部审计职业是一个非常特殊的职业。内部审计工作不是内部审计人员自己做好就行了，而是还要求别人做好，若别人做不好，还要去纠正他。"你赞同这一说法吗？说说你的理由。

9．有人认为，外部审计在权威性和独立性方面具有优势，而内部审计在审计深度和力度方面有其特长，两者既有区别又有联系，但更多的是合作，其关系可以用"外审撒网，内审捕鱼"来概括。你赞同这一说法吗？说说你的理由。

10．L公司是一个发展中的、面向公众的快餐连锁店。连锁店的经理李蒙认为公司应建立一个内部审计部门。公司的外部会计师也告诉他，公司需要设置内部审计部门。李蒙正在面试各种不同的人以招聘一名内部审计主任，你是他挑选出来的三个候选人之一。李蒙要求每位候选人给出关于公司内部审计职能的建议。请你就此话题回答李蒙。

11．假定你是一家大型企业的内部审计部主任，最近IT经理希望在两个部门之间建立更有效的合作。随后IT经理请求内部审计部帮助开发一个新的计算机应付账款系统。该经理建议内部审计部在每次付款之前进行审计，并对所有供应商发票承担直接责任。

要求：说明你将如何答复IT经理，并就以下问题提出赞成或反对的理由。

（1）关于对供应商发票进行事前审计并承担直接责任的建议。

（2）关于在系统的开发阶段提出建议的要求。

（3）关于帮助系统安装和在最后检查之后批准该系统的要求。

12．某公司的营运副总经理对正在附属工厂进行审计工作的内部审计部门领导表示，已推荐一位年轻的管理人员去内部审计部门进行为期一年的学习，以便对工厂有更广泛的认识，为将来承担更重要的管理职责做准备。有一天早上，副总经理和那位年轻人谈话时发现他没有被派去审计他过去工作过的附属工厂。副总经理询问内部审计部门领导为何不让他去，并表示他非常熟悉该厂的经营、能节省大量的时间和成本。

要求：该年轻人能参加该项审计吗？你同意内部审计部门的决定吗？

13．M 公司建立了一个有 16 名专业审计人员的内部审计部门。审计部主任是公安部门退休的一个老警察，他进入公安部门前在会计师事务所工作了五年。审计部主任直接向 M 公司的总经理报告。

总经理明确提出审计部要达到两个目标：①预防公司财务部门出现不合规行为；②协助外部审计人员以减少公司向会计师事务所支付的费用。

为了正确地完成工作，审计部主任一贯地保持了：审计部门必须局限在正式建立的财务内部控制系统、标准和政策的遵守性测试上。他坚持认为设计、实施和评价运营控制是运营管理部门的事情。他认为，公司可以聘请会计师事务所来为公司设计一套财务内部控制系统。

该审计部主任按自己的理念来管理。他要求审计部男生只穿黑西服、白衬衫和戴保守的黑色领带；女生穿同样保守的西服和衣衫。每位内部审计人员要参加每年一度的关于发现舞弊欺诈的会议，在审计部的每间办公室的墙上都有一张内部审计人员的特写照片。他发给每位内部审计人员一本厚的记录本，并要求其一旦观察到公司财务运营中的疑点就记录在记录本上，然后写进部门的工作日志中。所有观察到的不合规之处，最多在 10 天之内由两人组成的审计小组去检查，并在随机的基础上进行定期审计以增强突击审查。所有审计报告直接报送给总经理，总经理将和审计部主任一起复查报告。

要求：

（1）根据你所学的知识，评价 M 公司内部控制职能，并解释你的评价。

（2）你认为该公司的内部审计应做什么改革？说明你提出的改革希望达到的目的。

第三章 内部审计的业务类型

引导案例

如何区分内部审计业务类型

某生产汽车零部件的投资公司（简称"甲方"）管理层计划和另外一家生产零部件的私人公司（简称"乙方"）利用双方资源优势联合组建合资企业，共同向市场的特定客户推出一款新的产品，甲方投资占股65%。谈判初期进展非常顺利，双方代表就产品、市场、投资、合作方式等重大问题基本达成了一致意见。当谈判进入到合资企业的管理人员组成问题时，双方意见有了分歧。按照惯例，当合资一方股权比例达到60%以上时，由该方推荐董事长、财务总监人选，组成监督方，另一方则派遣总经理组成经营管理层。这类组合虽然表面上看起来比较公平，也有成功案例，但在实际运营中通常容易因各方利益冲突或经营观念的不同导致管理层分裂，轻则影响企业正常运营，重则阻碍实现合资企业的长期发展目标，极端情况下还会导致合资双方终止合作。

为了预防出现这种情况，甲方基于长期从事合资企业运营管理的实践经验，基于对乙方管理人员的业务素质和能力的了解，为避免日后经营过程中出现以上问题，在谈到合资企业的管理人员组成问题时，提出了这样的意见和条件：作为控股方，甲方派人担任董事长（法定代表人），乙方派人担任副董事长，合资企业总经理、财务总监和副总经理通过市场招聘由董事会投票表决确定，总经理和财务总监等高级管理人员不得在双方企业内担任任何职务，也不得进入合资企业董事会，总经理有权向董事会提出辞退副总经理等高级管理人员的建议。乙方对此坚决反对，认为这样做的后果是乙方失去了对合资企业的实际控制权，坚决要求如果甲方派人担任董事长，乙方就必须派人担任总经理。双方谈判就此陷入僵局。

问题的实质在于如何保证双方在既不影响合资企业日后正常运营的条件下，又能有效保证双方在合资企业中的利益，这里除了合作双方之间的相互信任外，还必须有制度的保证。为此，甲方要求其内部审计机构人员参加董事会会议，就此问题直接与乙方进行谈判。一方面甲方内部审计人员向乙方股东系统介绍了甲方的内部控制体系，特别是内部审计监督体系；另一方面双方人员就日后经营中可能发生的重大风险进行了全面的讨论和研究，然后将有关具体控制总经理等高管们的条款，特别是双方股东的内部审计权利等加入到合同之中。最后甲方终于使乙方消除了疑虑，同意了甲方的意见，并理解这样做的结果是总经理等高管们一开始就知道自己的业务活动将处于严密的监控之中。

思考：

甲方内部审计人员参加投资谈判这种工作对于内部审计而言是确认服务还是咨询服务呢？

第一节 确认服务

一、确认服务的内涵

确认服务是客观检查相关证据以向组织提供有关风险管理、内部控制和治理程序等方

确认服务

面的独立评价。随着企业的需求变化，内部审计确认服务类型也在不断拓展，已经从传统的财务审计、遵循性审计和经营审计发展到现代的多元化业务，如绩效审计、舞弊调查、内部控制审计、风险管理审计、公司治理审计、尽职调查、质量审计、安全审计、信息技术审计等。

确认服务通常应满足以下六条标准。

标准一：业务过程包括客观获取和评价证据的系统过程。

标准二：项目需要有事先确定的标准。

标准三：项目涉及将结果传递给除内部审计人员和被审查过程与领域中人员以外的第三方（及其他相关使用者）。这个第三方就是确认服务的客户。

标准四：内部审计准则要求审计的工作范围由内部审计人员自主决定，而不是由所审查领域的业务管理者来确定。

标准五：内部审计准则规定了确认服务审计报告的形式和内容要求。

标准六：内部审计准则对提供确认服务的内部审计人员提出了独立性和客观性的约束性要求。

二、确认服务的三方关系人

确认服务涉及三方主体，即提供审计服务的内部审计人员（审计人）、被审计的业务管理者（被审计人）和使用审计报告的第三方（审计报告使用人），他们的关系如图 3-1 所示。

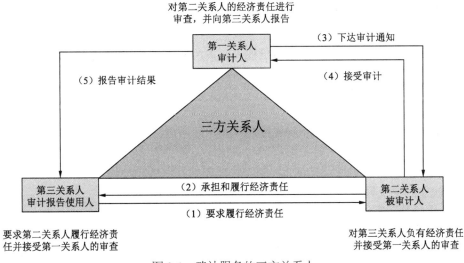

图 3-1　确认服务的三方关系人

确认服务需要根据事先确定的标准，由内部审计人员（进行独立评价的个人或团队，即第一关系人）自行决定审计范围，通过对第二关系人的审计，客观地获取和评价审计证据，将审计结果传达给第三关系人，并且始终保护第三方关系人的利益。这里的第三方关系人是依赖内部审计开展确认服务的报告使用者，他们决定着确认服务的价值。第三关系人包括债权人、潜在的投资者、股东、管理层、董事会和审计委员会等。

三、常见的确认服务

常见的确认服务主要有财政财务收支审计、绩效审计、经济责任审计、舞弊调查、内部控制审计、风险管理审计、公司治理审计、信息系统审计等。

（一）财政财务收支审计

财政财务收支审计是内部审计机构对被审计单位财政财务收支的真实性、合法合规性、使用绩效进行独立、客观的审核，旨在纠正错误、防止舞弊，维护财经法纪，保护公共资财，促进被审计单位加强财政财务收支管理和经营管理，不断提高经济效益。财政财务收支审计包括财政收支审计和财务收支审计。

（二）绩效审计

绩效审计是内部审计机构对本组织经营管理活动的经济性、效率性和效果性进行的审查和评价。

经济性是指企业经营管理过程中获得一定数量和质量的产品或者服务及其他成果时所耗费的资源最少，即以最少成本获得一定产出。效率性是指企业经营管理过程中投入资源与产出成果之间的对比关系，即以一定的资源产出最大的成果。效果性是指企业经营管理目标的实现程度，即是否实现既定目标。这是绩效的基本特征。

（三）经济责任审计

经济责任审计是指内部审计机构对本组织所管理的领导干部经济责任的履行情况进行监督、评价和鉴证的行为。这里的经济责任，是指领导干部在本单位任职期间，对其管辖范围内贯彻执行党和国家经济方针政策、决策部署，推动本单位事业发展，管理公共资金、国有资产、国有资源，防控经济风险等有关经济活动应当履行的职责。

（四）舞弊调查

舞弊调查是指内部审计机构对本组织中的机构和人员的舞弊行为开展调查核实和问责处理的专项活动。这里所称的舞弊，是指组织内、外人员采用欺骗等违法违规手段，损害或者谋取组织利益，同时可能为个人带来不正当利益的行为，包括：收受贿赂或者回扣；将正常情况下可以使组织获利的交易事项转移给他人；贪污、挪用、盗窃组织资产；使组织为虚假的交易事项支付款项；故意隐瞒、错报交易事项；泄露组织的商业秘密；其他损害组织经济利益的舞弊行为。

（五）内部控制审计

内部控制审计是指内部审计机构通过规范的专门方法，对被审计单位内部控制设计和运行的有效性开展的审查和评价等一系列活动的总称。它包括组织（单位）层面的内部控制审计和业务层面的内部控制审计。内部控制审计是内部控制的再控制，是企业改善经营管理、提高经济效益的自我需要。

（六）风险管理审计

《国际内部审计专业实务框架》(2017)，将风险定义为对实现目标有影响的事件实际发生的可能性。风险通过影响程度和发生的可能性来衡量。而风险管理是指识别、评估、管理和控制潜在事件或情况的过程，目的在于为实现企业的既定目标提供合理保证。

风险管理审计是内部审计机构通过采取专门方法，对组织（单位）的风险管理全过程进行的监督、评价和建议活动。其中，风险管理包括风险识别和分析、风险评估与溯源、风险管理应对措施等。近年来，由于内部审计机构参与、熟悉企业管理流程，全面服务企业整体战略目标，风险管理审计已成为内部审计工作的重要内容。

（七）公司治理审计

公司治理审计是指内部审计机构依据国家法律、法规、政策和标准，独立、客观地对本公司治理环境、状况进行监督、评价和咨询，提出改善公司治理的意见或建议的行为。

（八）信息系统审计

信息系统审计，是指内部审计机构和内部审计人员对组织的信息系统及其相关的信息技术内部控制和流程所进行的审查与评价活动。

第二节　咨询服务

咨询服务

一、咨询服务的内涵

咨询服务是提供建议及相关的服务对象服务活动，其性质与范围通过与服务对象协商而确定，目的是在内部审计人员不承担管理者职责的前提下，为组织增加价值并改进组织的治理风险管理和控制过程，提高组织的运作效率。

咨询服务本质上是一种顾问服务，一般应服务对象的具体要求而开展。咨询服务的性质和范围需与客户协商确定。顾问、建议、推动、培训等均属于咨询服务。

咨询服务的性质需要在内部审计章程中确定，只有章程中明确了其作用和责任，内部审计人员才能采取行动。许多咨询服务是审计服务对象提出的特殊要求，目的是帮助检查由于组织变化、新技术应用等而需要强化的现行程序。

咨询业务的步骤由定义问题、提出建议、形成可供选择的方法、选定最佳的替代方法 4 步构成。咨询业务的范围很广，可以是书面协议规定的正式咨询业务，也可以是参加常设管理委员会／临时管理委员会或项目小组等非正式的顾问活动，还可以是应急事件咨询业务。例如，在发生灾难或其他特别的商业事件之后，参加业务恢复或维护小组，提供临时性的帮助，满足专门要求或解决不寻常事件等。内部审计人员在开展咨询服务过程中不涉及独立性的问题。

与确认服务不同，咨询服务和标准只有三个。

标准一： 内部审计人员提供咨询服务的性质和工作范围由服务的需求者决定。

标准二： 没有规定具体的报告要求。

标准三： 在咨询服务过程中，如果服务的需求者（业务管理者）认为在某个领域做更多的工作已无多大价值，就可以让内部审计人员停止工作。

二、咨询服务的双方关系人

咨询服务只涉及两个主体：内部审计人员（服务的提供者）和业务管理者（委托人或者服务的客户）。咨询服务的双方关系人如图 3-2 所示。

图 3-2　咨询服务的双方关系人

咨询服务所增加的价值取决于该项目对业务管理活动的价值。一般来说，在咨询服务中，内部审计人员从潜在审计业务的讨论开始，与可确定的客户进行接触，双方能够共同对业务进行评价，以满足客户的需要，其提供的产品就是意见和建议。因此，在咨询服务中，没有"第三方"。

三、常见的咨询服务

咨询服务通常包括三类基本服务类型，即评估服务、协调服务和补救服务。

（一）评估服务

评估服务指内部审计人员对各种业务的过去、现在或未来的某些方面进行检查或评价，并以此提供信息帮助管理层做出决策。评估项目不包括为管理人员提供的特殊建议。这类咨询项目包括在系统设计中对控制进行评估，对特定的组织再造进行研究和评价，从而形成最实用、最经济和逻辑性最强的流程组合。

（二）协调服务

协调服务指内部审计人员协助管理层检查组织业绩，以实现促进组织变革的目的。在协调服务中，内部审计人员并不对组织业绩进行评价，而是引导管理人员发现组织的优势和改进的机会。这类咨询项目包括内部控制自我评估、标杆管理、企业流程再造支持、协助制定业绩指标和战略规划等。

（三）补救服务

补救服务主要指内部审计人员在了解内部控制执行过程中，发挥预防或补救已知或疑似问题，并根据发现的问题提出审计建议书。

应该说，补救服务是最为典型的咨询服务，也是最具有威胁性的服务。提供这类服务，内部审计人员要考虑咨询者的利益，发挥预防、补救相关问题的作用。提供这类服务内部审计人员实际上发挥着管理的职能，可能会涉及内部控制制度及组织行为守则的起草，或对以后审计相关领域的能力产生影响。若补救服务与确认服务由一个项目组来提供，就会因自我评价而产生独立性相关问题。比如说绩效审计这种传统的确认服务，通常会对内部控制进行确认，对相关流程进行评估，它可能就会涉及在补救服务中提出并采纳其建议的内部控制制度或相关流程。因此，从这一方面来看，补救服务与绩效审计是不能兼容的，补救服务影响了绩效审计的独立性。

因此，在内部审计部门内，为确认服务和咨询服务分配资源，划分不同的项目组，分别执行咨询服务与确认服务，可以在一定程度上提高咨询服务与确认服务的兼容性。

四、确认服务与咨询服务的关系

（一）确认服务与咨询服务的区别

1. 定义的区别

确认服务的定义，其关键词是"独立评价"；咨询服务的定义，其关键词是"服务的性质与工作范围是与客户协商确定的"。这两点从本质上反映了两种服务的区别。确认服务解决的是经济活动的真实性、合法性问题，是要对这两类问题的定性下结论。而经济活动的合理性、有效性问题确认服务解决不了，只有通过咨询服务提合理化建议来解决。

2. 参与的区别

咨询服务主要由内部审计人员和服务的需求者（业务管理者）共同完成；确认服务除了包括内部审计人员、被审计人外，还需要有审计报告的使用者参与。如果把两者的区别说得通俗一些。确认业务，如绩效审计，它涉及内部审计人员、流程负责人或者业务经理、对确认服务有需求的第三方。确认服务要评估被审计人的内部控制、风险管理、治理过程的充分性、规章制度的遵循性。确认服务的第三方，既可能是企业内部人员（如董事会、高级管理层、审计委员会等），也可能是企业外部人员（如经销商、供应商、股东、监管者、其他利益相关者）。

这种参与主体的差别引发了人们对内部审计的忧虑，担心内部审计向咨询服务的扩张可能损害内部审计作为治理程序有效性的确认者和独立分析师的价值。调查表明，一些内部审计主管不愿被贴上"咨询"的标签，并认为传统的鉴证职能仍是内部审计的"根基"[①]。

确认服务与咨询服务的关系

① 王光远. 现代内部审计十大理念. 审计研究，2007（2）.

3. 服务成果的形式和强制力不同

确认服务需要按照审计计划，通过实施审计程序，得出审计结论，对审计结果发表意见，出具标准化的审计报告，并且对报告的执行具有强制力，即审计计划一旦确定且经董事会（或审计委员会）批准，审计部门就不能随意决定不去实施该确认项目，除非认为该领域风险过高，或者对所选定领域的初步风险评估被证明是错误的。对于咨询服务，审计部门一般不需要提交标准化的审计报告，即使提交报告，也只是提出建议，并且这一建议对实施者没有强制力。

4. 审计信息需求对象不同

根据委托代理理论，可以将内部审计的对象分为处于信息劣势的客户和处于信息优势的客户。处于信息劣势的客户，包括供应商、顾客、投资者、外部审计人员、审计委员会、外部管制者等，他们更需要的是确认服务，确认服务可以帮助他们了解和验证组织运行情况的相关信息，确保组织运作的合法性，弥补有限信息的缺陷。处于信息优势的客户，如部门经理和一线员工，咨询服务可以帮助他们发现潜在的节约成本的途径，提高经济效益。管理层相对于股东及外部利益相关者而言处于信息优势地位，相比内部基层人员处于信息劣势地位，因此，管理层需要内部审计提供将确认与咨询内容融合到一起的"混合"服务。

（二）确认服务与咨询服务的联系

咨询服务是在确认服务基础上拓展的，与确认服务之间是一种前后相继发展的关系，有效的确认服务可以提高咨询服务的质量，优质的咨询服务有助于确认服务的加强。因此，二者紧密联系。

1. 目标一致

二者的目标一致，都是为组织提供增值服务。按照迈克尔·波特①关于"组织活动"的划分，内部审计的确认和咨询服务属于组织的质量保证活动，用于确保直接活动（生产、制造、营销等）和间接活动（预测、决策、计划、管理等）的质量。因此二者既有助于与组织竞争优势直接相关的生产、营销等活动质量的提高，又有助于决策、计划等价值链上间接活动质量的改进，目标一致。

2. 可相互衍生

确认和咨询服务相容且可相互衍生。二者并不相互排斥或彼此割裂，多数审计服务既包含确认服务，也包含咨询服务。确认服务可以直接衍生出咨询服务。比如在评价内部控制充分性和有效性的过程中，管理层可能要求内部审计部门为内部控制的建设提供建议。同时，咨询服务也可能衍生出确认服务。比如在提供咨询服务的过程中发现存在的问题比较重要，需要按鉴证性审计程序开展独立的确认活动等。

3. 确认服务是内部审计的基础，咨询服务是内部审计的补充

内部审计首先要向董事会、审计委员会及高级管理层提供其所需的信息并做出相应评价，因此确认服务是内部审计根本、基础的服务。在此基础上，内部审计再根据各级管理层改善自身状况的需求提供专业咨询服务。比如，内部审计部门以顾问、参谋的身份，对各级管理层制定的目标、决策、计划以及在经营过程中出现的差异、漏洞和薄弱环节提出改进建议，以便其更好地履行受托责任。由于咨询服务是在确认服务之上的更高层次的内部审计服务，因此咨询服务的实现实际上就是内部审计人员发挥能动性，通过以往审计过程中对问题

---

① 迈克尔·波特，哈佛大学商学院教授，是商业管理界公认的"竞争战略之父"，在 2005 年世界管理思想家 50 强排行榜上位居第一。

地总结，对将来审计过程中可能出现的问题进行预判并提前堵住漏洞的过程。

由此可见，确认服务与咨询服务既前后关联，又各不相同。咨询服务有助于提升内部审计的价值，它不会影响确认服务的开展。确认服务是内部审计的基础，而咨询服务是在确认服务的基础上为企业管理层提供建议，没有这个基础，咨询服务无从谈起，咨询服务不会替代确认服务。所以二者的服务对象、内容、功能都是不一样的，彼此互为支持和补充，共同完成企业增值的目标。部分人对内部审计向咨询服务的扩张可能损害内部审计作为治理程序有效性的确认者和独立分析师的价值的忧虑是不必要的。2002 年 IIA 调查了包括中国在内的33 个国家（或地区）、十几个行业，有 34.4%的被调查者完全支持内部审计人员提供咨询服务；43.2%的被调查者认为内部审计人员应该经常提供咨询服务，但要仔细小心；14.7%的被调查者认为内部审计人员理论上提供咨询服务可行，但在实务中并非如此；7.6%的被调查者认为内部审计人员不应该或极少提供咨询服务。这一调查有力地说明，尽管世界各地具体情况不同，但多数被调查者认为内部审计人员应提供咨询服务，不少企业的内部审计人员已经开始广泛地提供咨询服务[1]。

第三节　内部审计的业务创新

时代在发展，企业在发展，内部审计人员必须适应这些发展，不断创新，满足管理者需求。创新审计业务，需要了解内部审计业务的发展方向，拓宽审计视角，创新审计思维，引导全员参与、开展非现场审计。

一、了解审计业务的发展方向

从广义的角度来看，内部审计创新是指在现有审计管理条件下，运用当前的审计资源和经验，依据相关法律法规，遵循审计业务操作规范，研究并运用新的内部审计工作理念、知识、技术、方法和机制等，对传统的内部审计组织、业务、方式方法等进行改造、改进和改革，构建新的内部审计组织、业务、方式方法等。内部审计创新包括审计理论创新、审计体制创新、审计业务创新、审计技术方法创新以及审计管理创新等内容。内部审计业务创新只是内部审计创新的一部分，各企业应该依据自身的特点和当前的内部审计业务领域，不断开拓新的内部审计业务范围。

目前，多数企业内部审计的内容主要集中在财务意义上的账簿、报表审计，内部审计部门的大部分精力集中在财务数据的真实性、合法性的查证和生产经营的监督上，对其他经营或管理领域涉及不充分，未能对企业面临的各种风险进行综合的判断及治理，未能充分发挥内部审计工作的价值。

事实上，内部审计的内容可涉及企业所有领域，包括人事、市场营销、生产、技术、工程、商务等各环节，内部审计要对企业经营管理全过程进行审计评估。在当前市场竞争愈发激烈的情况下，企业面临的风险越来越大，经营合规要求越来越严，内部审计必须成为风险管理的重要环节，内部审计的工作重心也应从事后审计向事中和事前审计发展，审计业务的内容要从传统的财务审计、绩效审计，拓展到内部控制审计、风险管理审计、公司治理审计等领域，以便最大限度地减少风险。内部审计业务的发展如图 3-3 所示。

---

① 彭志国，刘琳，张庆龙. 内部审计：确认服务还是咨询服务. 会计之友，2010（6）.

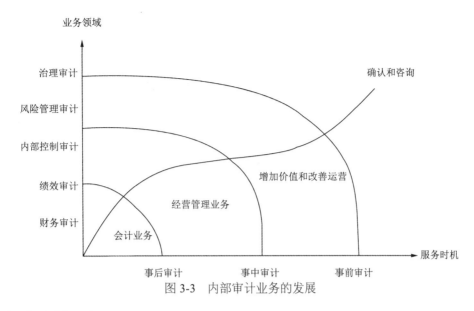

图 3-3　内部审计业务的发展

二、拓宽审计视角

内部审计的业务创新，就是要提升内部审计人员的素质，拓宽审计视角，将审计涉及的能够拓展的业务，尽量都纳入审计业务的范围，比如风险管理、舞弊管理、合规管理、内控管理等。

除了传统的确认服务外，内部审计还要加强战略与价值咨询服务等各方面的业务，比如对企业文化、员工道德、员工心理行为等方面进行评估，重新评估利益相关者的期望，发展内部审计的职能，实现审计和咨询之间的平衡，提升内部审计人员的价值。

内部审计职能的发展如图 3-4 所示。

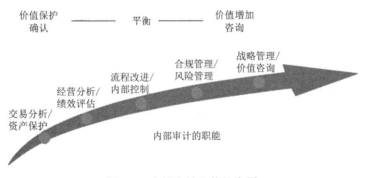

图 3-4　内部审计职能的发展

三、创新审计思维

创新思维的显著特征是追求新颖、独特，获得创新思维需要运用正确的方法，通过艰苦努力和坚持实事求是的态度，对原有事务进行再创造。内部审计创新思维主要有换元思维、发散思维、类比思维、动态思维等。

思维与思维体系　　内部审计思维

（一）换元思维

换元思维是根据事物的构成因素，将事物进行拆分、变换元素，以打开新思路。简单来说，数学中有用换元法解方程，即在有多个未知元素的基础上，变换其中某一元素，不断代换从而得出结论。在审计工作中，尤其是提出审计处理建议时，可以将自己代入场景，站在其他人的立场看待问题，去考虑审计发现和对审计发现的处理原则：如果我是被审计单位，我会更希望接受什么样的方式方法，更愿意达到什么样的效果。这就是经常说的将心比心，取得被审计单位的理解和信任，有助于理解解决问题的根本目的和问题所处的层次。

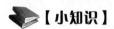 **【小知识】**

审计思维

思维是人脑对客观事物的概括。思维与感知的共同之处是都是人脑对客观现实的反映。它们的差异在于：感知是当事物的个别属性或具体事物及外部联系直接作用于感觉器官时，人脑所做出的反映过程，是对客观事物的直接反映，其属于认识的低级阶段；而思维是人脑对感知所提供的材料进行去粗取精、去伪存真、由此及彼、由表及里的加工，其探索与发现事物的内部本质联系和规律性，是认识过程的高级阶段。内部审计思维体系可划分为以下五大内容：①系统思维（战略思维、整体思维、结构思维、风险思维）；②逻辑思维（归纳与演绎、分析与综合、抽象与概括、正向与逆向）；③博弈思维；④批判性思维；⑤创新思维（换元思维、发散思维、类比思维、动态思维）。

 【案例 3-1】换位思考，赢得被审计单位信任[①]

大港集团是主要生产大型注塑机的企业。这几年由于竞争压力增加、人力与土地成本的增加，使用注塑机的厂家纷纷搬离沿海比较发达的城市，迁往内地。审计部在对大港集团销售部进行财务审计时，发现其销售的注塑机回款时间比规定的时间长，而集团还有大量的出差费用，出差天数也增加了很多，以往出差一天的，目前平均出差时间为三天。内部审计人员没有轻易下结论，而是站在被审计单位的角度，充分了解产生上述情况的原因，客观地分析上述情况的原因。于是审计部向被审计单位发出询证函，调查注塑机回款时间长、出差费用高、不符合集团财务规定的情况。

被审计单位收到审计部的询证函后，高度重视，积极回复了大港集团销售部回款时间长的原因是注塑机需要安装，而大部分客户从交通发达的地区搬到内地，交通不便，安装人员少，安装地点不集中，安装工作跟不上，造成以安装为前提的收款结算延迟。另外，上门安装一方面路途遥远，另一方面需要对注塑机购买厂商的工人进行培训，这些工人文化素质不高，教会他们需要的时间长，还有就是他们自己解决问题能力差，遇到机器设备的问题还是打电话让大港集团派人培训，造成出差时间长、经常出差，超过集团的财务开支标准。另外，为了满足财务管理的需要，大港集团销售部就把一次出差变为两次出差，甚至三次出差。内部审计人员发现集团制定的财务标准是很多年前的，没有根据环境变化及时进行修订。

内部审计人员根据掌握的情况，发现大港集团销售部确实面临着环境变化、财务制度制定不合理的情况。内部审计人员站在被审计单位的角度，考虑如何完善财务制度，增加安装人员，利用现场培训的方式解决大港集团销售部的问题。审计部建议集团财务部门深入实际调查制定符合大港集团实际的财务政策；建议人力资源部门配置与业务发展相匹配的安装人员；建议科技部门开通视频辅导网络，远程培训辅导购买注塑机企业的员工，解决注塑机购买企业的操作难题。

内部审计人员站在被审计单位的角度思考问题，提出解决问题的办法和策略，受到被审计单位的欢迎，取得被审计单位的信任，有利于推进审计增值。

---

① 袁小勇，林云忠．内部审计思维与沟通：发现审计问题、克服沟通障碍、实现审计价值．人民邮电出版社，2022．

内部审计（微课版）

（二）发散思维

发散思维是指在解决问题的思维过程中，对某一问题，通过类推和分析，探索一个事物的多种属性、事物发展的多种可能和解决问题的多种方案，而不是单一方案的思维方式。发散思维是相对于固定思维来说的。有时人们很容易陷入一种苦苦挣扎的境地，就是因为被固定思维束缚，并没有多个角度去思考问题。发散思维的好坏能反映一个人智力水平的高低。因此，培养和锻炼自己的发散性思考的能力，就是提高自己智力的过程。

发散思维常常也会借助头脑风暴，利用更多人的智慧，来激发更多的想法。

审计的发散思维是建立发散的思考模式，内部审计人员平时在工作后要注重对发散思维的培养，收集相关的发散思维的案例，认真学习，不断领悟，利用发散思维来考虑问题和解决问题，从而实现审计查证问题能力的提升。

培养审计发散思维需要引进竞争机制，利用头脑风暴，激发内部审计人员的积极性，开阔内部审计人员的视野，使内部审计人员能够广泛地吸收不同的好的思路，加以综合，形成新的观点和方法。

（三）类比思维

类比思维以比较为基础，以相似点为依据，根据两个对象在某些属性上类似，进而推出其他属性可能也类似。类比思维的这种独特的启发作用，为人们进行创新开辟了广阔的天地。

审计是一门探求性的工作。被审计单位的情况各不相同，有的还错综复杂。内部审计人员在明处，错误、问题在暗处，这就需要内部审计人员做出合理的专业判断，而合理的专业判断来自正确的思维方式。内部审计人员正确运用类比思维，通过比较、分析、判断，可使审计工作取得良好的效果。

内部审计人员要建立有类比思维的思考模式，利用类比思维开展审计工作，做好审计项目，进行良好的审计沟通，建立具有类比思维的案例库和方法库，在开展审计工作中不断借鉴。审计经验的积累其实就是一个利用类比思维不断提高自我修养和素质，提升审计能力的过程。任何一个内部审计人员都不可能学习完全部的知识、掌握所有的技能，内部审计人员只有通过不断利用类比思维，不断从已经做过的审计项目中，学习开展新的审计项目，实现审计知识的融会贯通。

内部审计人员在使用类比思维的同时，要注意找问题的本质，发现事物之间的相同点。类比思维的建立，重在内部审计人员学习能力的培养，内部审计人员可以通过向同行业审计人员学习、向跨行业专业人员学习，来提升自己的业务能力和业务素质。

（四）动态思维

动态思维是指以变化发展视角认识事物的思维方式。所有系统都是运动的，都有其发展规律，都有诞生、发展、消亡的过程。我们在看待事物时，不仅要看到事物的现在，而且要看到事物发展的未来。企业是一个系统，对外，它时刻保持着与社会、市场的信息交换（广义的信息输入和输出）；对内，既要组织人、财、物进行生产，又要输出产品和信息。这一动态过程，决定了内部审计人员必须用动态思维去思考问题。实践中，内部审计人员要有明确的时空观，在判断、分析和处理问题时，要运用动态思维，充分考虑时间的继起性、空间的并存性、原因的多样性和问题的发展性。

【案例 3-2】运用动态思维，开展嵌入性审计，提前预警业务风险①

A 银行审计部内部审计人员小郑手机接到了清算资金低于设定安全线的信息提示，收到

---

① 袁小勇，林云忠. 内部审计思维与沟通：发现审计问题、克服沟通障碍、实现审计价值. 人民邮电出版社，2022.

这条信息的还有金融市场部的总经理、业务交易员，以及计划财务部总经理、主管清算资金的专管员。内部审计人员小郑立即将这一情况报告给审计部负责人，监督金融市场部和计划财务部启动应急预案，自动将对外清算资金进行从大到小的排队，小额优先支付、个人优先支付，暂时冻结金融市场的资金清算，金融市场部根据自身交易情况，决定是否出售资产或同业拆借以解决目标流动性问题。A银行审计部这种让审计实现风险关口前移的做法，很好地提高了审计的时效性。

小故事

大象、笼子、审计

一个小孩在看完马戏团精彩表演后，随着父亲到帐篷外拿干粮喂养表演完的动物。小孩注意到一旁的大象，问父亲："爸爸，大象那么有力气，为什么无法冲出那小小的笼子呢？"父亲笑了笑，解释道："大象在小的时候就被人用同样的笼子关住，那时候的小象力气还不够大，试着多次冲出笼子无效后便放弃了这个念头，等小象长成大象后，也就心甘情愿接受那个笼子的束缚。"

在审计工作中，如果我们故步自封，画地为牢，认为有些事情我们永远办不到，且完全忽略许多内部和外部条件的改变，久而久之，便形成了惯性思维，以致失去一次又一次可能获取成功的机会。因此，审计人员要想取得成功，就需要尝试创新，就需要学会改变定式思维。这就需要审计人员改变观念，不怕做不到，只怕想不到，要不断在学习新知识中提高自己，并随着形势的发展不断调整、改变自己，最终找到成功的路径。

审计人员如何能够实现风险关口前移，及时发现业务风险，发挥审计的增值作用呢？其做法就是将审计软件嵌入业务系统。A银行审计部组织分析，集思广益，运用动态思维，最后设置了多个预警模型和预警指标，及时发现风险。比如前文的清算资金低于安全线时，系统及时提醒业务部门和内部审计人员等，内部审计人员启动监督机制，监督业务部门启动应急预案，并实时监督处置措施以及落实情况和落地效果。又如在预算控制的指标中，一旦业务运行中出现超预算的费用开支，系统可以自动拦截，相关人员需要申请预算的变更，预算变更通过后才能进行下一步操作。

A银行审计部将已经被预警的业务数据和客户，在银行不能实时拦截支付的情况下，及时反馈给业务部门，让业务部门做进一步处理。比如，审计部发现客户的信贷资金流向的对象不是贷款时约定的支付对象，或者用途改变，就及时提醒客户经理做好贷款检查，追踪贷款用途改变的原因，对于无故改变的，及时收回贷款资金避免出现不良资产，造成贷款损失。

嵌入式审计可以根据业务发生情况及时预警，由于预警是自动的，所以可以提高工作效率，及时防控风险。

四、引领全员参与

内部审计的核心内容是协助管理层进行风险管理。目前，多数企业的做法是由内部审计部门负责搭建风险控制体系，但风险控制问题本身就是一个全员控制的问题，只有让全员参与，风险管理才能产生良好的效果。因此，内部审计部门应该说服高管层把风险管理主要责任人由内部审计部门变成各业务部门，让企业从上到下都成为风险管理的主角，内部审计部门只起引导或协助作用。比如，内部审计部门可以组织"风险研讨班"，召集不同层次的经营单位或职能部门组成研讨小组，收集来自不同业务部门的信息，对目标、风险、控制、过程等方面进行细致的内部讨论和评估。再比如，内部审计部门组织"内控研讨班"，让具体的业务部门代表对内部控制程序的具体特征做出及时和有见解的判断，分析内部控制设计的合理性及执行的有效性。

在引领全员参与审计方面，GE 的做法值得借鉴（参见第二章第四节"一、内部审计人员的配置思路"）。GE 每年从几百个报名者中精心挑选几十名优秀者进入审计部门，同时从审计部门输送数量差不多的有一定审计工作经验的人员，充实各业务部门的管理队伍。这样一来，这些经过审计培训的人员成为管理人员时已经具备了一定的审计思维，并且当他们成为被审计对象时，内部审计人员与之沟通也就变得非常容易，审计工作也往往因此更能得到被审计单位管理者的积极配合，审计工作当然也就更有成效。事实上，包括 GE 在内的许多世界 500 强企业，都将内部审计部门视为"管理干部培训基地"。

另外，内部审计还可以采用参与式审计的方式，提高审计的效率与效果。目前内部审计部门在开展审计项目过程中，常常存在部门间沟通不顺畅、配合部门理解不充分、整改效果不理想，或内部审计部门在实施管理咨询过程中专业性不够等问题。参与式审计是解决这些问题的手段之一。参与式审计是根据内部审计项目类型，邀请或聘请组织内部其他部门的管理人员或专家参与内部审计项目，将审计项目组从单纯隶属于审计部门的小组，变为可能同时隶属于多个部门的矩阵式组织。当然，实施参与式审计初期需要进行大量充分的事前沟通。由于需要引入其他部门的专业人员或管理人员，而各种人员均有其自身的岗位职责，工作内容往往会因为安排审计工作而产生冲突，而且各部门在参与审计项目的主观意愿方面也会参差不齐，需要内部审计部门进行大量的内部沟通和协调工作，必要时还需要总经理或副总经理出面协调。

五、开展非现场审计

随着"大智云物链"[①]等信息技术的快速发展以及企业规模化、规范化、精细化程度的不断提高，企业对内部审计需求在不断扩大。面对海量的经营数据，传统内部审计的抽样检查模式在审计覆盖广度和发现问题及时性方面存在的局限性越来越突出，改进审计方法，提升审计效率，探索以非现场持续监控为主、以现场审计为辅的新型审计模式，逐步成为内部审计部门和人员适应新趋势的必然选择。非现场审计，是指借助信息网络、计算机等手段，采集、整理被审计单位经营数据和业务资料，对被审计单位的业务经营及风险管理状况进行跟踪、评价的一种审计方式。一方面，非现场审计不受时间地点的限制，内部审计人员可以随时随地利用计算机网络等手段，按照审计组织的工作安排，对被审计单位的业务经营情况、风险状况等进行不间断的监测、识别、评估，极大地提高发现风险的及时性和有效性，提高审计效率、降低审计成本、扩大审计覆盖面；另一方面，通过非现场审计，无论风险线索的识别、分析、评价与整理，还是审计证据的收集、甄别与取舍，都是在内部审计人员完全独立的环境下进行，相对现场审计而言，减少了被干扰的可能性，使得内部审计人员获取的审计证据更具有客观性，有利于提高内部审计质量。

当然，开展非现场审计，也对内部审计部门和内部审计人员提出了新的挑战。一是要提升内部审计人员的信息技术能力。内部审计部门不仅要在审计队伍中加强信息技术人才的引进和培养，还要加强对现有内部审计人员的培训，提升"大智云物链"等新信息技术运用能力，加强内部审计团队建设，形成"信息技术专家+业务专家"的智能审计团队，相互沟通、相互配合，集中审计业务专家的判断经验和信息技术专家的数据处理分析能力，共同推动非现场审计方法的探索和创新，有利于提升非现场审计的应用效果。

---

① "大智云物链"是指大数据、人工智能、云计算、物联网、区块链等新信息技术。

思考与探索

1．确认服务与咨询服务的区别在哪里？

2．项目组提供咨询服务时能否同时提供确认服务？是否存在内部审计不应该提供的咨询服务？

3．战略审计属于确认服务吗？

4．某单位的内部经济责任审计以查账为主，有同学问："不是说内部审计的主要内容是治理、控制和风险管理吗？不是说内部审计的职能是确认和咨询吗？这里哪有确认和咨询，哪有对治理、控制和风险管理的审计，全是查账！"

要求：请谈谈你的看法。

5．一个设备制造商的仓储部门安装了一套新的计算机存货系统。最近几星期仓库经理抱怨：由于系统的错误导致货物"丢失"，使公司一个月多花了50万元。但电子数据处理部门坚持该系统设计优良并经过测试，其运行良好，认为问题一定出在仓储部门自身。营运副经理已向内部审计主任寻求帮助。

要求：由内部审计部门介入调查系统故障责任这样的任务，内部审计主任应该答应吗？为什么？如果答应了，应该如何做？

第四章 内部审计的基本程序

引导案例

如何根据审计目标确定审计程序

H公司是一家对外贸易公司，主要从事机械设备的出口业务。自2022年初起，该公司始终处于亏损状态。据了解，该公司生产的设备处于国际一流水平，且该设备的国际需求量较大，外部专家曾预测其市场能够得到有效扩张。在这一大好前景下，H公司的总经理决定采取扩张战略。在战略制定和实施过程中，所有决策由总经理一人拍板，扩张中，没有按照公司实际需求，购买了大量可能被现有技术取代的原材料。公司内部管理混乱，管理费用开支巨大却没有成效，管理层的决策往往不能传递至员工，生产的产品质量和数量也长期无法达到客户要求。同时，销售员工为获得销售提成，与国外供应商进行串通，向国外供应商提供礼金，以虚假订单获取私人利益。

最终，公司董事长决定将审计部、内部控制部、采购部、财务部等部门组成联合审计项目组，对公司总经理任职情况进行特别审计。审计部新员工小王被抽调到该联合审计项目组，任务是做数据收集、整理、计算和外围联系等辅助性工作。小王由于刚到公司，对公司派出的审计项目组究竟要做哪些工作并不了解，于是向内部审计资深人员老张进行咨询，并提出了以下几个问题。

（1）内部审计的基本程序有哪些？

（2）是否必须遵守既定的审计程序才能实现联合审计项目组的审计目标？

（3）审计过程中，能够根据具体情况省略一些审计程序吗？

（4）内部审计与外部审计在程序上有什么联系和区别呢？

第一节 审计准备阶段

审计准备阶段是整个审计过程的基础阶段，这一阶段要为开展内部审计业务做好准备工作，其中包括编制审计计划这项重要工作。内部审计人员还要确定业务审计需要的时间和预计完成日期、最终审计报告通报形式等。在审计准备阶段进行规划有助于加快审计实施和报告阶段的沟通过程。在正式开展审计工作之前，内部审计人员应进行充分的审计准备工作，包括确定审计项目、初步了解被审计单位的情况、对审计业务相关的领域进行详细的风险评估、确定审计目标和审计范围、确定审计业务所需的人员水平和资源、制定审计业务工作方案和下达审计通知书等。

一、确定审计项目

开展内部审计业务的前提条件是企业管理层或治理层委托或者下达内部审计任务，即确定审计项目。内部审计部门在确定审计项目时，首先应进行审计立项，并经过上级部门的批准。

一般而言，内部审计业务来源于三个方面：一是董事会和有关管理层批准的年度审计计划；二是企业权力机构或有关管理层临时分配的任务；三是企业内其他部门提出的需求。

二、开展审计前的准备工作

内部审计业务的准备工作，具体包括确定审计目标与范围、获取审计对象的背景信息、确定审计主体与审计时间、进行初步调查、编制内部审计计划和发出审计通知书等方面。

（一）确定审计目标与范围

内部审计人员必须为每项审计业务确定审计目标。内部审计人员在确定审计目标时，必须考虑相关业务存在重大差错、舞弊、违规和其他风险的可能性。内部审计人员应针对与被检查工作相关的风险来确定审计目标。审计范围是内部审计人员将要进行检查活动的范围。审计范围确立了内部审计的界限，它由内部审计章程和管理层的要求等因素来确定。在具体的审计业务活动中，内部审计人员应根据审计目标和业务性质来确定审计范围，以确保满足实现审计目标的要求。在开展审计确认服务时，如果出现重要的咨询机会，应当与服务对象达成具体的书面协议，规定业务目标、范围、各自的职责和其他要求，并遵循咨询业务相关标准，沟通咨询业务的结果。在开展咨询业务时，内部审计人员必须确保业务范围足以实现与服务对象预先协商确定的目标。

（二）获取审计对象的背景信息

在确定审计目标与范围之后，应当获取和研究与本次审计事项相关的审计对象的背景资料，以便为后续的审计工作打好基础。

（1）如果审计对象为单位整体项目与系统（集团子公司、职能部门），则内部审计人员应收集与研究的背景资料主要包括：审计对象的组织结构、经营管理情况、管理人员相关资料、定期的财务报告、有关的制度和年度预算资料等。

（2）如果审计对象为某一项目或系统，则内部审计人员需要收集与研究的背景资料主要包括：审计项目的立项资料、预算资料、合同及相关责任人资料等。

（3）如果审计对象是在以前年度实施过内部审计的其他部门或审计项目，则内部审计人员应调阅以前的审计文件，关注以前的审计发现及审计对象对审计建议的态度。

（三）确定审计主体与审计时间

内部审计部门确定审计项目、审计目标、审计范围和获取审计对象的背景信息之后，应当根据审计工作量与难度选择合适的内部审计人员。内部审计部门应当根据实际业务的需要，安排具有不同专业技能、经验的内部审计人员执行具体的工作。除了成立审计小组之外，内部审计负责人还应初步确定审计时间，包括审计开始的时间、外勤工作时间、审计结束及审计报告的提交时间。

（四）进行初步调查

在编制内部审计计划之前，内部审计人员应当尽可能收集一些与审计项目相关的资料，如有关内部审计事项的法律、法规及相关政策等。此外，内部审计人员还应了解审计对象的基本情况，了解审计对象对审计项目的看法和反应。

（五）编制内部审计计划

内部审计计划一般包括年度审计计划、项目审计方案等。审计项目负责人可以根据审计对象的经营性质、业务复杂程度以及审计工作的复杂程度来确定编制内部审计计划阶段的工作，灵活合并或省略某些步骤或采用以前审计工作的成果。此外，在审计对象背景资料不全或实施突击性检查等情况下，内部审计人员也可以在审计过程中完善审计方案。

示例 4-1 列示的是经济责任审计方案。

【示例 4-1】

20××年××领导干部经济责任审计工作方案

一、审计对象和时限
本次经济责任审计将审计××（单位）党委管理的5名领导干部，如下。

序号	审计对象	担任职务	任职期限	经济责任审计性质	审计期限
1	×××	××处处长	20××年7月至20××年12月	离任审计	20××年1月至20××年12月
2	×××	××研究中心主任	20××年6月至20××年12月	离任审计	20××年1月至20××年12月
3	×××	××公司董事长	20××年6月至20××年12月	离任审计	20××年1月至20××年12月
4	×××	××公司常务副总经理（主持工作）	20××年6月至20××年12月	离任审计	20××年1月至20××年12月
5	×××	××处副处长（主持工作）	20××年11月至20××年12月	离任审计	20××年11月至20××年12月

二、审计主要内容
（一）贯彻执行党和国家经济方针政策和决策部署，推动单位可持续发展情况。
（二）本部门（单位）重大发展规划、目标责任制的执行情况及其效果。
（三）部门（单位）治理结构的建立、健全和运行情况。
（四）部门（单位）管理制度的健全和完善，特别是内部控制和风险管理制度的制定和执行情况。
（五）重大经济事项决策程序的执行情况及其效果。
（六）财务收支的真实、合法和效益情况。
（七）资产的管理及保值增值情况。
（八）在经济活动中落实有关党风廉政建设主体责任和遵守廉洁从业规定情况。
（九）以往审计发现的整改情况。
（十）其他需要审计的内容。

三、审计工作程序
（一）××（单位）党委组织部出具书面委托文件，委托内部审计机构组织审计。
（二）内部审计机构实施审计，或通过规定程序委托社会中介机构实施审计。
（三）内部审计机构组成审计项目组或社会中介机构按照委托协议要求派出专业人员组成审计项目组，内部审计机构加强对委托审计业务的指导、监控。
（四）审计项目组根据本方案拟定项目审计实施方案，报内部审计机构审批后实施。
（五）内部审计机构制定并送达经济责任审计通知书。
（六）经济责任审计领导干部撰写经济责任述职报告，签署审计承诺书，并在5个工作日内送达审计项目组。
（七）在经济责任审计领导干部以及所在部门、相关职能部门等方面的支持和配合下，审计项目组完成好审计实施阶段的工作。
（八）审计项目组汇总有关审计资料，撰写经济责任审计报告（征求意见稿），报内部审计机构领导审阅。
（九）审计项目组就审阅后的经济责任审计报告（征求意见稿），征求经济责任审计领导干部个人以及所在部门的意见。
（十）根据经济责任审计领导干部个人以及所在部门反馈意见，审计项目组提出修改经济责任审计报告的意见。
（十一）根据经济责任审计领导干部以及所在部门的反馈意见、审计项目组的修改意见，内部审计机构对经济责任审计领导干部的经济责任审计报告出具审核意见，在向单位党政主要领导汇报的基础上，报（单位）分管审计领导批准。
（十二）将审定的经济责任审计报告正式发文，送经济责任审计领导干部以及所在部门、其他相关部门。
（十三）年度经济责任审计结果汇总后，向××（单位）党委报告。

四、审计实施阶段的时间安排
审计实施阶段的时间安排为20××年6月上旬至9月底。

五、应强调的几个方面
（一）经济责任审计领导干部应全面树立"权力、责任、监督"意识，安排所在部门的相关人员支持和配合审计组的工作，切实按照审计工作要求，完成好本次经济责任审计工作。
（二）相关职能部门应根据工作职责要求，及时做好本部门工作。
（三）审计项目组根据本方案要求，既要切实做好经济责任审计各项工作，也要加强与经济责任审计领导干部以及所在部门、相关职能部门等方面的沟通与协调，积极推动经济责任审计领导干部所在部门改善内部管理，提高工作水平。
（四）如有需要，党委组织部20××年内再行提出领导干部经济责任审计名单，按照本方案执行，不再另行发文

（六）发出审计通知书

审计通知书是指在审计机构正式实施审计前，通知被审计单位或个人接受审计的书面文件。在实施审计项目前，内部审计机构应向被审计单位发送审计通知书，通知被审计单位做好准备，提供有关文件、会计凭证、账册和报表等资料，并为内部审计人员提供必要的工作条件。

审计通知书的基本样式见示例4-2。

 【示例4-2】

审计通知书

××审通〔20××〕×号

关于审计×××（单位）20××年×月至20××年×月××××的通知

××××（被审计单位）：

根据年度审计工作计划安排（或××××），决定派出审计项目组，自××××年×月×日起，对你单位20××年×月至20××年×月期间××××情况进行审计。如审计工作有必要，将延伸审计以前年度。请予以积极配合，并提供有关资料和必要的工作条件。在审计过程中，审计项目组应严格执行审计工作有关廉政规定，欢迎监督。

审计项目组组长：×××

审计项目组成员：×××、×××、×××

单位内部审计机构（公章）

××××年×月×日

第二节　审计实施阶段

在编制好审计方案并获得批准后，内部审计人员应当根据审计方案实施审计。这一阶段的工作是整个审计的中心内容，是内部审计全过程的最主要阶段。该阶段的关键工作主要包括：进一步了解被审计单位、召开审计进点座谈会、被审计单位和相关人员签署审计承诺书、收集与判断相关审计证据、审计过程沟通、编制审计工作底稿等。

一、进一步了解被审计单位

审计项目组实施内部审计时，首先应深入了解被审计单位的管理体制、机构设置、经营范围、业务规模、资产状况等，并对被审计单位的内部控制进行评估，然后根据评估结果，确定审计的范围和方法。内部审计项目组可以通过问卷调查、个别走访和召开座谈会等多种方式来了解与被审计单位相关的内部控制情况，了解被审计单位内的业务循环及分类，通过业务流程图、风险矩阵图或文字表达的方式加以描述。不同类型的单位，其业务循环的划分有所不同，但总体而言，审计项目组进一步了解被审计单位的主要步骤如下。

（1）进驻被审计单位实地了解经营状况。

（2）获取必要且与审计相关的资料。

（3）深入调查研究并全面了解被审计单位内部控制状况。

二、召开审计进点座谈会

审计项目组进驻被审计单位时，应召开审计进点座谈会。审计进点座谈会由审计机构负责人或审计项目组组长主持。以经济责任审计为例，审计进点座谈会要点如下。

（一）经济责任审计进点座谈会会前准备事项

一是告知会议事项。审计项目组应与被审计单位协商召开审计进点座谈会的时间、地点、议程，并按规定告知有关事宜。离任审计的领导干部应在会前通知到会。

二是确定参会人员。参会人员一般包括组织、纪检、人事、资产、财务、审计等经济责任审计联席会议成员部门负责人，以及被审计单位领导班子成员（离任审计还应包括已离任的原任领导干部）、单位重要部门中层干部、二级单位主要负责人、单位工会、职工代表及其他相关人员等。

三是审计项目组负责及时通知相关参会人员到会。

（二）经济责任审计进点座谈会的会议议程和内容

（1）主持人介绍与会人员，宣传经济责任审计政策依据，介绍会议目的、会议议程及内容。

（2）审计项目组组长介绍审计的依据、目的、内容、范围、方式、要求，通报经济责任审计工作安排，明确经济责任审计范围（包括审计时间范围和对象范围），提出经济责任审计的明确要求，希望被审计领导干部以及所在单位提供审计工作需要的资料清单以及其他需要配合的事项。

（3）被审计领导干部介绍单位基本情况，简要报告任职期间经济责任履行情况。

（4）组织、人事、纪检、监察等部门提出对审计项目组在现场审计过程中依法审计、廉政工作等要求。

（三）经济责任审计进点座谈会的会议议程示例

经济责任审计进点座谈会会议议程见示例4-3。

 **【示例4-3】**

领导干部经济责任审计进点座谈会会议议程

时间：×××年××月××日。

地点：（被审计单位）×××大楼×××会议室。

会议出席人员：组织、纪检、人事、资产、财务、审计等经济责任审计联席会议成员部门的负责人；被审计领导干部（如属离任审计项目，则新任领导也须参加）、分管领导、相关部门负责人，被审计单位办公室负责人、单位工会与职工代表及其他相关人员等。

主持人：内部审计机构负责人或审计项目组组长。

议程如下。

（1）主持人介绍与会人员。

（2）审计项目组组长宣读经济责任审计通知书，介绍审计工作安排以及需要被审计单位支持的事项等。

（3）被审计领导干部代表被审计单位表态，宣读个人任职期间的经济责任履行情况的相关材料。

（4）组织、纪检、人事、资产、财务、审计等经济责任审计联席会议成员部门的负责人提出工作要求。

（5）内部审计机构负责人宣传审计廉政纪律，对审计工作提出要求。

三、被审计单位和相关人员签署审计承诺书

（一）审计承诺制度的法律依据

2021年修订的《中华人民共和国审计法》第三十四条第二款规定："被审计单位负责人应当对本单位提供资料的及时性、真实性和完整性负责。"

（二）审计承诺书的主要内容

被审计单位法人代表（主要领导干部）对提供的各项资料的真实性、完整性进行书面承诺；对单位是否存在可能导致重大利益损害或流出的或有事项或预计负债，如大额经济合同所导致的债务、担保、抵押、诉讼等其他相关情况进行承诺。

（三）审计承诺书的格式要求

（1）被审计单位应在审计承诺书上盖公章，被审计单位法人代表（主要领导干部）和被审计单位的财务部门负责人分别签字或盖章。

（2）在经济责任审计项目中，对先离任后审计的领导干部，离任和新上任的领导应分别按各自应当承诺的内容，进行书面承诺并签字。

（3）对重点抽审的下属单位或部分事项，审计项目组可要求其签署审计承诺书或者单项审计承诺书。

（4）对违反承诺，提供虚假材料的有关责任人，可以建议组织、人事、纪检、监察等部门给予必要的组织处理或党纪政纪处分。

审计承诺书的基本样式见示例4-4。

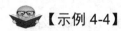**【示例4-4】**

审　计　承　诺　书

（内部审计机构名称）：

根据《中华人民共和国审计法》和《中华人民共和国会计法》的规定，对本次审计，本人及所在部门承诺如下。

1. 提供的有关资料是真实、合法、完整的。

2. 根据审计项目组的要求，本人及所在部门将提供掌握的全部情况。

3. 账面结存的实物资产是经过全面盘点核实后的实际结存资产。

4. 本部门在被审计期间实现的各种收入全部通过单位财务账面反映，支出全部在单位财务账面反映（按照国家有关规定，可以单独设置会计账簿的部门除外），除此之外，没有其他任何财务收支活动。

5. 本部门目前不存在可能导致单位重大利益损害或流出的或有事项或预计负债，如大额经济合同所导致的债务、担保、抵押、诉讼等。

如果今后发现违背上述承诺事件，我们愿意承担法律责任。

所在部门（盖章）　　　　　　　　　　　　　　　经济责任审计领导干部（签章）

财务部门负责人（签章）

年　月　日

四、收集与判断相关审计证据

在开展审计业务时，内部审计人员应深入现场进行调查，收集、分析、评价和记录足够的证据，以实现审计目标。审计证据的重要性主要表现在四个方面。

第一，审计证据是审计工作底稿的主要内容，是支持审计判断的核心。

第二，审计证据是审计意见和建议的基础。

第三，审计证据是确定或解除内部审计人员责任的依据。

第四，审计证据是检查审计工作质量和控制审计工作进度的依据。

五、审计过程沟通

审计过程沟通主要指就审计过程中发现的重大问题、不配合情形及审计遇到的其他困难进行沟通。需要沟通的情形主要如下。

审计过程沟通

（一）审计过程中发现的重大问题

审计过程中发现的重大问题包括：内部审计人员对被审计单位选用的会计政策、做出的会计估计和财务报表的披露等重要会计处理问题有异议；内部审计人员发现被审计单位存在重大舞弊迹象或内部控制存在重大缺陷等。

（二）审计过程中遇到的不配合情形

（1）有关部门在提供审计所需信息时出现严重拖延。例如，内部审计人员可能要求查阅某项重大交易的合同和相关的核准审批文件，但是，有关人员一拖再拖，不能及时提供。

（2）被审计单位要求缩短完成审计工作的时间，导致内部审计人员无法严格执行计划的审计程序，难以获取充分、适当的审计证据，进而不能实现审计目标。

（三）遇到的其他困难

（1）无法获取预期的证据。例如，对重要应收账款函证无回函，通过其他方法查证，无法确认业务的真实性。

（2）有关部门对内部审计施加限制。例如，阻止内部审计人员与相关部门或人员接触，或者不允许内部审计人员实地察看生产经营场所等。

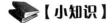**【小知识】**

为什么思维与沟通能力是内部审计人员的基本技能

内部审计存在的价值，就是要发现问题、分析问题、解决问题，这些过程都与审计的思维与沟通密切相关。如果内部审计人员不具备严谨的思维、周密的逻辑，那么就很难发现企业的问题。发现了问题，或者别人报告了问题，如果内部审计人员不具备系统地思考问题的能力，就不会很好地与管理层和被审计部门交流与沟通问题存在的原因及解决问题的思路，也就很难有所作为。所以说，内部审计人员需要具备思维与沟通能力。

六、编制审计工作底稿

审计工作底稿是内部审计人员在审计过程中形成的审计工作记录，可以证明内部审计人员对获取的审计证据进行了恰当、充分的分析与审查。审计工作底稿既包括书面记录等常规形式，又包括电子媒介记录形式。编制审计工作底稿有利于在审计过程中形成审计工作记录，并整理获取的资料。它形成于审计过程，也能反映整个审计过程。

（一）内部审计工作底稿的编制目的

内部审计工作底稿在计划和执行审计工作中发挥着关键作用，它提供了审计工作实际执行情况的记录，并形成了审计报告的基础。内部审计工作底稿的编制目的主要体现在以下几个方面。

（1）提供充分、适当的记录，并将其作为出具审计报告的基础，为内部审计人员形成审计结论、发表审计意见提供直接依据。

（2）提供证据，证明内部审计人员已按照相关法律法规的规定计划和执行了审计工作，能够减轻内部审计人员的审计责任，作为评价或考核内部审计人员专业能力与工作业绩的依据。

（3）有助于项目组计划和执行审计工作，有助于负责督导的项目组成员按照相关质量控制规定，履行指导、监督和复核审计工作的责任，并实施质量控制复核与检查。

（4）有助于项目组说明其执行审计工作的情况。

（5）保留对未来审计工作持续产生重大影响的事项的记录。

（6）便于监管机构和内部审计协会根据相关法律法规或其他相关要求，对会计师事务所实施执业质量检查。

（二）内部审计工作底稿的编制要求

内部审计工作底稿的编制，应当使未曾接触过该项审计工作的有经验的专业人士能够清楚地了解以下内容。

（1）按照审计准则和相关法律法规的规定实施的审计程序的性质、时间安排和范围。

（2）实施审计程序的结果和获取的审计证据。

（3）审计中遇到的重大事项和得出的结论，以及在得出结论时做出的重大职业判断。

有经验的专业人士，是指会计师事务所内部或外部的具有审计实务经验，并且对下列方面有合理了解的人士。

（1）审计过程。

（2）审计准则和相关法律法规的规定。

（3）被审计单位所处的经营环境。

（4）与被审计单位所处行业相关的会计和审计问题。

（三）内部审计工作底稿的内容

内部审计工作底稿通常包括总体审计策略、具体审计计划、分析表、问题备忘录、重大事项概要、询证函回函及声明、核对表、有关重大事项的往来函件等。同时，内部审计人员还可以将被审计单位文件记录的摘要或复印件作为内部审计工作底稿的一部分。此外，内部审计工作底稿还包括业务约定书、管理建议书、项目组内部或项目组与被审计单位举行的会议记录、与第三方的沟通文件及错报汇总表等。

内部审计工作底稿通常不包括已被取代的内部审计工作底稿的草稿或财务报表的草稿、反映不全面或初步思考的记录、存在印刷错误或其他错误而作废的文本，以及重复的文件记录等。

（四）内部审计工作底稿的格式与要素

1. 内部审计工作底稿的格式

内部审计工作底稿的格式有通用格式及专用格式两种。通用审计工作底稿的格式见表 4-1。专用格式的审计工作底稿有特定的对象，其他审计项目不能使用，如经济责任审计工作底稿，如表 4-2 所示。

表 4-1 内部审计工作底稿（通用格式）

审计项目		页次：		索引号：	
审计对象		审计类别			
审计事项		工作底稿编号			
事实描述 附件　页					
运用的审计程序： 附件　页					
内部审计人员初步意见： 执行人：　　　　审计日期：　年　月　日					
复核人员意见； 复核人：　　　　审计日期：　年　月　日					
被审计单位或部门意见： 负责人签字：　　　　日期：　年　月　日					
审计结论或建议： 审计项目组长：　　　　日期：　年　月　日					

表 4-2 　　　　　　　　　　　　　主要领导述职表（经济责任审计工作底稿）

页次　　　　　　　　索引号

姓名		性别		出生年月		政治面貌	
职务		任现职时间		学历		学位	
所在单位						联系电话	
主要职责							
任职期间各项经济指标完成情况				主要业绩（含内部管理制度建设或改进情况）			
个人述职（字数限×××字以内，可附表）							
重大投资收益/资产损失情况				遵守法纪和廉政情况			
对公司未来发展设想和工作打算				其他情况说明			

内部审计人员：　　　日期：　年 月 日　　　复核人员：　　　日期：　年 月 日

2. 内部审计工作底稿的要素

一般情况下，内部审计工作底稿应包括以下要素。

（1）审计项目名称。

（2）审计过程记录（包括：实施的审计测试的性质、审计测试项目、抽取的样本及检查的重要凭证、审计调整及重分类事项等）。

（3）审计结论。

（4）审计标识及其说明。

（5）索引号及编号、页次。

（6）编制者的姓名及编制日期。

（7）复核者的姓名及复核日期。

（8）其他应说明的事项。

在审计报告日后，如果发现例外情况，内部审计人员应实施新的或追加的审计程序；如果得出新的结论，内部审计人员应当记录以下内容：遇到的例外情况，实施的新的或追加的审计程序，获取的审计证据以及得出的审计结论，对内部审计工作底稿做出变动及其复核的人员和时间。

3. 确定内部审计工作底稿的格式和要素时需要考虑的内容

内部审计人员在确定内部审计工作底稿的格式和要素时，应当考虑下列内容。

（1）实施审计程序的性质。

（2）被审计单位的规模和复杂程度。

（3）识别出的重大错报风险。

（4）已获取的审计证据的重要程度。

（5）识别出的例外事项的性质和范围。

（6）在执行内部审计工作和评价审计结果时需要做出判断的范围。

（7）从已执行的审计工作或取得的审计证据中不易确定结论或结论的基础时，记录结论或结论基础的必要性。

（8）使用的审计方法和工具。

第三节　审计报告阶段

审计报告阶段要求内部审计人员对审计项目实施阶段的审计证据及其形成的审计工作底稿进行汇总、整理、分析判断，以得出恰当的审计结论，并在适当的时候编制审计建议书，与被审计单位、组织适当管理层沟通审计结果，向有关方面报告。

一、沟通审计结果

沟通审计结果

当审计工作接近尾声时，审计人员应与被审计单位的主要代表举行一次会议，这个会议被称为审计总结会议。审计总结会议的主要议题是就审计概况、依据、结论、决定或建议与被审计单位适当管理层沟通。

（一）审计结果沟通的一般要求

《第2105号内部审计具体准则——结果沟通》第五条规定："内部审计机构应当建立审计结果沟通制度，明确各级人员的责任，进行积极有效的沟通。"

（1）沟通审计结果的目的，是提高审计结果的客观性、公正性，并取得被审计单位、组织适当管理层的理解和认同。内部审计机构应当与被审计单位、组织适当管理层进行认真、充分的沟通，听取其意见。

（2）内部审计机构可以采取书面、口头两种方式沟通审计结果。

（3）内部审计机构应当在正式提交审计报告之前，进行审计结果的沟通。

（4）内部审计机构应当将沟通的有关材料，作为审计工作底稿归档保存。

（二）审计结果沟通的主要内容

审计结果沟通的主要内容包括审计概况、审计依据、审计发现、审计结论、审计意见、审计建议等。

（1）审计概况，就是本次审计的基本情况。

（2）审计依据，是指据以得出审计结论、提出处理意见和建议的客观尺度，包括外部制定的审计依据和内部制定的审计依据。

（3）审计发现，是审计发现的情况或问题，解决"是什么"的问题。

（4）审计结论、审计意见、审计建议是审计人员一段时间以来的审计工作成果，解决"怎么办"的问题。对于审计发现的问题或情况，首先要解决它的定性问题，这就是得出审计结论；审计意见是对审计已经定性的问题提出的处理或处罚方案（意见）；审计建议则是对不适宜进行处理或处罚的审计发现情况提出的工作改进思路或设想。

二、形成审计结论

在内部审计中，审计结论是内部审计部门在审计工作结束时，根据收集的大量审计证据对被审计单位或事项做出的最后论断，包括审计意见或审计决定，一般以书面形式在审计报告或审计结论和处理决定中表述。审计结论具有很强的权威性，审计项目组应事先征求被审计单位的意见。审计结论一旦正式宣布，内部审计部门应监督被审计单位和有关部门执行。被审计单位如对审计结论持有异议，可在一定时间内申请复审，复审期间，原审计结论照常执行。

审计结论通常比较简短，其结构也相应较简单，一般由开头说明、审计发现、结论决定和结尾四部分组成。

（1）开头说明。这部分要写明什么时间对什么单位进行了审计，对谁得出审计结论和做出处理决定。

（2）审计发现。这部分一般只介绍审计发现的要进行处理的违纪问题和其他与审计事项有关的事实。

（3）结论决定。这部分要列明每一审计事项得出的审计结论和做出的处理决定，同时，要列明处理决定所依据的规定以及执行的期限和要求。

（4）结尾。结尾一般介绍对被审计单位执行审计结论和决定的要求，并通知被审计单位如有异议，可在规定时限内要求复审等事项。与审计结论和决定有关的一些建议和意见，也可在结尾部分说明。

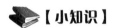 【小知识】

审计决定与审计意见的区别

审计意见是内部审计人员对被审计单位在审计期间财政财务收支、经济活动、内控活动和风险管理等方面是否存在问题或情况所进行的审查的最终结果、看法。对被审计单位违反国家规定的财政财务收支行为或违反单位内部规定的行为，需要依法给予处理、处罚的，内部审计部门在法定职权范围内做出审计决定或者向有关主管机关提出处理、处罚意见。也就是说，内部审计部门在审计报告中需要对在本次审计中获得的审计发现，区分问题或情况的不同性质，分别处理：需要进行审计处理或处罚的，出具审计决定书；不需要进行审计处理或处罚的，直接出具审计意见或提出审计建议。

三、报告审计结果

通常，内部审计报告应该向管理层和审计委员会报送。

（一）内部审计服务于管理层

管理层负责处理企业经营过程中的具体事务，将董事会的决议落到实处。经营过程的不确定性决定了管理层必然拥有剩余处置权，且环境越复杂，不确定性因素越多，就越需要管理层发挥判断作用。内部审计人员具有信息优势和适应复杂环境的能力，在财富创造过程中发挥着重要作用。管理层直接领导内部审计，有利于创造财富，这在现代内部审计的实践中得到了证明。

内部审计服务于管理层，将管理层作为报告对象，这在实务界较为普遍。由于企业管理层级的增多，为了方便监督和评价下属，管理层设立了内部审计部门。因此，内部审计部门主要是向管理层报告，然后才是向审计委员会报告。

（二）内部审计服务于审计委员会

内部审计部门向审计委员会报告，则是出于公司治理的需要。根据 IIA 的相关公告，内部审计部门的客观性主要由内部审计机构负责人在企业中的报告地位决定。如果内部审计机构负责人直接向审计委员会汇报，那么内部审计机构负责人更有可能鞭策管理层；同时，内部审计机构更自治，无须 CEO 或 CFO 的批准就可以实施必要且适当的程序。如果内部审计机构负责人向审计委员会汇报，则可以使审计委员会及董事会适当考虑内部审计部门的意见。

内部审计部门还可以根据具体情况，决定是否将内部审计报告的全部或部分内容报送给企业外部的相关部门和人员。内部审计部门在对外报送内部审计报告前，应当获得内部审计机构负责人或企业适当管理层的批准。

第四节　审计成果运用与后续审计阶段

区别于外部审计，内部审计在出具审计报告后，仍然需要对报告中所涉及的审计结果和审计建议进行跟踪。该阶段的审计工作也称为内部审计工作中的后续审计。

一、审计成果运用

发现问题是审计履行监督职责最基本的要求，但只发现问题是不够的，发现问题只属于"原材料"阶段，内部审计部门还需要对"原材料"进行加工，生产出"审计产品"，然后把"审计产品"销售出去，这时审计结果才能成为审计成果，才能够更好地发挥内部审计的价值。审计成果运用虽然是管理层的责任，但内部审计部门有促进、宣传、移送、倡导等责任。

现代内部审计要在公司治理、风险管理和内部控制中发挥作用，就必须有审计成果运用的途径。根据审计成果的不同，审计成果运用的途径通常有以下形式。

（一）整改落实

内部审计部门在下发审计意见的同时下发由有关领导签发的审计整改通知书，明确整改落实期限，被审计单位应在限期内（一般不超过 3 个月）将问题整改及建议落实结果报送单位相关业务主管部门，同时，报送内部审计部门备案。相关业务主管部门应当在 10 日内对其整改落实情况是否到位表达意见，并报送内部审计部门。限期内未能完成整改的，督办部门或内部审计部门应将相关信息报送至单位主管领导和单位主要负责人，并经有关程序批准后予以惩罚。

（二）审计情况通报和结果公告

内部审计部门应根据具体审计情况，在审计结束或审计过程中定期或不定期地向主管审计的领导、经济责任审计工作联席会议、审计委员会通报内部审计中发现的问题和重大事项，必要时可向董事会汇报。

审计意见及审计报告经批准后，内部审计部门可编制审计结果报告，建设项目跟踪审计可编制中期审计结果报告，并向单位主要负责人（董事长、总经理）报告。审计结果报告经审计委员会批准后，可在单位进行通报或公告。

（三）责任追究和移送

内部审计部门对审计对象履行经济责任过程中存在问题所应当承担的直接责任、主管责任、领导责任，应当区别不同情况做出界定，对其应当承担责任的问题或者事项，可以提出责任追究建议，对存在严重违法违纪问题的，应移交纪检、监察部门进一步查处，组织、人事部门应当采取相应的措施进行处理。对于依据内部控制缺陷认定办法及评价指标体系对内部控制认定为特别重大缺陷和重大缺陷的、对建设项目跟踪审计过程中发现的造成重大损失的，以及其他审计过程中发现的重大问题，内部审计部门可以提出责任追究建议。

内部审计部门对于在审计中发现的违法违纪问题，应当填写移送文书，移送纪检、监察部门进行处理。

（四）考核评优和人事任免

审计对象对审计结果的运用情况应纳入被审计单位重点工作考核体系和各职能部门的部门绩效考核体系。经济责任审计结果还应纳入领导干部个人廉政档案和人事档案，作为任免、奖惩的依据。

各单位在党政领导干部和单位领导人员的职务任免、升降和奖惩工作中应充分利用审计结果，并向经济责任审计工作联席会议通报经济责任审计结果的利用情况。

二、后续审计的总体规划

对于是否需要开展后续审计、何时开展后续审计、如何制定后续审计方案等，内部审计负责人确实需要深思熟虑。依据《第 2107 号内部审计具体准则——后续审计》规定，编制后续审计方案时应考虑以下因素。

（一）审计意见和审计建议的重要性

审计意见和审计建议的重要性决定了后续审计的深度和广度，当存在的问题关系重大、会产生重大的影响时，审计部门应要求被审计单位尽快采取措施解决问题，并应对被审计单位解决问题的及时性、有效性及问题是否已经得到解决进行认真、细致的审查。

（二）纠正措施的复杂性

后续审计绝不是站在管理层的后面，整日地唠叨："审计建议你们到底执行了没有?纠正行动有没有力度，问题解决了吗？"在开展后续审计之前，必须考虑纠正措施的复杂性。如果纠正措施很复杂，难度很大，自然要留给管理层一定的时间去筹划，相应地，后续审计就要延后。如果纠正措施简单，没有难度，后续审计就可以相对地尽早开展。

（三）落实纠正措施所需要的时间和成本

纠正措施千差万别，如果安排统一的时间进行后续审计明显不符合实际情况。所以内部审计人员必须事先考虑纠正措施的实践问题。倘若审计建议的层次较高，需要管理层一层一层地做工作，分别贯彻落实，落实纠正措施所需的时间将很长，则可以将后续审计延后。此外，成本因素也必须要考虑。审计工作作为一项检查经济活动的工作，应该遵守成本效益原则。纠正措施的效益如果超过成本，管理当局采纳的可能性就比较高，后续审计才会有意义；如果管理当局从更高的层次或者说从企业整体考虑纠正措施没有可行性，开展后续审计就不会有结果，还会浪费宝贵的内部审计资源。

（四）纠正措施失败可能产生的影响

对纠正措施的复杂性、落实纠正措施所需要的时间和成本及纠正措施失败可能产生的影响进行评估，是为了根据被审计单位采用纠正措施的预计难易程度编制合理、适当的后续审计方案。这充分体现了审计部门与被审计单位之间的服务关系。

（五）被审计单位的业务安排和时间要求

现代企业追求的是时间的充分利用，生产要实时进行，客户管理要实时进行，销售要实时进行。后续审计当然不能破坏企业的正常经营活动，所以事先的适当的时间安排显得尤为重要。审计部门首先要规划好审计时间，估计从开始到结束大概需要多长时间，然后再与被审计单位进行充分交流，确定最佳的审计入驻时间，审计入驻时间可以安排在被审计单位不忙甚至闲暇的时候。这样既不耽误工作，又可以让被审计单位充分配合。

三、后续审计的实施程序

后续审计工作是保证内部审计实现纠错防弊职能的重要步骤。内部审计人员只有认真履行一定的审计程序，才能保障审计质量，并真正树立审计的职业威望与声誉。后续审计的实施程序如下。

（一）仔细阅读被审计单位的书面回复

审计回复（整改报告）是被审计单位对审计报告提出的审计发现和建议做出的答复。被审计单位在规定的整改期限内向内部审计部门报告存在问题的整改情况，是落实审计决定的具体体现。后续审计始于被审计单位对审计报告中的审计发现和建议做出书面回复。当收到被审计单位的书面回复时，内部审计人员应仔细地阅读，并注意是否存在下述情形。

情形一：不回复。

情形二：回复不充分。

情形三：被审计单位有异议或误解。

情形四：被审计单位说明将不会采取任何纠正措施。

书面回复是十分重要的，它保证了被审计单位已对内部审计人员在审计报告中提出的问题做出了同等仔细和周全的考虑。在阅读和评价被审计单位的回复时，内部审计人员应注意区别现象（存在的问题）和原因（问题产生的原因）。被审计单位有责任保证：所采取的措施针对报告中提到的缺陷；有关行动已完成并及时、全面地纠正了存在的问题；补救措施将持续地发挥作用。

为了评价回复和有关的措施，内部审计人员必须注意区分现象和原因。表 4-3 是一些现象及其原因举例。

表 4-3 现象和原因举例

现象	原因
丧失购货折扣	对发票的审核和处理缓慢，培训和监督有缺陷
产品质量差	质检程序有漏洞，设备的维修保养或质量控制有缺陷
实际发运数量与顾客发票上的数量有差异	会计部门与运输部门之间缺乏沟通，或处理程序有误
机器的停工期过长	机器维护不当或过于陈旧
员工存在不满情绪，过高的人员流动率，同时存在招聘和培训费用较高	工资低，工作环境差，监督不力；或人事政策不合理

（二）就书面回复与被审计单位进行初步沟通

有效区分被审计单位对审计发现和审计建议的各种反应是开展后续审计的基础。从被审计单位的书面回复中，内部审计人员可以看出被审计单位的态度，可以初步确定后续审计的深度与广度。对于不回复的情形，内部审计人员要与被审计单位进一步沟通，弄清不回复的原因（是工作过忙还是其他原因），如果被审计单位无故不回复，可将相关不回复的问题作为后续审计的重点。对于回复不充分的情形，内部审计人员要与被审计单位充分探讨，分析审计建议的合理性与可行性，了解具体原因。对于被审计单位有异议或误解的情形，内部审计人员要确定被审计单位在哪里存在异议或误解，必要时对前期审计进行必要的复核。巧妙的面谈或电话询问通常可以澄清误解或解决异议。对于被审计单位明确表示不会采取任何纠正措施的情形，内部审计人员要通过适当的手段向更高层次的管理者反映实际情况。

（三）确定后续审计的范围和内容

后续审计的范围与审计发现和整改事项密切相关，主要是针对被审计单位经营管理过程中存在的问题以及内部控制的薄弱环节的改进活动进行审计。后续审计的主要内容如下。

（1）监督检查审计决定的执行情况。

（2）了解审计意见采纳情况，考察审计效果。

（3）发现审计决定执行过程中出现的问题，采取相应措施。

（4）发现审计结论和审计决定不当时，进行复查，重新得出审计结论和做出审计决定，弥补原来审计中的不足。

（5）根据新出现的情况提出建议和措施，增强审计效果。

开展后续审计简单、快速的方法（在被审计单位已做出书面回复后）是询问被审计单位采取了哪些纠正措施，并与书面回复中所提到的措施相对比。在询问时，内部审计人员应将被审计单位的回答写成书面小结。表4-4列出了内部审计人员在收到书面回复后，编制的一个后续审计询问的书面小结。

表 4-4　　　　　　　　　　　　　　后续审计询问的书面小结

日期：××年10月26日。
主题：就××年8月12日发送的审计报告（报告文号：××）中提出的建议，与公司仓库副经理××进行的后续审计面谈。
审计报告建议：仓库中有大量的存货标签没有注明正确的日期和编号，审计小组建议仓库应建立独特的标签，以便对每一种存货项目编号，并记录有关的日期、类别、供应商和存放地点等信息。
纠正措施：今天早上，我在电话中与仓库副经理××交换了意见，他表明仓库已采纳了书面回复中所提到的4种新的标签，有关的纠正措施已于11月1日起实施。他表示他每星期都会进行一次随机抽查，以确保新标签的应用。他还进一步证实新标签制度有助于仓库管理人员更系统、有效地管理存货

（四）重视已纠正问题的真实性和有效性

后续审计中，对被审计单位回复中已经采取纠正措施的问题，要重视其真实性和有效性，主要有以下三种方法。一是检查被审计单位采取的纠正措施是否正确，有没有移花接木、瞒天过海的现象，有没有整改了一个问题又产生新的问题的情况。二是将被审计单位实际采取的纠正措施（纠正措施的运行情况）与审计回复中已经采取的措施（纠正措施的书面记录）相比较，看是否一致、实现程度如何。三是检查是否存在根本未纠正，而审计回复中称已经整改的情况，看是否有弄虚作假行为。对已经纠正到位的，要做好复印、笔录等审计取证工作，并将相关资料作为后续审计资料保存。

（五）跟踪个别的审计发现和建议

有些必要的纠正措施不能马上在被审计单位中实施，因为需要重新设计相关的制度、重新招聘或培训人员，在某种程度上还会牵涉顾客或供应商。例如，一项关于修改公司工程成本会计系统的建议，要求进行调查研究，召开各种讨论会，为获取必要的重建资金而报经预算委员会审批，以及获取经营管理人员或董事会（可能的话）的同意。可见，如果出现这种情况，内部审计人员还需要经历一年或更长的时间进行跟踪审计。

在有的情况下，被审计单位对有关纠正措施的决策可以只经本部门经理或本分部主管的审批，而不需任何更高管理层的审批。此时，被审计单位的主要任务是寻找恰当的时机实施必要的纠正措施，并维持其他所有已获改善的状况。

内部审计部门应跟踪重大的审计发现，直至它们被纠正，或者被审计单位做出书面声明称将不采取任何（或进一步的）措施。后续审计跟踪记录表对被审计单位和内部审计人员来说都是有效的，其格式见表4-5。

表 4-5　　　　　　　　　　　　　　后续审计跟踪记录表

项目审计负责人	首次报告时间及编号	审计发现或建议	截至目前被审计单位所采取的措施	计划将采取的措施	最后期限

（六）重点审查未纠正部分并分析原因，对症下药，督促纠正

在审计决定规定的纠正期限内未纠正到位的问题，是后续审计的重点。对被审计单位未纠正的问题，内部审计人员要实事求是地进行分析。对被审计单位故意不纠正的问题，内部审计人员在与被审计单位交换审计意见时要督促其落实纠正责任；对历史遗留问题等客观原因造成的未纠正到位的问题，内部审计人员应要求被审计单位说明情况并制定详细的纠正方案；对因政策变化不需要纠正的问题，不应作为未纠正问题。在对被审计单位实施审计过程中，因某种原因出现漏审或错审的情况，内部审计部门在后续审计时应及时修正。

（七）管理层已决定不采取行动的审计处理

依据《国际内部审计专业实务框架》（2017）的建议，如果被审计单位认为风险的程度不至于要增加控制或实施任何改变，并且管理层或董事会已经选择了接受风险、不采取纠正行动，那么内部审计人员将不再负进一步的责任。

内部审计人员在收到回复或被审计单位对其他通报没有作出声明以前，不应假设管理层已接受了风险。被审计单位未能采取纠正措施与被审计单位声明无意采取任何纠正措施是不同的。若被审计单位没有明确的书面回复表示已承担了责任，则内部审计人员应实施以下两项工作。

一是向被审计单位发送一份备忘录，说明内部审计已确认被审计单位将承担不采取纠正措施的风险（就本质而言，被审计单位不回复也是一种消极的证实）。

二是要求被审计单位向内部审计部门声明或确认（用书面形式，并经管理层审批），目前被审计单位已决定承担不采取纠正措施的风险（就本质而言，这是一种积极的证实）。

内部审计人员在提出这些问题并与被审计单位沟通时，应采用谨慎、得体的措辞，以尽量维护与被审计单位管理层的良好合作关系。

如果内部审计人员强烈地感到风险过高，或基层管理人员有混淆或迷惑管理层的行为，或有意低估风险，那么内部审计人员就应该要求被审计单位采取纠正措施，并实施后续审计。内部审计人员必须确保高风险事项得到高级管理层的注意。

（八）对控制风险进行重新评估

在进行了探讨、澄清和现场审计等程序后，内部审计人员应根据改善后的情况或被审计单位表明已经采取或将要采取的措施，对控制风险进行重新评估。

要想较为准确地评估后续审计风险，前期审计工作很重要。在前期审计中，就要考虑到后续审计的需求，并在以后的审计工作中注意环境的变化对审计事项的影响，这样才能准确地把握后续审计的风险。要想确定审计的重点，还必须时常与上级部门、其他相关部门联系以取得相关的信息。后续审计工作的效率绝大部分取决于各种回复或回应信息的及时性与可靠性。内部审计人员要尽可能多地收集相关信息，剔除误导和虚假信息。

内部审计人员还应注意随着企业经营的继续，相关环境会发生改变。一些重要的、风险大的审计项目有可能会变为次要的、风险小的审计项目，一些次要的、风险小的审计项目有可能会变为重要的、风险大的审计项目，因此，内部审计人员绝不能忽视潜在的危机和经营风险。内部审计人员开展后续审计，要通过了解实际情况，不断地进行数据分析和风险评估，以得出后续审计结果。

（九）记录后续审计的工作

有关前期审计工作底稿的所有标准都适用于后续审计。后续审计有两个主要的资料来源。一个是内部审计人员自行编制的记录，包括简述审计性质和结果的信件和其他备忘录。另一个是被审计单位编制的对审计意见和建议的书面回复，它说明了建议的措施和针对审计报告中提出的问题实际已采取的纠正行动。一般而言，后续审计的记录将附在审计工作底稿后，而后续审计报告则附在原来的审计报告后。

后续审计工作底稿中的记录包括以下内容。

（1）讨论审计报告事项的信函的复印件。

（2）总结后续审计会议、电话交流、文件审查和计算等过程的备忘录。

（3）被审计单位对审计报告做出回复并说明或探讨纠正行动计划的有关信件和备忘录。

（4）就被审计单位在回复中所提到的纠正措施和存在缺陷等问题发表的意见。

（5）发送给被审计单位的信件和备忘录，包括后续审计报告和对正在实施的行动表示赞同或反对的意见。

（十）报告后续审计发现

内部审计人员在完成后续审计工作后需要及时编制后续审计报告，以说明审计目的、以前报告的审计发现和审计建议、纠正措施、审查结果、对纠正措施落实情况的审计评价等重要内容。

后续审计报告与前期审计报告的基本特征一样，后续审计报告的质量与内部审计人员的职业判断能力、有效沟通能力、文字修辞技巧和谨慎的态度有关。因此，编制后续审计报告时要注意措辞的得体和适当，避免不客观的表述，防止激化各种矛盾。

后续审计报告完成后，可将审计报告的全部或部分内容的复印件发送给审计报告的接收者。有些内部审计部门也会将收到的被审计单位的回复写入或附在审计报告之中。这种处理方法通常说明被审计单位管理层不仅同意了审计报告中所列的事实，还认识到或同意接受审计报告中所指出的风险，并提出附有整改期限的整改计划书。

在这种情况下，内部审计部门需要在对被审计单位的回复做出充分的评价的基础上，做出正式的审计结论。在后续审计工作中，内部审计人员集中审查和评价纠正后的处理流程，编制工作底稿以确认被审计单位所实施的纠正措施与回复中的说明是否一致，并确定纠正措施的有效性。

思考与探索

1．内部审计准备阶段主要包括哪些内容？

2．内部审计实施阶段主要包括哪些内容？

3．内部审计报告阶段主要包括哪些内容？

4．如何建立和选取恰当的内部审计项目？

5．管理人员最近注意到某部门开支增加，利润降低，要求内部审计部门进行经营审计。管理人员希望该项工作尽快完成，并要求内部审计部门尽快投入一切可能的审计资源。但内部审计部门认为时间上有冲突，因为内部审计部门正忙于审计委员会下达的一个重要的合法性审计任务。

请思考下列问题。

（1）什么是审计资源？如何合理分配审计资源？

（2）在决定应先进行哪一项审计任务时，审计人员应进行哪些风险评估工作来判断审计的先后顺序？

（3）在决定是否将现有的审计资源从正在进行的合法性审计转移到管理人员所要求的经营审计时，下述情况中不需要考虑的有（　　　）。

A．一年前外部审计人员对该部门进行过财务审计

B．与合法性审计有关的潜在错弊

C．该部门去年的费用增加

D．与合法性审计有关的潜在的重大违规罚款

6. 刘欣是某大型公司的内部审计部部长。他计划派遣由三人组成的审计小组对公司在外省的煤炭开采业务实施审计。上午 10 点，他正式通知审计小组成员，并计划于第二天早晨乘高铁出发。下午 2 点左右，公司的副总裁告知刘欣，他怀疑公司的物资仓库可能发生了重大舞弊情况，他要求内部审计部立即调查这一事情。

请思考下列问题。

（1）假设内部审计部人手不足，最有可能被派遣实施舞弊审计的人员是拟进行煤炭开采业务审计的内部审计人员，那么在决定是否改派他们实施舞弊审计时，刘欣需要考虑哪些因素？

（2）如果公司设有安全生产部门，会对刘欣的决策带来什么影响？

7. 某食品批发连锁店的内部审计人员对公司出口产品管理进行了审计。他们发现三个旧仓库的产品损耗率明显偏高。虽然这三个仓库的产品损耗率基本相同，并略高于估计的同行业水平，但明显高于本公司其他五个较新的仓库。造成这一差别的原因是，旧仓库采用老式冷冻设备，比不上新设备。

高级管理层近期已同意了一项更新旧设备的计划，目的是降低产品损耗率和改善处理、发运流程。但是，内部审计人员对继续使用旧设备和更新设备方案进行计算比较后，得出的结论是更新设备所耗费的成本，远大于公司因损耗成本降低而获得的收益。因此，内部审计人员建议公司保留并继续使用旧设备，直至找到一种新技术能使更新后的收益大于成本。但是，八个仓库的经理都同意更新设备方案，并已着手编制各自的更新方案。

请思考下列问题。

（1）简述并比较内部审计人员、被审计单位（即八个仓库经理）和高级管理层在后续审计中的作用。

（2）你预计哪些问题将会影响三方有效地发挥各自的作用？

（3）作为内部审计人员，你将如何解决上述问题？

8. 李菲是负责审计 M 公司研究开发部的项目负责人。李菲和审计小组的另两名成员刚刚结束了审计总结会议，与会者还有研究开发部的主管刘威和他的助理张龙。

内部审计人员认为研究开发部各项目在有关成本分配和确认未来潜在收益方面的资料不充分，因而在总结会议上提交的审计报告中提出了几点具体的审计建议。但是，刘威、张龙与李菲进行了激烈的争论，并宣布不接受有关建议。他们没有对审计建议进行回复，且研究开发部的事务仍继续进行，丝毫未变。内部审计人员曾尝试召开有关后续审计的会议并说服刘威对内部审计建议进行书面回复，但遭到拒绝。最后，刘威甚至叫他的秘书不要接听审计部门的任何电话，并退回所有来自审计部门的备忘录或其他书面通信。

当高级管理层询问有关审计结论的信息时，内部审计人员解释说他们遇到了僵局，被审计单位拒绝参与任何后续审计程序。M 公司经营副总经理孙克吩咐内部审计经理，一定要派一个小组到研究开发部，考察一下该部是否纠正了审计过程中发现的问题。"如果刘威和张龙不愿意纠正存在的问题，那么内部审计人员应执行他们自己的纠正措施。"孙克同时告知研究开发部的经理刘威，"按内部审计人员说的去做。"

要求：在本案例中，找出至少三项未能正确发挥后续审计作用的原因，并进行简要评述。

9. 以下是一份审计报告的节选部分。

审计报告（节选）

············

M 分部已连续四个月没有对银行存款账户进行调节。其中，10 个月前在证券交易指定银行开设的账户一直都没有被调节过。此外，调节过的账户中还存在大量过期的未达账项和未支付的支票，有些期限甚至超过一年。对于这些问题，M 分部缺乏有效的内部控制措施。

我们建议，必须在收到银行对账单后 10 个工作日内进行调节。我们还建议，应及时纠正所发现的错误，调查并及时处理过期的未达账项。

············

在审计离场会议后一个月，内部审计人员收到了被审计单位的回复："……我们已注意到这一情况。我们的会计人员正着手进行调节工作，以纠正存在的错误……"

内部审计人员收到此回复后，也没有做进一步的后续审计。15 个月后对该单位的另一次审计中，同样的问题仍然存在。

请思考下列问题。

（1）M 分部为什么出现长时间不进行银行存款账户调节的问题呢？

（2）被审计单位的回复是一个不理想的回复，其中存在若干缺陷。请指出其中的缺陷。

（3）如果你是 M 分部的责任人，请你写一个比较理想的回复。

第五章 审计证据的获取与评价

引导案例

审计证据的获取

B集团公司是一家生物科技公司，2018年上市并在3年内快速扩张，占领了一定的市场份额。截至2021年年底，该公司在全国拥有22个高新基地与分支机构，年销售额为12亿元，比2018年刚上市时增加了5倍。公司几年来发展蒸蒸日上，前景光明，但在2022年年初，公司CEO张凯发现了一些奇怪的现象。2022年公司的盈利规模开始缩小，债务压力突然变大，资本运作和资金周转似乎也出现了问题。发现问题后，张凯调研了一家重要子公司，发现该子公司存在内部资金管理混乱、融资困难、投资效率低下等问题。

2022年6月，公司由盈转亏，不少投资者通过信件、电话等方式询问公司是否出现问题，公司是否进行财务造假，公司的内部管理是否有漏洞，等等。

为全面了解公司运营活动中出现问题的真实原因，找到问题的根源，张凯召开了一次公司董事会临时会议，并在会议中通过了关于成立专项审计项目组的决定，由公司的内部审计部门牵头开展审计。会后，专项审计项目组成员小王受命收集有关公司内部控制缺陷的相关证据。

思考：

（1）小王应该采取哪些方法获取审计证据呢？

（2）在收集审计证据后，应该如何评价这些审计证据的有效性？

（3）如何对这些证据进行整理并得出最终审计结论呢？

第一节 审计证据的类型与获取要求

一、审计证据的类型

审计人员应当依据审计目标获取不同类型的审计证据。审计证据主要包括以下四类①。

审计证据的类型

（一）实物证据

实物证据是内部审计人员通过实际观察或监盘所获取的，用于确认实物资产是否存在的证据。实物证据对实物资产是否存在的证明能力最强，能够给予实物的数量、特征有力的证明。因此，内部审计人员在对现金、存货、固定资产等项目进行审计时，通常首先考虑通过清查、监盘来获取实物证据，以检查它们是否存在。然而，实物证据并不能完全证明实物的所有权归属，且通过清查、监盘获取的实物证据虽然能够证明实物数量，但难以对其价值和质量好坏进行判断。因此，审计人员在获取实物证据的同时，还应就实物的归属权及价值情况加以确认。如在监盘存货获取实物证据时，往往配以存货计价测试衡量其价值。

---

① 这里的分类没有包括电子证据。电子证据是审计证据的一种特别形式后面专门阐述。

（二）书面证据

书面证据是内部审计人员通过实施审计程序获取的各种以书面文件形式存在的证据，包括与审计相关的原始凭证、记账凭证、会计账簿、明细表、合同、会议记录和文件、通知书、报告书、声明书以及手册等。书面证据是内部审计人员广泛运用的证据，是审计证据的主要组成部分。

书面证据具有如下特点：数量众多、覆盖范围广泛、来源广泛、易被篡改。依据这些特点，内部审计人员在使用书面证据时，需要对其进行细致的鉴定和分析，利用自身的职业判断，结合其他类型的审计证据，充分、合理、正确地使用书面证据。

书面证据按照来源可分为外部证据、内部证据和亲历证据三类。

外部证据包括被审计单位以外的人员或机构编制的、直接递交给内部审计人员的书面证据，以及被审计单位以外的人员或机构编制的、由被审计单位持有并提交给内部审计人员的书面证据。相比于前者，后者经被审计单位转交给内部审计人员，在转交前可能受到被审计单位的伪造、篡改，证明能力相对较弱。因此，对于经由被审计单位提供的外部证据，内部审计人员应当首先考虑其被涂改或伪造的难易程度以及被涂改的可能性，并评价该证据的可靠性。当内部审计人员发现书面证据具有被涂改或伪造的迹象时，应当保持警觉。

内部证据是由被审计单位内部职员或机构编制并提供给内部审计人员的书面证据，包括被审计单位的会计记录、管理层书面声明以及其他由被审计单位编制和提供的有关书面文件。一般来说，内部证据由被审计单位编制而成，其可信度弱于外部证据，但如果内部证据能在外部流转，并获得其他单位或个人的承认，或被审计单位内部控制设计及运行良好时，内部证据的可靠性相对较强。特别地，只在被审计单位内部流转的书面证据，即使被审计单位的内部控制健全有效，内部审计人员也不应过分信赖该书面证据。如被审计单位管理层的书面声明，在不与其他审计证据或信息搭配使用时，是无法作为充分、适当的审计证据的。

亲历证据是指由内部审计人员（包括助理人员和外部专家）通过运用专业判断和相应程序方法，对被审计单位的相关资料进行计算和分析所得到的审计证据，如内部审计人员自己编制的各种计算表、分析表、对账单等。

（三）口头证据

口头证据是内部审计人员通过询问被审计单位相关人员或其他人员，并获得口头答复所形成的审计证据。在审计过程中，内部审计人员会针对被审计单位有关事项的发生情形，有关文件、记录和实物存放的地点，特别事项的处理过程，采用特殊会计政策和方法的理由，管理制度和程序的执行情况，舞弊事实的追溯调查等问题，向有关人员进行询问，进而形成口头证据。通常，口头证据的证明能力较差，其本身不足以证明事实的真相，但内部审计人员可以通过口头证据发觉一些重要线索，或为其他证据提供佐证。如针对同一问题，内部审计人员调查的情况与询问被审计单位人员所获得的口头陈述内容一致，其可信程度往往更高。

尽管口头证据来源于被审计单位相关人员的口头答复，但内部审计人员应当对重要的口头证据进行书面记录，并注明口头证据获取的来源、时间等，在必要时还应获取被询问者的签名。相对而言，仅进行询问是无法获取充分、适当的审计证据的，但若不同人员对同一问题所做的口头陈述相同，则口头证据具有较高的可靠性，但仍需得到其他相应证据的支持。

（四）环境证据

环境证据也称状况证据，是指被审计单位的各种环境事实。按内容的不同，环境证据可以分为有关内部控制情况的相关证据、有关被审计单位管理人员素质的相关证据，以及各种管理条件和管理水平的相关证据等。被审计单位内部控制情况越好，其日常管理越能够一贯执行内部控制中的相关规定，内部控制越健全，内部审计人员获取的各类审计证据的数量相应越少。类似地，当被审计单位人员的素质越高、管理条件和管理水平越高时，其所提供的证据发生差错的可能性就越低，审计证据的质量越高，数量会相应越少。

值得说明的是，环境证据一般不属于基本证据，不能用于直接证实被审计事项，但它能够协助内部审计人员了解被审计单位及其经济活动所处环境，并为判断被审计事项和其他证据的可靠性提供依据。因此，环境证据也是内部审计人员进行判断时必须掌握的资料。通常，询问、观察和检查等手段是内部审计人员获取环境证据的有效途径。

上述各类审计证据可以用来实现不同的审计目标。在审计过程中，内部审计人员应当选择适当的证据或结合不同类型的证据对被审计事项进行分析并得出结论。特定的审计证据可能适用于不同的审计目标，如某项认定的审计证据不得用于替代另一项认定应获取的审计证据。在满足审计需求的前提下，内部审计人员应当选择以最低的成本获取实现全部审计目标的证据。

不同类型的审计证据的特征及证明力如表 5-1 所示。

表 5-1　　　　　　　　　　　不同类型的审计证据的特征及证明力

审计证据类型	特征	证明力
实物证据	实地观察、监盘	对实物存在的证明能力最强
书面证据	数量最多、来源最广、易被篡改	可靠性低于实物证据
口头证据	由被审计单位相关人员口头答复	可靠性较低
环境证据	论证总体合理性	不能直接证实有关被审计事项

二、获取审计证据的要求

审计人员获取的审计证据应当具备充分性、相关性和可靠性。

（一）审计证据的充分性

充分性是指审计证据在数量上的特征，指审计证据的数量足以使内部审计人员形成审计意见，即收集的审计证据数量要足够多。审计证据的充分性主要与审计人员所确定的样本量有关，客观公正的审计意见必须建立在有足够数量的审计证据的基础上。但这并不意味着审计证据越多越好，过多的审计证据会耗费大量的审计成本，影响内部审计的效率和效果。为

获取审计证据的
要求

使得内部审计更加科学、合理、有效，内部审计人员通常需要将足够数量的审计证据的范围缩到最小。因此，审计项目对审计证据的需求量以及获取这些证据的方法和途径都需要根据具体情况来定。

通常，内部审计人员判断审计证据是否充分，应当考虑以下因素。

（1）重大错报风险。内部审计人员需要考虑重大错报风险对审计证据数量的影响。一般来说，在可接受的审计风险水平下，重大错报风险越高，可接受的检查风险就越低，内部审计人员就应实施越多的测试程序，获取越多的审计证据，以将审计风险控制在可接受的低水平范围内。

（2）审计项目的重要性。审计项目越重要，对审计证据充分性的要求越高，内部审计人员需要获取越多的审计证据来支撑审计结论。

（3）审计证据的质量。内部审计人员需要获取的审计证据的数量也受到审计证据质量的影响。审计证据的质量较高，内部审计人员所需要搜集的审计证据的数量可相应减少。如相比于从被审计单位内部获取的证据，从独立于被审计单位的第三方获取的审计证据本身不易被伪造，证据质量较高，内部审计人员所需获取的审计证据的数量就可减少。然而，值得注

意的是，若审计证据的质量存在缺陷，内部审计人员仅靠获取更多的审计证据不能弥补其质量上的缺陷。

（4）内部审计人员的经验。内部审计人员如果拥有丰富的经验，可以从较少的审计证据中识别出被审计单位的错报、舞弊或内部控制缺陷，因而可以在一定程度上降低对审计证据数量的需求。反之，如果内部审计人员缺乏审计经验，少量的审计证据可能不足以使得内部审计人员识别出错报、舞弊或内部控制缺陷，这种情况下，内部审计人员应当增加审计证据的数量。

（二）审计证据的相关性

相关性是指用作审计证据的信息与审计程序的目的和所考虑的相关认定之间的逻辑关系。作用于审计证据的信息相关性可能受到测试方向的影响。如内部审计人员想检查单据的完整性认定时，可以从发货单中选取样本，追查至各类单据的明细账；而检查单据的发生或存在认定时，则是从单据明细账中选取样本，回溯至对应的发货单。

内部审计人员在确定审计证据的相关性时，应当考虑以下几点。

（1）特定的证据可能只为某类认定提供相关的审计证据，而与其他认定无关。如存货监盘结果只能证明存货是否存在，而无法证明存货的质量以及所有权归属情况。

（2）针对同一认定，可能存在不同来源的不同性质的证据可以证明。

（3）只与某些特定认定相关的审计证据可能并不能替代与其他认定相关的审计证据。

（三）审计证据的可靠性

可靠性是指审计证据应当能够如实反映客观事实，亦指审计证据的可信程度。审计证据的可靠性受到其来源和性质的影响。内部审计人员不能根据虚假和不实的审计证据得出审计结论。因此，在获取证据时，审计人员应当实施一定的审计程序评价证据的来源、分析证据的真实性。

内部审计人员在考虑审计证据的可靠性时应当考虑以下几点。

（1）从外部独立来源获取的审计证据比从其他来源获取的审计证据更可靠。从外部独立来源获取的审计证据完全独立于被审计单位，因而难以被篡改及伪造。此类证据包括银行询证函回函、应收账款询证函回函、第三方出具的证明材料等。

（2）内部控制有效时内部生成的审计证据比内部控制薄弱时内部生成的审计证据更可靠。有效的内部控制能够在一定程度上抑制被审计单位内部的舞弊及错报风险，此时从被审计单位内部获得的证据更不容易被相关人员篡改，证据的可信赖程度较高；而如果被审计单位内部控制薄弱，甚至不存在内部控制，其内部证据的可靠性就较低。

（3）直接获取的审计证据比间接获取或推论得出的审计证据更可靠。间接获取的证据存在被涂改和伪造的可能性，降低了其可信赖程度；而根据推论获取的审计证据，主观成分较多，依赖于人为判断，可信赖程度也将受到影响。

（4）以文件记录形式（无论是纸质、电子或是其他介质）存在的审计证据比口头形式的审计证据更可靠。口头证据并不能证明事实真相，而一般用于佐证其他证据的有效性。

（5）从原件获取的审计证据比从复印件、传真件或通过拍摄、数字化或其他方式转化成电子版形式的文件获取的审计证据更可靠。传真件或复印件可能是变造或伪造的结果，可信赖程度较低。

（四）获取审计证据时需要考虑的因素

审计人员在获取审计证据时，应当考虑下列基本因素。

（1）适当的抽样方法。

（2）合理的审计风险水平。证据的充分性与审计风险水平密切相关。可以接受的审计风险水平越低，所需证据的数量就越多。

（3）成本与效益。获取审计证据应考虑取证成本与证据效益的对比。但对于重要审计事项，不应将审计成本作为减少必要审计程序的理由。

（4）具体审计事项的重要程度。审计人员应当从数量和性质两个方面判断具体审计事项的重要性，以做出获取审计证据的决策。

第二节　获取审计证据的基本方法

在内部审计中，内部审计人员面临的主要决策之一就是通过实施合适的审计程序来获得充分、适当的审计证据，进而进行分析。在审计过程中，内部审计人员获取内部审计证据的基本方法有观察、询问、检查、函证、重新计算、重新执行以及分析程序。

一、观察

观察是指内部审计人员通过实地观察被审计单位的经营场所、实物资产和有关活动以及内部控制相关的执行情况，以获取审计证据。如内部审计人员在被审计单位执行现金盘点和存货盘点时，进行现场观察和监盘。

观察能够提供内部控制有关过程和执行的相关证据，但观察有其固有的局限性，即观察提供的审计证据局限于观察所发生的时间，且在相关被审计单位人员已知被观察时，其从事活动及执行程序的做法可能与日常不同，进而可能扭曲真实情况。因此，内部审计人员在执行观察程序时，要注意该局限性，并在必要时获取其他类型的审计证据加以辅佐。

二、询问

询问是指内部审计人员通过书面或口头形式，与有关部门或人员交流，向被审计单位内部的知情人获取财务信息和非财务信息，并对答复进行评价的过程。询问被广泛地运用于内部审计过程，知情人对询问的答复可能为审计人员提供尚未获悉的信息或为其他证据提供佐证，也可能提供与已获悉的信息存在差异的信息。审计人员应当根据询问的结果，考虑修改审计程序或实施追加的审计程序。

询问本身是不足以提供充分、适当的审计证据的，也不足以发现认定层次的重大错报，同时不足以测试内部控制的有效性，内部审计人员还需实施其他审计程序，以获取充分、适当的审计证据。

三、检查

检查是指审计人员对被审计单位内部或外部生成的以纸质、电子或其他介质形式存在的记录或文件进行检查，或对资产实物进行审查。检查包括检查记录或文件、检查有形资产。检查是内部审计中运用较多、较广泛的方法。

（一）检查记录或文件

检查记录或文件是对被审计单位的财务报表等会计记录和其他文件进行审阅和核对，对其中包含的或应包含的信息进行验证。内部审计人员可以通过仔细检查各种会计凭证、账簿、报表以及各种有关文件，确定会计资料以及其他有关资料是否真实正确。按核对的对象不同，核对可以具体分为证证核对、账证核对、账账核对、账表核对及表表核对。如内部审计人员核对明细分类账期末余额合计数与总分类账期末余额就属于账账核对。

关于检查记录或文件，内部审计方面主要有以下要求。

（1）对于审查原始凭证，主要查看原始凭证上所反映的经济业务是否符合规范，凭证上所记载的信息是否清晰、完整，有无作弊，签字、内容是否真实、合法合规等。

（2）对于审查记账凭证，主要审查凭证的记载是否符合会计制度规定，内容是否完整，复核签字、附件等是否完整和处理得当。

（3）对于审查会计账簿，主要检查日记账、分类账、备查簿的会计科目、金额，查看各项记录是否规范完整，反映的内容是否真实合法。

（4）对于审查会计报表，主要应注意其编制是否符合会计制度和编制要求，内容反映是否全面，勾稽关系是否明确，报表是否充分披露了财务状况。

检查记录或文件可以提供可靠性不同的审计证据，而这很大程度上取决于记录和文件的来源和性质。通常认为外部记录或文件比内部记录或文件更加可靠，因为外部凭证经第三方出具，又经被审计单位认可，表明交易双方对凭证上记录的信息和条款达成一致意见。此外，对于某些外部凭证，如不动产权证、保险单等编制过程非常谨慎，通常由律师或其他有资质的专家进行复核，因而其可靠性更高。

（二）检查有形资产

检查有形资产是指内部审计人员对实物资产进行审查。检查有形资产主要适用于存货、现金、有价证券、应收票据和固定资产等审查。一般来说，检查有形资产通常由被审计单位对实物进行盘点，内部审计人员负责现场监督，并进行抽查复盘。检查有形资产能够为其存在认定提供可靠的审计证据，但不一定能为权利和义务认定或计价和分摊认定提供可靠的审计证据。在检查有形资产时，如检查（监盘）的时间不是财务报表日，内部审计人员还应进行适当的调整，以验证财务报表日的实物资产数量的正确性。

四、函证

函证指内部审计人员直接从外部第三方(被询证者)获取书面答复以作为审计证据的过程，书面答复可以采用纸质、电子或其他介质等形式。函证主要是为了证明被审计单位会计资料所记载的事项，通过向第三方发函证，要求第三方对相关会计数字进行确认。函证所获取的审计证据来自第三方，因而其可靠性较高，也较多地被使用于核查各类会计资料的存在性。

函证的方式主要有积极式函证和消极式函证两种。积极式函证是指无论被询证方是否同意询证函所列示的信息，其都要直接向内部审计人员回函的一种方式。若被询证方不回函，则内部审计人员应当再次发函。消极式函证又称否定式函证、反面式函证，要求被询证者只有在不同意询证函所列示的信息时，才直接向内部审计人员回复的一种方式。通常，只有在满足一定要求的情况下，审计人员才能够采用消极式函证：①与函证内容相关的重大错报风险评估为低水平；②涉及大量余额较小的账户；③预期不存在大量的错误；④没有理由相信被询证者不认真对待函证。

在审计中，内部审计人员应当对银行存款、借款（包括零余额账户和在本期内注销的账户）及与金融机构往来的其他重要信息实施函证程序，除非有证据表明这些项目对财务报表不重要且与之相关的重大错报风险很低。如不进行函证，内部审计人员应当在审计工作底稿中说明理由。此外，对于应收账款，除非有证据表明应收账款对财务报表不重要，或函证很可能无效，否则应当进行函证。

对于没有收到回函的积极式函证，内部审计人员应当采取替代程序。如对应收账款未回函的情况，内部审计人员可以查看结账日后的现金和银行账，检查未达账项是否已收回。

五、重新计算

重新计算是指内部审计人员以人工方式或使用计算机辅助审计技术，对记录或文件中的数据准确性进行核对。重新计算适用于销售发票、存货、现金日记账、存货明细账、折旧费用及应纳税所得额的计算等的审查。在执行重新计算时，审计人员不一定要完全按照被审计单位原先的计算模式和顺序进行。在计算过程中，审计人员不仅要注意计算结果的正确性，还需要对其他可能出现的差错予以关注。

六、重新执行

重新执行是指内部审计人员利用人工或计算机辅助技术，重新独立执行作为被审计单位内部控制组成部分的程序或控制。企业在进行内部控制时，可能会产生相应的记录和凭证，但这些记录和凭证可能不足以证明控制活动是否有效得到执行。因此，测试人员需要根据有关的资料和业务处理程序，重复做一遍已完成的业务，并比较处理结果，从而判明内部控制运行是否有效。

七、分析程序

分析程序是指审计人员通过研究财务数据之间以及财务数据与非财务数据之间的内在关系，对财务信息做出评价。分析程序还包括调查识别出的、与其他相关信息不一致或与预期数据严重偏离的波动和关系。如审计人员可以对被审计单位的财务报表和其他会计资料中的重要比率以及其变动趋势进行复核，以发现异常项目。

第三节　电子证据的收集

电子证据是审计证据的一种特别形式，本节对其收集的方法予以专门阐述。

一、电子证据的特点

电子证据是伴随审计信息化发展而出现的新型审计证据。它以信息技术为依托，以二进制代码形式存在，以信息系统为基础，由人工输入系统或者由系统自动生成的数据或者信息组成。电子证据是能够反映被审计事项真实情况的电子化数据与信息。

电子审计证据具有精确性、无形性、脆弱性、有效性等特性。电子证据精确性是相对于其他任何形式的数据而言的。电子证据在生成、传输、存储过程中，基本上不会发生错误，且很少能受到主观因素的影响，如证言的误传、书证的误记等。无形性是指电子审计证据存储在存储介质中，其内容与载体分离，需要借助科技手段才能呈现，复制不改变其完整性和真实性；脆弱性是指人为操作易导致灭失或失实，证据产生存储和分析应用的全过程依托于存储载体，硬件损伤或人为操作失误都会对证据造成不可逆转的损失；有效性是指电子证据的效力得到了法律的认可。《中华人民共和国电子签名法》第七条规定："数据电文不得仅因为其是以电子、光学、磁或者类似手段生成、发送、接收或者储存的而被拒绝作为证据使用。"第十四条规定："可靠的电子签名与手写签名或者盖章具有同等的法律效力。"《中华人民共和国民事诉讼法》（2019）第十四条更是对电子证据进行了明确归纳：电子数据的常见形态为："……（四）电子文件，包括：电子文档、电子图片、音视频、数字证书、计算机程序等数字证书文件。（五）其他以数字化形式存储、处理、传输的能够证明案件事实的信息。"

电子证据本身的高科技性要求收集电子证据的人员必须熟练掌握计算机与网络的知识和

技能，否则很难收集到有力证据，甚至会因为操作不当而破坏证据。这种状况制约了内部审计人员对电子证据的获取，增加了收集证据的难度。同时，随着计算机和网络技术的迅猛发展，技术更新的速度将不断加快，而计算机舞弊、犯罪的手段、技术含量在不断地增加、提高。为满足电子证据收集对内部审计人员素质的新要求，我们一方面要吸收精通计算机和网络知识的人才加入审计队伍，提升收集电子证据的能力；另一方面，在必要的时候，例如遇到高难度的取证问题时，也可以聘请计算机方面的专家协助收集证据，即由内部审计人员和专家共同收集证据。

二、电子证据的优点

随着信息时代的到来，电子证据越来越多地被应用到内部审计中，这主要是其自身优势所决定的。首先，在内部审计中运用电子证据能够更好地提高内部审计结果的准确性，同时还能提高审计的效率。大量的电子证据的数据分析有赖于计算机技术，计算机计算分析比人工计算分析具有更高的准确性，具有更高的效率。其次，运用电子证据不受审计地域的限制，审计人员运用电子证据能够进行网络审计。审计人员能够利用电子证据进行随时随地的审计，不用去固定地点获取审计证据，为审计工作带来了非常大的方便。

三、收集电子证据的原则

在收集电子证据时，内部审计应当遵循以下原则。

（一）及时性原则

作为电子证据的数据和信息极易被篡改，如不及时收集极有可能在很短的时间之内遭到破坏，而且电子证据被删除、复制、修改后除非通过特殊技术手段加以分析认定，否则不容易为人所察觉，因此及时性是电子证据收集非常重要的一个原则。

（二）取证过程合法原则

取证过程合法原则要求计算机取证过程必须按照法律的规定公开进行，从而得到真实且具有证明效力的证据。

（三）冗余备份原则

对含有计算机证据的介质至少制作两个副本，原始介质的存放应由专人保管，复制品可以用于计算机取证人员进行证据的提取和分析。

（四）全面性原则

电子证据往往离不开计算机和其他电子设备，如果没有专门的电子设备主件，没有相应的播放、检索、显现设备，无论多么形象、真实、可靠的内容，都只能停留在各种电子存储介质中，而不能被人们感知。此外，电子证据的感知还离不开特定的软件环境。如果软件环境发生变化，则存储在电子介质上的信息可能显现不出来，或者难以正确地显现出来。这一特点要求内部审计人员在收集电子证据的时候，既要收集存在于计算机软硬件上的电子证据，也要收集其他相关外围设备中的电子证据；既收集文本，也收集图形、图像、动画、音频、视频等媒体信息；同时，还应当保存相应的硬件软件以保全该证据的运行环境，使之能够在必要的时候以适当的方式显示出来。

（五）严格过程管理原则

存储电子证据的介质的移交、保管、开封、拆卸的过程必须由内部审计人员、责任人（或委托见证人）和技术人员共同完成，每一个环节都必须检查真实性和完整性，并制作详细的笔录，由上述人员共同签名。

（六）环境安全原则

存储电子证据的介质应远离高磁场、高温、灰尘、积压、潮湿、腐蚀性化学试剂等。在包装计算机设备和元器件时尽量使用纸袋等不易产生静电的材料，以防止静电消磁。环境安全原则还要防止人为地损毁数据。

四、电子证据取证的基本程序

（一）简单情况下电子证据取证的基本程序

当不涉及专门的计算机检查与维护技术时，内部审计人员可采取简单取证方式。

首先，由提供证据的操作人员打开计算机找到所需收集的证据。然后，由内部审计人员确认该文件及该文件的形成时间，采用打印或复制的方式提取。如现场打印文件，内部审计人员必须监督打印过程，防止计算机操作人员在打印过程中修改文件。如采用复制方式取证，内部审计人员应当自备存储卡，复制后，将存储卡插入自备计算机中进行检查。在查找证据过程中，如遇技术问题，内部审计人员应及时邀请专家予以协助。

（二）复杂情况下电子证据取证的基本程序

对于涉及计算机技术问题的复杂情况取证，内部审计人员需要专业技术人员协助进行电子证据的收集和固定。一般程序如下。

第一步： 由计算机专业技术人员检查硬件设备，切断可能存在的其他输入、输出设备，保证计算机储存的信息在取证过程中不被修改或损毁。

第二步： 内部审计人员进行现场询问，询问计算机是否设置密码及密码的组成，使用的软件及软件的来源，谁负责软件的维护、调整，对软件做过哪些修改，计算机的日常管理情况，是否出现过故障（如病毒感染等）及如何解决，审计所涉及的资料存放于存储设备的什么位置、有无备份等。

第三步： 在检查过程中，内部审计人员应当注意对隐蔽文件的查找。有备份的，应由计算机专家同时检查备份文件，检查备份文件与原文件是否一致。

第四步： 内部审计人员按照前述方法打印或复制计算机文件，固定或保存电子证据。

（三）取证笔录

无论采取哪种取证方式，在固定或保存证据后，内部审计人员都应当现场制作取证笔录。取证笔录主要包括以下内容。

（1）审计目的。

（2）参加检查的人员姓名及职务。

（3）检查的简要过程（检查时间、检查地点及检查顺序等）。

（4）检查中出现的问题及解决方法。

（5）取证方式及取证份数，注明数据信息在计算机中的位置（如存放于哪个文件夹中等）。

（6）计算机使用人、计算机状态，是否连接网络，执行取证在场人员，计算机的品牌、型号，计算机硬盘序列号，计算机的外设情况。

（7）参与检查的人员签名。

（四）网络公证

在某些审计（如财务舞弊审计）过程中，考虑到被审计单位的计算机操作人员可能不提供密码，计算机专业技术人员应当携带解密工具；对可能需要进行数据测试的，计算机专业技术人员应当携带相应的测试软件；必要时，可以对整个审计取证及软件测试过程进行录像或网络公证。

网络公证指由特定的网络公证机构，利用计算机和互联网技术，对互联网上的电子身份、电子交易行为、数据文件等提供增强的认证和证明，以及证据保全、法律监督等公证行为的一个系统。

网络公证保全电子证据必须借助先进的网络技术和特定的软件程序进行，它具有快捷与远程保全的优势。双方当事人只需在自己的计算机中下达指令，数据电文就会被加密传送到网络公证（电子认证）机构。网络公证员对双方的数据核实无误后，加上自己的数字公证，并存档备查，至此网络公证完成。网络公证需要法律和技术两个方面的完善，所以《中华人民共和国电子签名法》第十八条规定，从事网络公证（电子认证）服务，应当向国务院信息产业主管部门提出申请，并提交相关材料，经国务院信息产业主管部门依法审查和决定批准。

五、收集和保存电子证据时应注意的问题

（一）及时封存设备

由于电子证据容易损毁，审计人员应当及时封存存储有电子文件的硬盘、软盘等。为了防止意外，可以将整个存储器拆卸下来，然后聘请专门人员对数据进行还原处理。另外，还可借助专门设备，在被审计单位负责人、主管人员的监督下对目标存储器进行镜像复制，从而解决对大型数据进行证据封存的数据安全问题。

（二）损坏电子文件的补救

电子文件容易遭到意外的或非法的篡改、删除，这不仅使它的证明力大大减弱，更为严重的是可能因丢失证据而引起重大审计失败，因此必须从技术角度积极探讨补救的措施。一般来讲，在计算机中篡改文件内容会在计算机中自动生成记录，人们可以从"元数据"中发现痕迹，或是由计算机专家利用专门的手段查找相关记录。文件被无意或恶意删除，一般来说，如果只是把文件的首字节改变，仅仅是从目录索引中找不到该文件，而并未破坏文件本身，则可以使用技术方法恢复，如果重新输入新的文件，先前"删除"的文件在硬盘上的位置被新文件占据，则原文件就可能真的丢失或变成无法识别的不连续文件，恢复工作难以成功。根据这些原理，计算机专家开发设计了一些专用工具和软件，用来对被篡改、删除的电子文件进行恢复。

（三）向第三方寻求帮助

审计人员应当根据不同的电子证据种类，采取不同的收集证据的方式。比如，收集电子邮件，除对当事人的计算机留存和下载的电子邮件进行收集外，还应该向电子邮件服务器提供商等第三方寻求帮助，电子邮件服务器一般都如实记录了电子邮件的内容以及收发和提取时间[①]。

收集电子证据时，如果涉及软硬件系统供应商和运行服务商等重要的"第三方"，审计人员可以依据与第三方的协议约定或协商，让这些第三方服务商提供有关电子数据信息和证明材料。

六、案例分享：运用数据恢复技术，完整获取关键证据

案例背景介绍：某大型企业审计监察部接到员工举报，称该公司某下属业务部门负责的一个大型项目中，有员工吃回扣、收好处费、虚假报销，致使公司利益受损，但举报人对涉案人员的人数、情况并不知情。尽管这是一个"风闻"式举报，审计监察部仍给予高度重视，决定开展专门调查。为避免公开调查可能带来的不利影响，内部审计人员遵循保密原则，从

---

① 《互联网信息服务管理办法》规定："从事新闻、出版以及电子公告等服务项目的互联网信息服务提供者，应当记录提供的信息内容及其发布时间、互联网地址或者域名；互联网接入服务提供者应当记录上网用户的上网时间、用户账号、互联网地址或者域名、主叫电话号码等信息。""互联网信息服务提供者和互联网接入服务提供者的记录备份应当保存 60 日，并在国家有关机关依法查询时，予以提供。"这为审计人员收集案件线索和证据提供了保障。

外围开展了隐蔽式的前期调查。

审计取证过程： 内部审计人员随即以秘密取证的方式，获取了涉案人员日常工作使用的两台计算机的硬盘镜像。经过电子数据分析，系统日志显示该两台计算机长期闲置，并未发现任何涉案线索。但是，内部审计人员通过对伪造的合同和票据的比对发现，伪造的数据、金额与真实的业务存在一定的对应关系。因此，内部审计人员认为，涉案人员伪造文书应是同步对照真实业务数据进行的。公司业务数据集中保存在加密的文件服务器上，必须通过公司内部网络访问，而且，公司配发的个人计算机装有限制外来移动存储设备的软件，较难通过 U 盘等设备获取相关数据。

为此，内部审计人员仍旧将重点定位在公司内部，经过排查发现，该部门的一台计算机由多人共同使用。于是，审计监察部和 IT 部以硬件更新升级为由回收该计算机，进行后续电子取证。结合基础分析，审计人员重新研究案情，勾勒和还原了部分涉案行为轨迹，决定从以下几个容易被忽视的方面进一步深入开展电子数据取证。

（1）临时文件和文件碎片关键字检索。

（2）数据清理软件。

（3）USB 设备使用记录。

（4）加密文件破解。

加密文件破解是获取审计证据过程中的重要的一步。内部审计人员检查涉案 U 盘，虽然内容已经被清空，但并未使用数据清理软件对 U 盘做数据清理。审计人员通过数据恢复，获取多个带有密码的 DOCX、XLSX 和 RAR 文件。随后，内部审计人员结合涉案人员及其主要亲属关联人的基础信息（身份证号码、生日、家庭住址、手机号等），利用相关工具生成专用密码字典，使用技术手段成功破解上述文档，最终完整获取关键证据文档，使得案件顺利告破。

案例启示： 实务中企业可能发生的舞弊行为主要有以下几种。

（1）员工利用自己的职务便利直接侵占或侵吞公司财产，如将自己负责保管的公司财产据为己有等。

（2）员工以自己或亲属、朋友名义设立公司，与就职公司建立关联交易，侵犯公司利益等。

（3）员工利用职务便利向相关交易方索要、收取回扣或其他形式的好处费等。

（4）员工通过泄露、使用、许可他人使用公司商业秘密或侵犯公司著作权等其他知识产权等方式，损害公司合法权益，自己获得好处。

根据以上行为特征，我们可以发现，与涉案人员相关的电子邮件、文件文档、U 盘等电子介质大多记录了业务往来的信息，包括业务合同、财务预算、资金流水等大量反映案件事实的信息，往往是电子取证的重点所在。

第四节　审计证据的审定

审计证据是内部审计人员得出客观公正的审计结论的基础，因而内部审计人员应尽量使审计证据真实可靠、合法充分。由于审计证据具有多样性和相对性的特点，加之收集审计证据的内部审计人员的个人工作素质不同，审计人员在判断审计证据和运用审计证据得出审计结论上就可能出现主观不符合客观的情况。为了尽可能杜绝这种情况，对审计证据本身进行审定就成为审计过程的重要环节。所谓审计证据的审定，即审计证据的审查判断，是指内部审计人员对收集的审计证据运用审计方法和技术进行分析、研究、鉴别真伪，审定质量，找出审计证据与被审计事项的客观联系，从而正确认识被审计单位的经济活动。换言之，审计证据的审定，就是审查判断收集到的审计证据本身的客观真实性，能否依据它们得出审计结论，依据它们能得出什么样的审计结论，得出的审计结论是否客观正确地反映被审计事项。

一、书面证据的审定

对书面证据的审定应重点审查其真实性、可靠性、正确性和充分性。

（一）审查判断书面证据的真实性、可靠性、正确性，确定其证据力

一般而言，对来自被审计单位内部的资料，应审查产生这些资料的内部控制机制；对由被审计单位提供的、其他单位填制的资料，应审查有无篡改、伪造，是否符合国家规定；对外部获得的书面证据，应审查提供者的理解能力和可信程度；对专家提供的书面证据，应审查专家的声誉和资格，另外，还应分析专家所用的分析方法和假设，并测试被审计单位提供的数据；对内部审计人员自己编制的资料，应审查数据来源、计算程序、计算结果。

审查书面证据真实性、可靠性、正确性，除了确定审查要点外，更重要的是审查有无其他证据进行佐证，因为审计人员在发现书面记载、会计处理有问题后，还需要其他证据证明其对疑问的分析和结论是否正确。

 【案例 5-1】

1. 案情

审计人员在对下属某企业进行常规审计时，发现两个进口空调器提前报废的情况，获得一张转账凭证，其分录如下。

借：营业外支出——非常损失　　　　8 500
　　累计折旧　　　　　　　　　　　3 500
　　贷：固定资产　　　　　　　　　　　　12 000

2. 疑点

（1）由于在对被审计单位的内部控制进行测评时，审计人员发现该企业内部控制不是很健全，所以对该张内部自制凭证的真实性产生了怀疑：为什么不通过"待处理财产损溢"科目而直接借记"营业外支出"科目呢？

（2）空调器提前报废，是否有人担责？是否启动过问责程序呢？

3. 取证

内部审计人员采用审阅法、询问法取得了如下证据。

（1）经查询，在此期间，企业并未发生盗窃、火灾等情况。

（2）据固定资产卡片上记载，这两个空调器均仅使用两年零三个月，且没有修理记录。

（3）空调器提前报废，没有启动过问责程序，更没有人因此承担管理责任。

4. 结论

在事实面前，该企业财务主管人员及空调器的使用负责人说出了真相：两个进口空调器提前报废是假，真实情况是将两台空调器送给了关联单位的两个重要负责人。

5. 启示

本案内部审计人员对内部证据的审查从内部控制制度入手，确定审查要点，发现疑点，继而调取其他证据予以佐证自己对疑问的分析，最终查明了案情。

（二）审查判断书面证据的充分性

审计就是要还原真相。真相只有一个，如果依据现有的审计证据还原出来的真相不止一个当前获取的，审计证据就是不充分的。对书面证据的充分性审查，主要从以下三个方面进行。

首先，审查对会计记录、会计处理的错误或者其他不正常问题是否找到了根本原因，是否收集到足够证据证实该原因。

其次，审查对同一问题得出的审计结论的定性有无相反证据，如有，应进一步深入分析，或推翻原来的审计结论，或合理排除该相反证据的干扰。

最后，审查判断内部审计人员自己整理的推理证据，主要是看有无其他查证属实的证据来作为佐证等。

 【案例 5-2】

1. 案情

内部审计人员在对被审计单位下属某器材站进行审计时，注意到采购员李某出差的住宿发票，记录如下：每天 300 元，时间 10 天，总金额为 3 000 元。

2. 疑点

初步审阅时发现以下问题。

（1）发票金额模糊不清，单价 300 元和总金额 3 000 元中的每一个"3"都很不规范，比其他数字的笔画颜色深，并且与"2"的字体相似。

（2）大写金额中的"叁"的字体与其他字有所不同。

根据以上证据，内部审计人员审查分析认为，该住宿发票有涂改现象，但是要得出"李某涂改发票，贪污现金 1 000 元"的结论，还缺乏充分的证据。

3. 取证

内部审计人员调查中又取得下列证据。

（1）采用函证法，向发票上所标明的李某所住的宾馆发函询证。回函证明，住宿单价为 200 元/天，总金额为 2 000 元，并提供了该发票记账联的复印件。

（2）询问采购员李某，李某承认自己贪污现金 1 000 元的事实。

4. 结论

目前获得的所有证据排除了其他合理的质疑，可以得出"李某贪污现金 1 000 元"的结论。我们可以说本案中证据具有充分性。

二、实物证据的审定

在审定实物证据时，内部审计人员应着重审查判断实物证据的真实性、可靠性、合法性和相关性。

（一）审查判断实物证据的真实性、可靠性

收集实物证据，通常运用监盘法，主要采取两种方式：其一是直接清查验证法，即内部审计人员亲自清查验证；其二是监督清查验证法，即内部审计人员到现场监督，由其他人员清查，内部审计人员只对其中的某一部分亲自清查验证。无论采取哪一种方式，收集实物证据都是比较烦琐且耗时的事。于是有的内部审计人员怕麻烦，工作不负责任，马虎了事，甚至根本不清点，不认真观察，只是听一下被审计单位有关人员报一下数，将这一数据记下来就算是取得了证据。这样取得的实物证据显然缺乏真实性和可靠性。在审定实物证据时，应主要从两个方面进行审查。

一是审查实物证据的来源。审查作为实物证据的财产物资是否属于被审计单位所有，不能解决这个问题，就不能得出账实相符或不相符的结论。

二是审查实物证据的内容。财产物资在生产经营过程中，消耗或销售、使用或损耗使其实物形态和价值形态都有所变化，所以，财产物资的数量及价值的会计确认与核算直接影响

到资产负债表中有关资产价值的真实性。审查实物证据的内容即对被审计单位的财产物资的实物形态和价值形态进行审查判断，看其会计处理是否合理、合规。

 【案例5-3】

1. 案情

内部审计人员对某集团公司下属汽车修理厂的固定资产进行审计时，运用审阅法、核对法和抽查法取得以下证据。

（1）会计凭证分录。（单位：万元）

借：固定资产——4台客车　　　　　　40

　　贷：长期应付款——运输公司　　　　40

并附有一张购车原始单据。

（2）固定资产登记簿上记载：2021年12月17日购某运输公司的4台客车，金额40万元。

（3）实地盘存，一分部和二分部各2台客车，核对相符。

（4）内部审计人员初步结论为：账实相符。

2. 疑点

审计负责人在审定以上证据时，发现内部审计人员没有审查客车的产权证书。

3. 取证

审计负责人要求该厂出示4台客车的产权证书时，该厂有关负责人员道出了原委。原来这4台客车均由某运输公司购买，运输公司经理为增加创收渠道，并逃避税务部门的检查，把车交由汽车修理厂进行经营管理。双方协定，运输公司每年收取8万元，期限5年，计40万元，5年后客车交由运输公司。上述购车原始单据是汽车修理厂伪造的。

4. 结论

本案中，汽车修理厂对4台客车的会计处理不正确，不合规，将应计入"使用权资产"科目的金额计入"固定资产"科目，必然导致账实不符。

5. 启示

本案就是从固定资产产权的归属查出了汽车修理厂的舞弊行为。因而，在审定实物证据时，审查财产物资所有权归属是极其重要的一方面。

（二）审查判断实物证据的合法性

审查判断收集的实物证据是否符合国家法律法规的规定，一般从两方面进行。

一方面，审查被审计单位在取得、使用、转让或报废相关财产物资时，是否符合有关规定。

另一方面，审查内部审计人员收集实物证据的方法和程序是否符合有关规定，是否具有完备的法律手续等。内部审计人员直接清查验证时，必须要有被审计单位的主管人员、具体经管人员等在场并在验证单据上签章，经过适当的法律程序，取得法律证明文件，以分清责任。例如，验证现金的真实性，一般应由内部审计人员在制定盘点计划后，实行突击性盘点。盘点应在全天业务开始之前或终止后进行，参加盘点的除内部审计人员外，还应包括被审计单位财务负责人和现金管理人员。在盘点结束前，内部审计人员对所有的现金加以控制，对未能盘点的现金应予封存。

 【案例5-4】

1. 案情

审计小组对某集团公司下属某子公司经理进行离任经济责任审计。为验证固定资产的真实性和完整性，审计小组运用抽查法进行审查。审计人员将固定资产卡片上的内容分别与实物相核对，发现以下问题。

（1）一台 2013 年购置的某轿车未按要求送回厂区验证；相关人员说该车已外勤出省了，并拿出购车发票予以证明，保证一切符合规定。

（2）有关人员指着一小平房介绍说那是公司拥有的 120 平方米的产成品库房，但内部审计人员未进入房屋里面查实。

2. 疑点

对于以上证据，审计项目经理在审定时认为，现有的审计证据尚不充分，责成审计小组进一步实地调查。

3. 取证

经实地考察，审计小组负责人取得了新的证据。

（1）该轿车挂的是私人牌照，由采购办主任驾驶。

（2）卡片上记载的产成品库房并未在该子公司区域内，实为处于市内繁华地段的销售门市部，现已作为投出资产与外单位某公司联营，但并未在该子公司会计核算中反映。

（3）公司人员介绍的小平房已停用两年。

4. 结论

审计小组负责人终于查清了该公司存在的问题。

（1）公司车辆擅落私人牌照，容易造成资产流失。

（2）已对外投资的固定资产不转账，掩盖了非正当的经营目的，其目的是将来私分联营投资收益。

5. 启示

本案中，内部审计人员最初取得的证据是不可靠的，据此会得出错误的结论，原因是在收集实物证据的方法和程序上不符合实物清查的规定。审计项目经理在审定证据时，遵循了实物证据的收集方法——实地盘点，要求重新调取实物证据，从而最终查明公司对财产物资的使用不合法。

（三）审查判断实物证据的相关性

审计证据必须和审计结论有关，它们之间应当存在合乎逻辑的内在联系，使审计证据客观地反映被审事项，有力支持审计结论。例如，当内部审计人员审查库存材料的数量时，一般采用清点实物数量的方法来获取证据，即清点数量后所得的总数是内部审计人员得出库存材料账与实存价值是否一致的重要证据。但因材料核算可采用多种计价方法，如果内部审计人员不对其计价方法的合理性、正确性和一贯性进行审查，仅凭点数无法做出库存材料账与实存价值是否相符的判断。

在审查实物证据是否支持审计结论的同时，审计人员应注意不要被一些表面现象所蒙蔽，应当认真深入考虑本次审计是否达到了纠错揭弊的目的。

 【案例 5-5】

1. 案情

内部审计人员在 2021 年 12 月 5 日对某企业的原材料进行审计时，取得以下证据。

（1）2021 年 3 月企业一次性购入某种添加剂 200 吨，每吨 1.3 万元，计 260 万元。

（2）该添加剂本年度只在 3 月出库一次，10 吨，金额 13 万元。

（3）经盘点，发现库存数与账面数相符。

表面上可以得出结论：账实相符。

2. 疑点

审计负责人并没有马上下结论，而是认真审定以上证据，发现该添加剂已经有9个月无动态，由此疑惑：购入原材料是为生产，为什么这么长时间无动态，没有消耗？

3. 取证

带着疑问，内部审计人员又继续调查，取得下列证据。

（1）到库房检查，得知该库存添加剂已变质。

（2）询问保管员和车间领料员，都说由于进货后是雨季，库房漏雨，这批原材料被雨水淋湿，车间领用后，无法生产出合格产品，就没有领用。

（3）查阅相关利润账，该企业每个月都处于微利状态，截至2021年11月底，盈利45万元。

（4）询问会计人员，会计人员说，该企业如在年底将此添加剂报损，必将造成247万元的亏损，并导致该企业年度总亏损200多万元。年末集团公司考核该企业，该企业领导将受重罚，所以会计一直将该批原材料挂在账上，未处理，形成潜亏247万元。

（5）该企业领导同意对该笔原材料进行报废处理。

4. 追查

对于一个截至11月底仅盈利45万元的小企业来说，一次性购入260万元原材料属于非常重大的事件，这么一批重要的原材料购进入库后，怎么能够不妥加保管，而会因库房漏雨报废呢？什么人该对此重大损失承担管理责任呢？企业是否启动过问责程序追查此责任呢？

5. 真相

该批原材料购进时除第一次领用的10吨属于正品外，其余190吨、金额247万元的原材料均是废品。该企业故意利用"库房漏雨"，造成原材料报废。这是一个典型的内外勾结贪污公款的恶性案例。

6. 启示

本案中，内部审计人员没有被表面现象所蒙蔽，而是抓住蛛丝马迹，透过现象看本质，最终实现审计目标。这是在审定实物证据的相关性时尤其要注意的。

三、电子证据的审定

从证据学原理来讲，某一证据要保证其真实可靠，必须在其运行的各个环节都有辅助证据加以证明，即构成"证据锁链"。由于电子证据易于伪造、篡改，所以对电子证据的相关性、真实性、完整性、合法性及其证明力的审定更需要从其运行的各环节及专门技术等方面进行。

（一）审查电子证据的相关性

证据的相关性，一般是指证据必须与被审计事项有实质联系并对审计调查有证明作用。相关性的判断只能由内部审计人员根据经验法则、生活常识和逻辑标准进行。审计实践中要正确判定电子证据与案件事实的联系程度，一般从以下几个方面入手：一是所提出的电子证据欲证明什么样的待证事实；二是该事实是否是被审计事项中的实质问题；三是所提出的电子证据对解决审计发现有多大实质意义。一般来说，某一电子证据对审计发现具有实质性意义，即能确定或否定某一案件事实存在，则可认定该证据具有足够的相关性。

（二）审查电子证据的真实性

证据的真实性，一般是指作为证据的客观物质痕迹和主观知觉痕迹。证据应是已经发生的事实的客观反映，不是主观想象、猜测和捏造的事物。证据的真实性主要表现在形式和内容两个方面。就形式来说，电子证据以光学、电磁等形式储存在各种存储器中，虽然不能直接为人所感知，但可借助一定的设备使它为人所认识，因而电子证据的存在形式无疑是客观真实的。对电子证据内容的审查，通常从以下四个方面来进行。

1. 审查电子证据的生成环节

（1）电子证据是否是在正常的活动中按常规程序生成的。

（2）生成电子证据的系统是否曾被非法人员控制，系统的维护和调试是否处于正常状态。

（3）生成电子证据的程序是否可靠，人工录入电子证据时，录入者是否被有效地监督并按照严格的操作程序合法录入。

2. 审查电子证据的存储环节

（1）存储电子证据的方法是否科学。

（2）存储电子证据的介质是否可靠。

（3）存储电子证据的人员是否公正、独立。

（4）存储电子数据的环境是否具备防静电、防磁场干扰、防高温、防湿和除尘等条件。

（5）存储电子证据时是否加密。

（6）所存储的电子证据是否会遭受未经授权的接触。

3. 审查电子证据的传送环节

经过网络传送、输送的电子证据，其间的任何一个环节都可能发生信息丢失、改变，从而减弱电子证据的证明力。因此，审定时要认真审查以下内容。

（1）传递、接收电子证据时所用的技术手段或方法是否科学、可靠。

（2）传递电子证据的“中间人”（如网络运营商等）是否公正、独立。

（3）电子证据在传递的过程中有无加密措施、有无可能被非法截获。

（4）电子数据的内容是否真实，有无剪裁、拼凑、伪造、篡改等。对于自相矛盾、内容前后不一致或不符合情理的电子证据，应谨慎对待，一般不予采信。

4. 审查电子证据的收集环节

需要重点审查收集者在收集电子证据的过程中是否遵守了有关的技术操作规程，具体如下。

（1）电子证据是由谁收集的，收集证据者与被审计事项有无利害关系。

（2）收集者在收集电子证据的过程中是否遵守了法律的有关规定。

（3）收集、提取电子证据的方法（如备份、打印输出等）是否科学、可靠，是否会对原始数据造成删改。

（4）收集者在对证据进行重组、取舍时所依据的标准是什么，是否客观公正，所采用的方法是否会影响证据的真实性等。

因此内部审计人员在收集电子证据的过程中一定要予以高度注意，要严格遵守相关的技术操作规程，不能因为收集手段的不当而影响证据的真实性。

此外，计算机系统在进行数据处理、传输和存储过程中，由于设备和线路故障、断电、操作失误甚至病毒感染，可能影响数据的真实性。因此，审查电子证据的真实性，会对电子证据从生成至形成审计工作底稿的全过程进行周密审查，如果电子证据自形成时起，其内容一直保持完整和未予改动，则视为具有真实性。

（三）审查电子证据的完整性

完整性是考查电子证据证明力的一个特殊指标。完整性共有两层意义。

一是电子证据本身的完整性，指数据内容保持完整和未予改动（不包括不影响内容完整性的一些必要的技术添加）。从理论上讲，电子证据所遭到的篡改往往是难以察觉的，如果一味强调举证必须证明其完整性，有时是过于苛刻的。因此对电子证据完整性的认定可以转向对相关否定因素的排除，如果电子证据所依赖的计算机系统的软硬件是可靠的，该系统有防止出错的监测或稽核手段，而且其运行过程是正常的，那么该电子证据就已经具备了足够的可靠性保障，应当推定其真实完整，除非另有相反的证据。在审计工作中，针对电子证据是否被删改过，内部审计部门可以指派或聘请具有专门技术知识的人对证据进行鉴定。将电子证据与其曾经由第三方保留的原件或备份进行比较核实，是实践中可行的一种方法。所以，事先公证无疑是有效的措施[①]。

二是电子证据所依赖的计算机系统的完整性，主要表现为以下方面。

（1）记录该数据的系统必须处于正常的运行状态。

（2）在正常运行状态下，系统对相关过程必须有完整的记录。

（3）该数据记录必须是在相关活动的当时或结束后立即制作的。

计算机系统的完整性实际上与电子证据的完整性密切相关，前者是为了保证后者而设置的一项标准。

（四）审查电子证据的合法性

电子证据的合法性，一般是指作为审计结论的证据必须符合法律规定的采证标准，为法律所容许。并非所有与审计有关联的客观真实的电子证据都可以作为证据，只有通过综合审定纳入形成审计结论的依据才具有证据资格。

审查判断证据的合法性，主要从两方面来进行：一是收集主体是否合法；二是收集过程是否合法。收集主体是否合法不仅要考虑是否以合法的身份收集，还要考虑证据收集人员的计算机操作水平。收集过程是否合法，则主要审查证据收集人员在收集证据的过程中是否遵守有关法律的规定、是否违反法定程序收集证据。因此，在审查判断电子证据时，应了解证据是用什么方法、在什么情况下取得的，是否违背了法定的程序和要求，这样有利于辨别证据的真伪。

（五）审查电子证据的证明力

证明力的认定是证据认定的核心，相关一般性结论如下。

（1）经过公证的电子证据的证明力大于未经公证的电子证据的证明力。

（2）在正常业务活动中制作的电子证据的证明力大于为非正常业务活动（如诉讼目的）而制作的视听电子证据的证明力。

（3）由中立的第三方（如网络业务提供商、电子数据交换服务中心）保存的电子证据的证明力最大，由不利方保存的电子证据的证明力次之，由有利方保存的电子证据的证明力最小。

第五节　审计证据的整理与分析

审计人员所收集到的审计证据往往是零散、杂乱的，证据形式也复杂多样。而要利用审计证据得出审计结论，需要将审计证据变成系统、有序、彼此联系，具有充分、适当证明力的证据。这就需要按照一定的方法对审计证据进行分类、整理和分析，使之条理化、系统化。只有这样，内部审计人员才能对各种审计证据合理地进行审计小结，并在此基础上，恰当地形成审计意见。

一、整理与分析审计证据的意义

对审计证据进行科学整理与分析的意义主要体现在以下方面。

（1）通过审核、观察、询问、函证等方法所获取的大部分审计证据，在内部审计人员对其进行分析之前，还都是一种原始的、零乱的、彼此孤立的审计证据，只有按照一定程序、

---

① 公证是公证机构根据自然人、法人或者其他组织的申请，依照法定程序对民事法律行为、有法律意义的事实和文书的真实性、合法性予以证明的活动。公证制度是国家司法制度的组成部分，是国家预防纠纷、维护法治、巩固法律秩序的一种司法手段。

目的和方法进行科学的加工整理，才能使其变成有序的、系统化的、彼此相关联的审计证据。

（2）初始状态的审计证据必须与审计目的相联系，要就其性质和重要程度以及与其他证据之间的关系进行分析、计算和比较，并对被审计单位的各个方面做出全面评价，才能形成比较完整的认识；否则，就难以正确地评价和运用审计证据，并形成正确的审计结论和意见。

（3）审计工作中一项很严肃的工作是，必须有充分有力的证据来支持所发表的审计意见。初次收集的审计证据很难是完整的、全面的，审计人员通过整理分析，可以发现证据不足的地方，并进行补充收集，以便获取新的证据材料，把审计工作引向更深层次。

（4）在审计过程中，内部审计人员通过分析、研究，还可能产生一些有价值的新的证据，从而有助于对被审计单位得出较为恰当的结论。

需指出的是，审计证据的收集与审计证据的整理、分析并非互不相关的独立的环节，在实践中，它们经常是交叉进行的。

二、整理与分析审计证据的方法

整理与分析审计证据一般采用分类、比较、计算、小结、综合等方法。

分类是将各种审计证据按其证明力，或与审计目标的关系是否直接等分门别类地排列成序，以测试和保证审计证据的充分性与适当性。

比较是将相同的证据放在一起，根据其可靠性与相关性的强弱进行比较，淘汰其中说服力较弱的证据。比较包括两方面内容：一是将各种审计证据进行反复比较，从中分析被审计单位经济业务的变动趋势及其特征；二是将各种审计证据与审计目标进行比较，判断其是否符合要求，如认为不符合要求，则需补充收集有关的审计证据。

计算是按照一定的方法对有关数据方面的审计证据进行验算，并从中得出所需的新的证据。

小结是在对审计证据进行上述分类、比较和计算的基础上，对审计证据进行归纳、总结，得出具有说服力的局部的审计结论。

综合是指对各类审计证据及其形成的局部的审计结论进行综合分析，最终形成整体的意见。

三、整理与分析审计证据时应注意的问题

（一）审计证据的取舍

审计证据取舍的目标是保证审计证据总体的有效性。审计人员在对审计证据进行整理和分析时，应当重点注意审计证据的取舍，在编写审计报告前，舍弃那些无关紧要、不必在审计报告中反映的次要证据，选择那些具有代表性的、典型的审计证据。审计证据的取舍标准一般考虑金额和性质两个方面。

金额：涉及金额较大、足以对被审计单位的财务状况或经营成果的反映产生重大影响的审计证据，应当作为重要的证据予以保留。

性质：有些审计证据本身所揭露问题涉及的金额可能并不是很大，但其性质却较为严重，可能导致其他重要问题的产生或与其他可能存在的重要问题相关，则这类审计证据也应当作为重要的证据加以保留。

（二）排除伪证

审计人员在对审计证据进行整理和分析时，还应辨别并排除伪证。伪证是审计证据的提供者出于某种动机而伪造的证据，或有关方面基于某些主观或客观原因而提供的假证。伪证或因精心炮制而貌似真的证据，容易鱼目混珠、以假乱真，往往会干扰内部审计人员形成正

确、恰当的审计结论和意见。审计人员在搜集证据的过程中，亲历的证据的效力往往最大；外部证据一般优于内部证据；信用状况较好的个人提供的证据更可靠；与被审计单位、被审计事项关系密切的人提供的证据可能有片面性，审计人员要审慎判断。

1. 分清现象与本质

有些审计证据所反映的情况可能只是现象，内部审计人员不能被表象所迷惑，应当透过现象找出本质所在。

2. 审计人员自身问题

在搜证的过程中，审计人员的判断对审计证据的质量至关重要。如果审计人员专业胜任能力较差、没有经验，其判断需要搜集的证据可能与被审计项目的相关性较小，所得到的审计证据质量也相对较差。

思考与探索

1. 内部审计人员在获取审计证据时，需要考虑的相关事项有哪些？

2. 不同类型的审计证据的证明力是否相同？它们的优缺点分别是什么？

3. 内部审计人员应当如何考虑审计证据的充分性、相关性和可靠性？充分性与相关性、可靠性之间能够进行互补吗？

4. 电子证据有何特征？如何收集电子证据？

5. 在对一家大型汽车出租公司地区总部的汽车维修部进行审计的过程中，内部审计人员同该部经理面谈时发现，该公司所在地的副总经理定期将其私人小汽车交给该部维修保养。内部审计人员将从面谈中获得的信息反映在审计报告中。内部审计人员从面谈中断定该地区总部没有适当的内部控制，并建议其应尽可能建立内部控制。

要求：

（1）根据审计证据的充分性、完整性、相关性等原则来评价内部审计人员获得的信息。

（2）阐述如果你是审计人员，面谈后你的着手点。

6. 某公司近来的报表表明存货周转数据大幅波动，并严重偏离同行业的历史数据。审计人员接受任务，对存货的控制进行调查。通过对销售、货运和存货管理政策等方面的变化进行询问，内部审计人员仅发现一个重大的变化——有两个新的大客户要求直运商品，理由是该公司从事批发业务。

要求：

（1）说明这一重大的变化与存货周转数据有何联系。

（2）具体说明应收集何种证据去证实这种联系。

7. 假设你是一名审计人员，被要求对被审计单位的成本控制进行审查。你认为审查成本控制就必须审查成本会计的正确性。于是你列出以下两个成本会计应达到的重要目标。

（1）使企业各管理层能够发现成本管理的无效之处，并寻找无效的成因及后果，从而有助于采取措施去降低成本。

（2）提供正确的产品成本核算数据，以便管理层制定合理的销售价格、销售策略，并有效地组织安排产品生产。

请问：为了正确评价成本会计工作，你应该做些什么工作？请你设计为收集证据以支持审计结论而应该实施的审计程序。

8. 某公司内部审计人员正在审计某热处理工序，发现某产品正在进行退火，温度显示仪显示温度为 630℃，公司工作规程中规定为 650℃±10℃。内部审计人员询问现场操作人员为什么未按工作规程操作，工人回答："630℃同样能够达到性能要求，为了节能，我们经常这样操作。"

请问：如果你是这位内部审计人员，你该如何处理？需要收集哪些证据？

9．某内部审计报告包括如下部分。

审计发现：本年度通过报刊、电视等媒体进行广告宣传的费用比上年增长 20%，与此同时，销售增长却只有 12%。按照公司的规定，所有的成本费用支出都应经过严格的审核，经理应尽力把成本费用增长幅度控制在 10% 以下。销售部经理对广告宣传费 20% 的增长率所持的理由是：扩大宣传，吸引更多的顾客，而不是像先前那样把促销活动局限于某个范围。

内部审计结论：我们认为，成本费用的增长是无效率的，是没有经过合理控制的。因此，我们建议应把该广告宣传费的增长幅度控制在销售收入的增长幅度之内，即不应超过 12%。

请思考下列问题。

（1）根据所提供的证据，该审计结论是否恰当？

（2）你认为还需什么证据？

10．"完美证据"之间的较量[①]。

A 集团审计部在一次对 S 子公司的经济责任审计中，采用超声波仪器测量钢筋间距、钻芯取样测量钢筋大小及道路混凝土的厚度，将测量数据与施工图纸进行比对，巧用工具锁定证据，查出施工方未按图施工、偷工减料的事实。

S 公司是 A 集团下属的一家投资公司，主营业务是项目投资、建设及融资。S 公司在近三年中共实施 18 个投资项目。本次审计工作涉及勘察设计、招标投标、合同、质量和进度控制、成本控制等多个环节，要在有限的审计时间内对所有项目、各个环节进行全面审计难度极高。对此，审计项目组决定按工程类型选取资料较为齐全的项目进行抽查审计，以工程材料用量、质量、价格等容易发生问题的方面作为突破口，以工料分析法作为工程材料审计的重要手段，审计工程是否按图施工。

在审计钢筋使用量情况时，审计项目组通过施工方财务资料，将购买钢筋的发票数量按材料规格型号分别累加，再与工程结算报告中统计的钢筋结算量进行对比，发现钢筋的实际采购数量为 86 吨（依发票），钢筋结算数量为 130 吨，实际采购数量比结算数量少 33.8%，存在偷工减料的嫌疑，审计项目组将此问题列为重要审计疑点。

为了不打草惊蛇，审计项目组并没有直接就财务采购数量问题进行质询，而是向工程施工方下发了审计取证通知，要求施工方确认财务账中的材料采购数量为此工程项目的全部材料用量，施工方很"爽快"地对相关事项进行了确认，回复"情况属实"。

拿着这份取证资料，审计项目组马上又发出了第二份取证通知，要求施工方确认钢筋采购数量与结算数量的差异。施工方这才如梦初醒，也意识到了问题的严重性。

施工负责人主动上门找到审计项目组组长，辩称财务材料用量少是因为部分钢材是从其他工地直接调配过来的，财务没有调账，并提供了相关钢材送货单、监理单位施工期签署的现场钢筋使用量记录等原始凭证。同时，建设单位也出具了关于该工程钢筋使用量情况的说明，称出现这种情况主要是施工方的材料管理和材料调用手续不规范，监理单位和自己也存在现场管理不到位的问题，并提供施工现场的照片，力证钢筋是按图施工的。建设单位、监理单位、施工单位"异口同声"，相关资料"环环相扣"，所有资料都在解释钢筋使用数量确实没有差误，更不存在偷工减料的问题。

---

① 本题依据武汉市审计局网站发表的《"完美证据"之间的较量》（作者：季勤）改编。

面对"完美证据",难道真的是内部审计人员"多疑"了吗？审计工作顿时陷入了僵局。

在业务讨论会上，有的内部审计人员提出："供货单、现场用量记录等是施工单位、监理单位单方面提供的证据，而且有可能是事后补充的，证据的真实性难以查证；而施工现场照片仅能反映做了此项工作，无法反映实际材料用量。施工方就是吃定了钢筋是隐蔽工程，现在无法核实实物。如果有办法能够核实工程钢筋实际用量，问题应该就很容易得到查证。"

但该如何准确核实工程的钢筋实际用量呢？"我们肉眼看不到，可以用仪器来看嘛。"审计项目组一位成员提醒了大家。于是审计项目组找到专业检测机构，与建设单位、施工单位、监理单位一起，在现场运用超声波仪器测量工程钢筋间距。

检测数据显示，设计施工图钢筋间距为 150mm，而现场钢筋的平均间距为 180mm，明显超出误差范围，这表明施工单位未按图施工、偷工减料。在更加"完美"的证据面前，相关方不得不承认自己的错误。

最后，加上其他材料用量问题，本次审计共核减多计钢筋、水泥等材料金额 36 万多元，建设单位、监理单位被追究监管不力责任。

请思考下列问题。

（1）什么是隐蔽工程？除了本例中所提到的，你还能举出其他 3 个隐蔽工程的例子吗？

（2）隐蔽工程审计难在何处？请针对你举出的隐蔽工程例子，指出审计的方法。

（3）你理解"审计证据链"的概念吗？本例中的"完美证据"是什么？内部审计人员为什么容易被所谓的"完美证据"所欺骗？

11. 丢失的审计证据[①]。

为了加强企业的内部控制，审计项目组组织开展企业金融资产真实性审计。内部审计人员根据审计方案，抽查了被审计单位对外投资的金融资产，采取了飞行检查的方式，检查了金融市场人员，发现金融市场人员保管有客户的印章、已盖章的空白重要合同、客户的支付密码卡片、支付 U 盾等。被审计单位员工行为管理办法中的员工禁止性条款规定："员工执业过程中要保持与客户的风险隔离原则，不得保管客户的印章、重要空白凭证、已盖章未使用的合同，以及客户用于支付的支票、密码、支付 U 盾等支付工具，不得与客户有非正常资金往来等。"被审计单位金融市场业务工作流程中规定："金融市场业务必须由客户本人及客户所在单位委托的代理人办理，本单位员工不得为客户代理任何业务，也不得保管客户的任何结算工具、已盖章的空白合同等。"

内部审计人员认为该被审计单位工作人员存在严重的违规问题，于是用手机做了拍照取证。审计人员将飞行检查发现的客户的印章、已盖章的空白重要合同、客户的支付密码卡片和支付 U 盾等放在一起拍了一张照片，并且现场做了违规事实确认书，将审计项目名称、审计发现的事实及依据进行详细的记录，并且发给被审计单位金融市场员工的所在部门，请金融市场部总经理予以确认。当时，金融市场部总经理正要出差开会，让内部审计人员等他回来后再确认，于是内部审计人员就去做其他审计工作。等到金融市场部总经理开会回来，内部审计人员找金融市场部总经理签字时，金融市场部总经理让内部审计人员出示证据他要看一下，这时候内部审计人员在手机里找不到拍好的违规证据的照片，金融市场部总经理询问违规的金融市场部员工具体情况。违规人员知道内部审计人员找不到照片时，否认违规保管客户印章、合同等事实。金融市场部总经理对内部审计人员说："你们审计项目组还有谁和你一起，可以让他来做一个证明。"内部审计人员说只有他一个人检查。审计人员再去查金融市场部违规人员保管的物品时，已经找不到相关资料。一时间，内部审计人员陷入尴尬境地，

① 刘红生，袁小勇. 内部审计情景案例：理解审计行为，辨析审计决策. 北京：人民邮电出版社，2022.

重要证据丢失，违规事实无法得到进一步确认。

请思考下列问题。

（1）如何获取电子证据？怎样保存电子证据？

（2）一个人是否可以单独做审计项目？内部审计人员如何做好资源配置？

（3）审计证据丢失后，内部审计人员如何做可降低审计风险？

（4）有效的审计证据的判断标准是什么？怎样才能取得有效证据？

（5）审计证据存在异议时，如何进行论证？什么情况下需要外部专家的介入？

第六章 审计发现与建议

引导案例

学生反映饭菜贵，食堂却亏损，问题出在哪

食堂饭菜质量和定价是高校食堂管理的重要问题。一段时间以来，A大学学生反映饭菜质量差、价格高，而食堂管理部门却反映食堂饭菜成本高，一直在亏本运营。因此，学校决定，对食堂近两年的财务收支情况进行审计。

A大学审计处在审查评价食堂财务收支合法合规基础上，重点关注食堂内部控制、成本费用管理等情况，查找内部控制、成本费用管理的薄弱环节。

审计人员主要采取了下列方法。

（1）从报表出发，对总账、明细账和会计凭证进行逐层审核，根据发现的问题形成审计工作底稿。

（2）根据会计凭证、会计账簿和会计报表等资料，重点对食堂资产负债、经营状况和成本费用开支的真实性、合法合规性进行客观评价。

（3）以财务收支审计为基础，结合内部控制审计的技术方法，了解食堂内部控制的现状和运行效果，重点了解内部控制的运行机制和薄弱环节，并提出有针对性的建议。

（4）根据审计工作需要，对食堂相关工作人员进行询问、交流谈话，开展现场资产盘点和查看管理流程等工作。

审计人员经过审计，发现以下几方面的问题。

（1）财务管理方面。食堂审计期间的利润表信息不真实，存在超额提取福利基金、水电费、应付客户款项等，隐瞒利润160余万元；未经学校决策程序，擅自从学生一卡通就餐经费中提取管理费9万元，计入食堂饮食成本。

（2）会计核算方面。违反一贯性原则，改变管理费用开支口径，将原在其他科目列支的各餐厅领用灶具、电料、工具、劳保用品等支出和餐厅人员体检费等费用支出，列入管理费用，年度间财务指标信息缺乏可比性，且未在年度会计报表中注明等。

（3）内部控制方面。食堂内部管理制度不健全，缺乏章程、岗位职责等内部管理制度；对重大决策程序没有明确的规定，关键程序、关键岗位的职责和管理制度不够明确，且执行效果差。食堂和各经营承租户之间无成文的经营协议，责权利不明确，且公共费用分摊没有明确标准，随意性大。非政府采购支出缺乏规范程序与合理的内部控制，没有招标程序。如食堂采购电料等68万元，入库单上采购人和验收人为同一人，出库单上无保管员签字。餐厅内部经常性修理费用（如修理门锁、修理土豆削皮机、清理屋顶油污等费用4.2万元）的支出审批缺乏规范的控制程序。未实现以一卡通形式统一收款，存在餐费收入截留不上交的现象。审计发现存在517项合计175余万元的固定资产有账无物，久未清理，账实不符，资产管理制度不健全。食堂补贴和奖金名目繁多，且未按照学校统一规定发放补贴和奖金。

针对上述审计发现的问题，审计项目组提出7条高质量的审计建议。食堂高度重视，及时开展审计整改，修订基本管理制度，对重要岗位设置进行调整，对不相容职务进行分离，

对管理人员和财务人员进行专门培训，在经营组中进行竞争上岗，每周按照材料报价重新进行饭菜定价，设立学生社团专门对饭菜和价格开展监督。学校对这次审计给予高度评价①。

思考：

1．什么是审计发现？

2．本案例中审计到底发现了哪些问题？

3．内部审计是如何发现问题的？

4．案例中提到，"针对上述审计发现的问题，审计项目组提出7条高质量的审计建议"请你说说这7条审计建议可能有哪些建议？

什么是审计发现

第一节　审计发现

一、审计发现的内涵

（一）审计发现的含义

审计发现是审计人员在对被审计单位的经营活动与内部控制的调查和测试过程中所得到的肯定的或否定的事实。审计发现是基于标准和实际情况之间的差异而形成的。若实际情况与标准吻合，达到或超过标准的要求，在报告中肯定其出色业绩是恰当的。若实际情况大大低于标准的要求，则审计人员应该在报告中提出建议。

也就是说，审计发现既有肯定的、值得表扬的部分，也有否定的、需要改进的部分。这里我们主要讨论后一种审计发现，又称之为缺陷发现。

（二）审计发现的形式

审计发现通常是描述以前或现在的错误，也可能是尚未发生的错误的潜在风险。审计发现以各种形式存在，涉及行为、现象和潜在的风险。常见的审计发现包括但不限于以下内容。

1．行为

（1）应采取而实际未采取的行动，即不作为。

（2）不该做而实际上做了的行为，如舞弊行为、违法行为，即乱作为。

（3）不适当的行为，包括业务处置不当、业务处理差错、遗漏业务等。

2．现象

（1）令人不满意的制度或系统。

（2）低效率、浪费或无效现象。

3．潜在风险

（1）利益冲突。

（2）其他风险隐患。

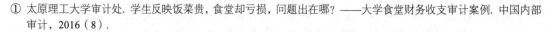
审计发现四要素

二、审计发现四要素

一个完整的审计发现包括以下四个要素②。

（一）标准

标准是指审计人员在进行评估和查证时运用的政策、程序、法律法规以及指标、期望值

---

① 太原理工大学审计处. 学生反映饭菜贵，食堂却亏损，问题出在哪？——大学食堂财务收支审计案例. 中国内部审计，2016（8）．

② 《第3101号内部审计实务指南——审计报告》（2019年版）第十八条规定："审计发现是对被审计单位的业务活动、内部控制和风险管理实施审计过程中所发现的主要问题的事实、定性、原因、后果或影响等。"这里的"事实、定性、原因、后果或影响"与本节提出的四要素是基本一致的。

等（正确的情形）。标准即管理部门希望达到的目的和目标，实现目标的控制措施，以及所要取得的成绩的质量。

标准是内部审计人员判断审计事项是非、优劣的准绳，是提出审计意见、做出审计决定的依据。任何审计必须得有标准，而且标准必须是既定的。

标准可以是政府主管部门或国家认可的专业团体公开发布的正式规定，如企业会计准则、内部审计准则；也可以是单位内部制定的专门规定，如单位内部制定的内部控制制度或确定的绩效水平（如产品合格率不低于98%、业务控制流程等）。

对于外部公开发布的标准，审计人员通常不需要对标准的适当性进行评价，而只需评价标准对具体业务的适用性（如企业采用的是企业会计准则还是小企业会计准则）。

对于单位内部专门制定的标准，审计人员可能需要对这些标准本身的适当性加以评价，如果认为已有标准不合适，应向适当管理层报告。如果管理层没有制定合适的标准，或标准模糊，审计人员可以基于组织利益最大化的原则选择适当的评价标准，或寻求内部高级管理层的权威性解释。不管如何，审计人员选择标准时，应该与客户就衡量经营业绩所需标准达成一致。

（二）情况

情况是指由审计人员通过观察、询问、分析、复核和调查所得到的事实（目前情形）。情况是审计发现的核心，其信息应该是充分、可靠和相关的，并应能够经得起任何质疑。它必须能够反映被检查的所有人或系统的情况，或者在个别情况下反映一个重大的缺项。同时，客户应认同所反映的事实，尽管他们可能对审计人员所指出事项的严重性有所争议。

客户可能会不同意审计发现的结论或解释，但绝不能对得出审计结论依据的审计事实有异议。如果客户能够合理说明审计人员得到的事实并不准确，该发现就可能不能合理、准确地提出。因此审计人员应及早与那些了解事实的人讨论这些情况，关于事实的任何争议都应该在该发现被报告前得到解决。内部审计人员必须保持"看问题准确"的名声，不辜负如下评论："如果内部审计师说了，它就是真的。"

（三）原因

原因是用来解释为什么存在偏离标准的偏差、目标为何没有实现以及目的为何没有达到的。找出原因是解决问题的关键。每一项与期望值的偏离都可以以审计发现来描述，但只有在偏离被识别以及原因被找出的情况下，问题才能得到解决。

确定原因就是解决问题的一项工作，过程包括如下典型步骤。

（1）收集事实。

（2）鉴定问题，寻找偏离情况。

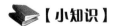【小知识】

5Why 分析法

所谓 5Why 分析法，就是对一个问题连续以 5 个或更多个"为什么"来自问，以追究其根本原因。这种方法最初是由日本的丰田佐吉提出的，后来丰田汽车公司在发展完善其制造方法的过程之中也采用了这一方法。

丰田汽车公司前副社长大野耐一曾举了一个例子来找出生产线停机的真正原因。

★问题一：为什么机器停了？答：因为机器超载，保险丝烧断了。

★问题二：为什么机器会超载？答：因为轴承的润滑不足。

★问题三：为什么轴承会润滑不足？答：因为润滑泵失灵了。

★问题四：为什么润滑泵会失灵？答：因为它的轮轴耗损了。

★问题五：为什么润滑泵的轮轴会耗损？答：因为杂质跑到里面去了。

经过连续 5 次不停地问"为什么"，才找到问题的真正原因，然后提出解决问题的方法——在润滑泵上加装滤网。

如果没有以这种追根究底的精神来发掘问题，员工很可能只是换根保险丝草草了事，真正的问题还是没有解决。

（3）确定问题的特性。什么是偏离？偏离在哪里？何时发生？有多重要？它是由某些行为引起的还是由不作为引起的？

（4）检验原因。原因必须能够完全解释每一次偏离以及每一部分的偏离。要找出那些根本性的原因，不能仅仅停留在表面。

（5）陈述采取纠正行动的目标。

（6）将各种备选行动与目标进行比较，初步选出最优的行动。

（7）设想所选择的纠正行动可能引起的不利影响。

（8）多考虑一下"如果……将会……"。例如，如果建议管理人员到现场监督员工是否认真工作，直到下班时间，将会产生什么后果。

（9）了解是否存在正在改善的情况。

（10）提出采取控制措施的建议，以保证最佳纠正行动确实被执行。

（四）后果

后果是指由于情况与标准不一致，给企业或内部部门带来的风险（即差异的影响），在确定风险程度时，审计人员应考虑其发现或建议可能会对组织运营和财务报表产生的影响。可以从定量和定性两方面评估审计发现已经或可能造成的后果。后果回答了"将会怎么样"这一问题。假设所有事实如陈述的一样，将会怎么样？谁或什么受到了损害，损害有多严重？结果是怎样的？这些"后果"不仅是与"标准"的一些偏离，更重要的是，"后果"是说服客户或更高管理层的必要元素。后果有助于内部审计人员向被审计单位更高管理层证明不合理的现状，如果允许它们继续下去，将会导致严重的损害，而且所造成的损失将超过纠正该问题所应采取必要行动的成本。

在财务审计、绩效审计发现中，后果（或影响）常常以金额来衡量；在内部控制审计或风险管理审计发现中，后果（或影响）通常表示无法实现希望得到的控制结果。对后果的描述应有说服力，它对审计发现来说是不可缺少的。如果它不能让管理层充分信服，那纠正行动被采纳的机会将会很微小。

三、记录审计发现

审计发现是内部审计工作的重要成果，必须予以适当记录。表 6-1 是审计发现记录表的一般格式。

表 6-1 审计发现记录表

被审计单位名称：	审计发现的记录号：
	审计工作底稿索引号：
（一）情况： 1. 2. ……	
（二）标准： 1. 2. ……	

上次检查有同样的发现：是□　　　　否□			
审计程序：			

选取样本的方法			
总体规模	样本量	偏离数量	占样本的百分比

（三）原因
1.
2.
……

（四）后果
1.
2.
……

讨论情况	姓名	职务	部门	日期	意见

审计人员：　　　　　　　　日期：

审计主管：　　　　　　　　日期：

　　该表展示了有关审计发现的内部审计活动记录，它有助于以下工作的开展。

（1）确定应负责任的组织。

（2）为特定的审计发现提供一个识别号码，以及为支持性的审计工作底稿提供索引。

（3）对情况进行简要陈述。

（4）确定在评价情况时所应用的标准。

（5）指出该审计发现是否在以往的审计工作中提出过。

（6）引用审计发现所涉及的有关政策、程序，或者工作指南。

（7）概述审计测试情况以及所发现的偏离数量。

（8）解释原因，即为何会出现偏离。

（9）陈述建议采取的纠正行动或已采取的纠正行动。

（10）记录与被审计单位的工作人员讨论的情况，并注明他们的意见，如果有，还要记录他们计划采取行动的方式。

　　审计发现的记录表格具有灵活性，有助于对大量审计发现的记录进行整理和重新分类，使得编制正式审计报告更为容易。这种表格也提供了现成的讨论指引，因为它将描述问题所需要的绝大部分内容集中在一张表上。它还起到向导的作用，能够提醒内部审计人员一项充分的审计发现需要收集的全部资料有哪些。审计发现的记录表格应在审计现场完成，以便任何错漏都能在不需要重返现场的情况下得到纠正。

四、报告审计发现

（一）审计发现的分类

如何报告审计发现

"世界上没有两片完全相同的树叶"，也没有两个完全一样的审计发现。每一个审计发现代表着特定程度的实际或潜在的损失与风险。因此审计人员在将审计发现向管理层报告前应仔细考虑该缺陷已经造成或可能造成损害的程度。通常审计发现分成三类：无关紧要的、次要的和重要的。

1. 无关紧要的审计发现

一项无关紧要的审计发现（例如抄写工作中的笔误），并不能让人觉得需要采取正式的行动。事实上，在正式的审计报告中写上这种审计发现可能会起到反作用，因为这不仅会分散审计人员寻找重要审计发现的精力，而且会给人留下不良的印象：审计人员是吹毛求疵者。

对于无关紧要的审计发现，审计人员既不应掩饰，也不应忽视。以下是可以接受的做法：①与该事项的负责人讨论；②确定该情况已得到纠正；③在审计工作底稿中记录该问题；④不将该细微的错误或偏离写入正式的审计报告。

在这里，并不是说所有偶然的小错误都不用报告。如果某些小错误属于严重问题的征兆，进行报告则是适当的。比如有些错误可能表明被审计单位存在员工缺乏培训、监管不到位和书面指引不够清晰等问题。在这种情况下，这些控制缺陷构成了审计发现。偶然的错误有时证明缺陷的存在，管理层需要重视。

2. 次要的审计发现

次要的审计发现需要报告，因为它比偶然的人为错误严重。这些问题如果不加以纠正，会继续下去或造成坏的影响；尽管这些问题可能不会阻碍组织主要经营目标的实现，但其重要性足以引起管理层的注意。有些次要的审计发现可以《致管理层函》的形式报告。

3. 重要的审计发现

重要的审计发现是指那些阻碍组织或组织内部门实现其重要目标的发现。次要的与重要的审计发现之间的界限可能非常细微，在辨别两者时需要很好的审计判断。但如果提供合理的判断标准，审计人员对审计发现的分类就能站得住脚。由于涉及审计判断问题，一项发现是属于重要的还是次要的，最后需要由审计人员进行综合判断。

（二）值得报告的审计发现

值得报告的审计发现应该有如下特征。

（1）足够重要，值得报告给管理层。

（2）能用事实而非判断来证明，并有充分、有力和相关的证据支持。

（3）能客观地提出，不带任何偏见或个人成见。

（4）与所审计的事项有关。

（5）有足够的说服力，能够促使责任人采取行动去纠正不足之处。

显然上述特征属于主观上的解释。有时候你认为是重要的偏差，别人可能会认为是无关紧要的。像客观性、说服力、合理性和逻辑性这样的词，对于不同的人而言，有着不同的含义。

判断一项缺陷是重要的还是次要的，方法就是预计在同样的或类似的情况下，一个明智的、谨慎的人是如何评价这些缺陷的。审计人员在评价这类缺陷情况时，必须问自己："如果我是这个机构的总裁或总监，我应该怎样评价这样的情况？"

（三）报告前的讨论

在确定审计发现时，审计人员应该意识到自己也可能犯错，比如没有正确地解释情况，或者没有专门阅读相关程序等。为了检查对审计发现的理解是否正确，审计人员应与那些最有可能了解这些事实的经理和具有丰富经验的员工进行讨论，并期待得到对方的回复。有经验的审计人员会询问组织内见多识广的人，即那些对审计所质疑的业务有充分了解的人。审计人员会询问他们："这里有个问题，该情况需要纠正或改善。如果我们建议采取这项行动，将会怎样？"许多经验丰富的审计人员可以通过各种方式来提出这类询问，在得到有价值意见的同时，避免使自己将来陷入困境。

（四）报告审计发现时应考虑的其他因素

在审计报告中对值得报告的审计发现很好地陈述事实和细节，是审计人员的一种能力，需要基于经验进行判断。某些外行人看来很严重的缺陷，在专业审计人员眼里可能只是微不足道的差错。发现较小的差错相对比较容易，发现潜在的风险隐患则比较困难，需要审计人员具备较强的洞见能力。审计工作很少能够做到完美，因为完美的代价通常太大，为了获得最后 5 分的考试成绩所要付出的努力可能远远超过先前取得 95 分所付出的努力。审计人员必须现实一些，做出判断和得出结论时要公平一些。在提出和报告审计发现时，审计人员应考虑以下因素。

（1）对管理层的决策做"事后诸葛亮"式的评价是不公平和不切实际的。审计人员应考虑到缺陷出现时的环境。管理层决策时一般基于当时所掌握的情况，审计人员不应仅仅因为自己对某项决策有异议就批评该决策，也不要因为自己掌握了一些决策者无法得到的新信息而对决策者提出批评。审计人员不应以审计判断代替管理层的判断。

（2）提供审计证据的责任在于审计人员，而非客户。如果一个审计发现无法提供充分证据，难以使客观、理性的人信服，那么这种审计发现是不值得报告的。

（3）审计人员自然关注其个人业绩的提高，但业绩不应靠报告中的批判来决定，因为它不一定百分之百准确。

（4）审计人员应当改进审计发现以应对那些提出质疑的人。审计人员应仔细审查自己的审计发现，以防出现可能的瑕疵和不可靠的推理。像其他坚持自己观点的人一样，审计人员也希望自己的解释合理化以支持审计发现。

（五）审计发现的报告内容

审计发现是审计人员在对被审计单位的经营活动与内部控制的检查和测试过程中所得到的积极或消极的事实，一般应包括以下内容。

（1）所发现事实的现状，即审计发现的具体情况。

（2）所发现事实应遵照的标准，如政策、程序和相关法律法规。

（3）所发现事实与预定标准的差异。

（4）所发现事实已经或可能造成的影响。

（5）所发现事实在现状下产生的原因（包括内在原因与环境原因）。

（6）对所发现事实的建议（如果有建议）。

五、案例分享：苦涩的收益[①]

某省上市集团公司的审计部根据年度审计计划，对其下属的铜加工企业进行专用资金使用情况专项审计。内部审计人员发现在集团拨付的专用资金专户中有 1 亿元资金不翼而飞，在工程建设中没有支出的情况下，少了 1 亿元；铜加工企业生产线的专用资金账户余额和在建工程投入金额不相符，进一步查阅银行账户发现这 1 亿元专项资金付给了一家生产原铜的生产企业而不是在建工程的施工企业，用于购买铜加工企业的生产原料铜锭。

---

① 刘红生，袁小勇. 内部审计情景案例：理解审计行为，辨析审计决策. 北京：人民邮电出版社，2022.

大额的专用资金被挪用，是个人行为还是集体行为？内部审计人员带着满心的疑问，询问被审计单位财务人员："为什么本该属于铜加工企业的生产线建设专项资金挪用为购买铜加工企业的生产原料资金？财务制度中规定的资金需要专款专用，不能改变资金的用途，若违规改变资金用途，集团需要收回全部的违规资金，还要对相关责任人员进行处罚。"铜加工企业的财务人员解释："我们也知道财务管理制度，专项资金需要专款专用，但是我们也存在特殊情况。一是今年以来大宗原材料涨价速度非常快，国际市场上铜的价格飞涨，由于运输的问题，铜的供应大幅度减少，甚至很多情况下买不到铜，直接影响了我们的生产，成本也大幅度提升。企业为了降低成本和保证生产急需购买一批原料铜。二是向集团申请购买原料铜的资金迟迟没有批复，银行贷款资金受到规模限制，短期内无法解决。三是企业管理层看到集团拨付的生产线建设专项资金一直闲置，就考虑暂时使用一下，先购买急需的原料铜，等集团拨付购买原材料资金到位后，马上还回生产线建设资金专户；况且这批铜的价格已经涨了 40%，等于为企业节约了 4 000 万元成本。公司为此还专门开会集体讨论通过这项决定。"

内部审计人员根据集团财务管理的规定，将 1 亿元的购买原料铜的生产线建设专项资金，定性为挪用，按照集团的规定收回 1 亿元生产线建设专项资金，并且将 1 亿元带来的收益 4 000 万元全额收缴到集团。在审计人员发出事实确认书的同时，集团批复了铜加工企业申请的购买原材料的资金申请，拨付了 1 亿元资金，铜加工企业将这 1 亿元还回生产线建设资金专户。

铜加工企业的管理层希望内部审计人员考虑原料铜涨价的现实因素，挪用资金购买原料铜也是无奈之举，一切都是为了企业利益，不存在个人私利，还为企业带来 4 000 万元的收益。用生产线建设专项资金购买原料铜是经过铜加工企业管理层集体讨论通过的，资金已经还回，未给企业造成损失，希望从轻处理。内部审计人员坚持认为铜加工企业存在过程过错，违规事实已经存在，违规就是违规，审计有审计的制度，一定要按制度给出严肃处理。一时间双方各持己见，僵持不下。

集团审计部在听取审计项目组反映的问题后，组织了一次讨论，大家的观点不一，无法达成一致意见。于是集团审计部请市内部审计协会出面组织一场讨论会，争取能够早日解决目前僵持不下的局面，找到一个切实可行的解决办法，实现既能控制风险，遵守制度，又能妥善处理出现的突发状况，真正发挥审计的监督、咨询、评价的作用。会议邀请不同岗位的人员，他们是机械制造公司的专家 A、贸易进出口公司的专家 B、同行业集团审计专家 C 以及会计师事务所注册会计师 D，与会人员围绕以下几个主题进行讨论。

讨论主题 1：企业通过快速应对市场的变化，采购了原料铜，为企业带来了效益，也是为企业创造了价值，与内部审计人员通过审计创造价值有什么不同，如何才能实现更好的效果？

专家 A：铜加工企业通过产品的购销带来的价值，是生产经营活动创造的价值，这种价值带有风险性，所以生产经营创造的价值要体现审慎的态度。内部审计人员通过完善流程，消除冗余的环节，识别风险，降低不良资产的产生，提高组织效率，创造的价值是一种管理效益，是在识别风险的基础上创造的价值。虽然两种价值的来源不同，但都是增加企业的价值。企业在生产经营过程中创造价值要体现合规性，将决策流程不断完善，更多地听取风险部门或者审计部门的意见。审计部门创造的价值体现为改进建议，更多的是取得管理层的支持和业务部门的理解。

专家 B：审计部门与企业生产创造价值的方法不同。审计部门通过开展审计业务，发现生产管理方面存在的薄弱环节，采取相应的处理措施，减少损失，提高企业运行效率，节约成本，获得超额收益，其创造的价值体现为管理提升。企业生产创造价值是商品流转过程中产生的附加值带来的价值提升，其产生依赖于生产经营。两种价值创造相互结合，将审计创造价值融合于企业生产创造价值之上。

专家 C：内部审计是通过审计活动，利用确认和咨询的功能，审查和评价企业的业务活动、内部控制和风险管理的适当性和有效性，以促进企业完善治理，增加价值和实现目标。企业生产经营活动产生的价值来源于经济活动，利用生产和销售，来实现资金流与物流的交换，获得价值。审计价值创造基于生产经营的价值创造，生产经营是审计价值创造的基础。

专家 D：审计工作就是根据审计目标组织开展审计活动，识别企业经营过程中存在的风险，完善业务流程，降低成本，取得良好的经济效益，为企业创造价值。这不需要像生产经营一样投入生产物资，利用机器设备进行生产，再将产品销售出去获得收益。生产经营活动是一切价值的源泉，是价值创造的基础，审计人员可以利用审计活动，将两种价值创造结合起来，相互促进。

点评：对这个问题的讨论，专家意见基本一致，企业生产经营的价值创造与审计管理提升的价值创造是两种形式的价值创造。一个是有形物资和现金流的转换，另一个是无形劳动带来的管理价值的提升。根据内部审计准则的规定，内部审计工作可以通过系统的方法和技术，对业务活动、内部控制以及风险管理情况进行有效性评价，以促进完善公司治理，增加企业价值和促进企业管理目标的实现。企业生产创造的价值是审计管理价值创造的基础，审计管理价值创造通过企业生产经营价值创造实现。

讨论主题 2：被审计单位对审计定性不认可，审计人员如何应对？

专家 A：被审计单位对审计定性不认可，内部审计人员应耐心地和被审计单位进行沟通，即进行结果沟通。结果沟通的目的是提升审计结果的客观性、公正性，并取得被审计单位适当管理层的理解和认可。被审计单位对审计意见不认可，审计人员在充分组织和多次沟通无果的情况下，有必要和被审计单位的管理层和治理层进行沟通，告知被审计单位可能的违规事实，造成的影响和潜在的损失，有必要采取的措施和放任违规行为出现的影响。审计的沟通也需要采取书面的形式进行，获得必要的审计沟通证据。

专家 B：在被审计单位对审计意见不认可的情况下，审计人员不能激化矛盾，而应采取说理的办法，将被审计单位采取的违规行为，进行深入剖析，从中找出违规可能造成的损失。审计人员应该保持良好的沟通态度，认真寻找审计定性的依据，结合实际的经营环境，开动脑筋，妥善解决争议。审计人员要注意沟通的技巧和工具，必要时向企业治理层和高级管理层沟通审计报告、审计结果、审计证据。

专家 C：审计沟通是一种双向的交流，审计人员要想实现与被审计单位进行沟通，要做好充分的思想准备，注意沟通技巧和语言表达方式，沟通时要列出沟通提纲，确定所要表达的信息内容，特别是不被认可的事项的来龙去脉，以及对生产经营造成的影响，最好有案例或者参考事项，增强与被审计单位沟通的说服力。当审计部门与被审计单位的意见不能达成一致时，为了避免出现沟通困境，审计人员需要提升沟通的层级，与被审计单位的高级管理层和治理层进行会晤，汇报被审计单位经营状况和违规事项，取得领导的支持和帮助。

专家 D：审计意见的沟通对取得被审计单位的理解和支持有很重要的意义。根据内部审计准则的规定，在沟通审计结果前，内部审计部门首先要做好规划，准备好丰富的资料，听取被审计单位对沟通事项的反馈意见。针对被审计单位对审计结果的异议，审计项目负责人及相关人员要进行认真复核，对被审计单位提出的改变经营模式的方法，给出审慎的审计结果和答复。内部审计部门若与被审计单位存在沟通差异，就需要向被审计单位的主管部门或分管机构进行沟通，反馈审计结果，取得被审计单位主管部门或分管机构负责人的支持。

点评：对这个问题专家讨论比较激烈，但取得了一致意见，即审计人员应与被审计单位就审计事项进行沟通。沟通前，审计人员应做好准备工作。沟通过程中，内部审计人员要有耐心。结果沟通的目的是提升审计结果的客观性、公正性，并取得被审计单位适当管理层地理解和认可。

讨论主题 3：审计沟通的形式多种多样，什么情况下必须使用书面沟通，才能取得良好的沟通效果？

专家 A：我知道内部审计有审计结果沟通的准则，其中规定的沟通形式有书面沟通和口头沟通两种。我认为，一定是很重要的事项才需要书面沟通。书面沟通非常正式，也有利于把事情说清楚。书面沟通应该适用于审计人员发现被审计单位有重大违规事项，造成被审计单位资产损失；或重要合同出现重大缺陷；或经营和管理决策可能出现安全事故等。被审计单位也可以通过书面答复，将被审计单位经营的实际情况，以及审计发现的意见准确地回复给审计部门。

专家 B：审计沟通是通过书面或者口头的形式，将审计部门和被审计单位的意见表达清楚，对审计事实和审计定性取得一致意见，有利于审计部门发现问题和被审计单位改正问题。书面沟通是审计人员认为审计发现比较重大，需要进一步确定审计发现的事实和产生的原因，并进一步获得审计证据的一种有效形式。书面沟通的事项由审计人员提出，审计项目组负责人审核，最终提交给被审计单位。

专家 C：根据规定，审计结果沟通一般采取书面或者口头方式。书面沟通方式是利用书面文字来进行信息传达，其优点是显得正式，并且沟通留有痕迹，便于表达复杂和重要的内容，表达内容清晰，不容易造成误解。审计的书面沟通一般用于重要事项，比如管理层声明承诺的内容，沟通审计事项约定书的内容，沟通审计过程中发现的重大问题或定性比较困难的业务。当然，强调书面沟通并不是不需要口头沟通，一般的做法是将书面沟通与口头沟通结合使用，效果会更好。

专家 D：与审计沟通相关的准则不仅有《第 2105 号内部审计具体准则——结果沟通》，还有《第 2305 号内部审计具体准则——人际关系》。两个准则都强调书面沟通和口头沟通这两种形式。审计沟通分为几个层次。一是内部审计人员与被审计单位沟通。这种沟通可以将内部审计人员认为重要的审计事项和审计发现利用书面沟通的形式，清楚地传递给被审计单位。二是审计人员与被审计单位的治理层和管理层沟通。这种沟通通常采用书面沟通，让管理层和治理层有充分的时间考虑审计汇报的事项和建议。三是内部审计人员与监管部门沟通。这种沟通也建议采取书面的形式，审慎地汇报审计发现以及审计建议，避免出现沟通失误或错误。

点评：对这个问题，专家讨论得出的结论比较统一，都认为审计沟通有书面沟通和口头沟通两种形式。《第 2105 号内部审计具体准则——结果沟通》和《第 2305 号内部审计具体准则——人际关系》都提到审计沟通的这两种形式。口头沟通包括询问、会谈、调查、讨论、会议和征求意见等，其特点是简便易行，灵活方便，沟通速度快，反馈及时，有利于审计人员及时听取被审计单位对审计结果的意见和建议，有利于双方很好地表达各自的观点，有利于充分协商，加快沟通的信息交流。书面沟通比较正式，有利于沟通资料的保管，能够留存较多的沟通证据，表达准确。书面沟通主要用于沟通重大的审计成果以及复杂的审计事项，或者需要引起被审计单位管理层和治理层重视的审计发现、审计处罚建议或管理建议。书面沟通便于留存审计沟通成果，降低审计风险。

第二节　审计建议

一、审计建议的含义

审计建议是审计人员针对被审计单位的情况提出的方案、措施和办法。审计建议可以是对被审计单位经营活动和内部控制存在的缺陷和问题提出的改善和纠正的建议，也可以是对显著经济效益和有效内部控制提出的表彰和奖励的建议。但多数情况下，内部审计建议指的是前者，即针对缺陷和问题提出建议。

二、审计发现与审计建议的关系

审计发现与审计建议并不必然存在联系。审计人员也可能遇到如下事务或情况：被审计单位的做法可能本质上没有错，但可以改进。比如，审计人员注意到，被审计单位当前的收款处理过程并不存在错误，但建议进一步简化收货单格式，这里的审计发现与审计建议就没有必然联系。也有

审计发现与审计建议的关系

可能出现另外一种情况：审计人员发现了缺陷，但不能提出可行的解决建议。这时，审计人员可以不提出建议。发现问题是审计人员的职责，但解决问题是管理部门的事情。

在区分审计发现和审计建议时，审计人员一定要弄清楚该情况是违反了可接受的标准，还是它本身并未违反可接受的标准，但由于新知识、新技术的出现而可以进一步改进。两者之间的界限并不总能划分清楚。

如果审计人员针对审计发现要求被审计单位采取纠正活动，被审计单位负责人是无权选择的。但如果审计人员只是单纯地提出改进某种情况（并不违反现有的规则或标准）的一项建议，那么被审计单位负责人有权决定是否采纳该项建议。

三、审计建议的风险与应对

审计建议也潜伏着危险。如果内部审计人员告知被审计单位应该按照严格按照审计建议的要求去做事情，很可能会使内部审计人员陷入困境。因为被审计单位即使按照审计建议的方法采取纠正行动同样有可能无法取得令人满意的结果。确认不能令人满意的情况是内部审计人员的责任，而纠正该情况是被审计单位与管理层的职责。

较好的做法是，审计人员提出纠正行动的措施供管理层参考，而不是命令管理层采取措施；审计人员应该告知管理层，对纠正行动负责任的是管理层而非审计人员。

降低审计建议风险的方法是：在书面审计报告完成以前，与被审计单位管理层进行讨论。这时，双方应就审计事实和纠正错误所应采取的某些行动达成一致意见，其后正式的审计报告中应包含如下陈述："我们与管理层讨论了有关审计发现和建议，我们相信，旨在纠正上述情况的行动已得到考虑（或者已采取纠正上述情况的行动）。"这种方法并没有造成审计人员的任何损失，还能在审计人员与被审计单位之间建立起一种解决问题的伙伴关系。

思考与探索

1．什么是审计发现？审计发现包括哪四个要素？

2．审计建议与审计发现有着必然的联系吗？没有审计发现是否可以有审计建议呢？

3．一次审计工作中，内部审计项目组有如下审计发现。

现状：现行生产率每天每机 120 个单位，导致交货延误两周以上。

标准：标准生产率为每天每机 150 个单位。

原因：原材料质量不稳定，导致产品的质量也不稳定，很多产品不合格并出现机器故障。

后果：由于交货延误，头三个月中有超过 10% 的订单被取消，新订单从平均每周 100 个下降到 90 个。由于订单和新客户减少，月收入下降约 20 万元。生产成本中的材料费每月增加 15 000 元，机器的维修费用每月平均增加 5 000 元。

请思考下列问题。

（1）评价下列审计建议，根据本章所述标准给出答案。

① 生产部经理应考虑该问题并尽可能解决。

② 生产部经理应采用加班的方法以达到预定的生产标准。

③ 采购部应更换材料的供应商。

④ 生产部应对几个供应商提供的材料进行测试，以便决定选择最接近标准质量的材料。

（2）请给出你的审计建议。

4．审计人员实地考察了公司的一个生产车间，注意到了以下几件事。

（1）旧机器放在厂房的后面，已污迹斑斑。机器周围长了大量杂草，且污水横流。

（2）备件仓库被用来储存生产用原料，储备数量足够用 6 个月。仓库离主厂房约 1 000 米远，主厂房围墙有门通向仓库，该门 24 小时有保安员值班。在晚上停止生产时仓库大门用挂锁锁住。

（3）一个审计人员滑倒在厂房楼梯附近的水坑中。审计人员在滑倒之前没有看见地上有水，建议清理干净。引导审计人员巡视的经理说，要清理干净是很困难的，因为楼梯附近的水管有小小破裂。他又补充，问题不大，大家都知道那儿有水，都绕着走。

要求：根据上述事项提出一些问题，并说明这些事项对审计程序有什么影响。

5．某连锁超市的审计小组被指派抽查某商店的销售业绩。审计目标是确定销售业绩是否符合公司标准。初步分析性测试证明，商店每平方米的销售额大约是公司年标准 1 300 万元的 75%。

审计小组研究商店的情况后发现，陈列走廊特别宽，估计有 10 米，而标准规定走廊最宽为 8 米。按规定，该商店的平均存货价值是 100 万元。在审计期间，被审计商店的平均存货价值约 80 万元。宽走廊减少了放货架的地方，商店倾向于少持存货，管理层重视的重要商品也常缺货。

被审计商店每位顾客平均消费额大约是 300 元，而其他商店每位顾客平均消费额超过 400 元。根据分析性销售测试，审计人员认为多数顾客是初次光顾被审计商店。目前的情况是被审计商店不赔也不赚。审计人员认为这个情况是商店倾向于少持存货的结果。

要求：为本项目准备一个内部论证矩阵，设五个栏目——审计目标、初步调查、风险、适当的论证和审计人员评价，在最后一栏你将需要以审计人员的名义作出自己的评价。

第七章　审计报告

引导案例

审计报告怎样才能更有价值

A公司审计部总经理李超直直地坐在宽大的老板桌前已经两个多小时了，眼睛死死盯在面前的一沓纸上。那一沓纸有将近一百页。红色的"审计报告"几个字在太阳光的照射下，刺激着李超紧绷的神经，李超脑子里不断涌现的是董事长冷冷的话语："我没有时间看这毫无价值的审计报告。"

"无价值的审计报告"，李超不停地一遍一遍地说着，心里有点不服气。这是审计部受董事会委托，对集团对外投资资产质量进行专项审计的审计报告。董事会想以此次专项审计来解决目前集团对外投资资产质量不好，损失比较大，严重影响到集团的偿债能力的问题。审计部在李超的带领下，经过两个月的努力，拿出了将近一百页的审计报告。审计部将集团投资公司对外投资的所有业务都过了一遍，哪怕是一笔5万元的投资，都和本集团的对外投资制度一一对照，虽然比董事会要求的时间晚了一个月，但是发现了100多个涉及审批流程不合规、投资票据不合规、预算和投资额度有差异等的问题。李超满怀信心地拿着审计报告去向董事长汇报，董事长高兴地拿着报告，看着看着脸就阴沉下来，当看到第10页时，就猛地合上审计报告，说："这不是我想看到的审计报告，也是无价值的审计报告。"

思考：

审计报告如何能让领导满意？什么样的审计报告才是有价值的审计报告？

第一节　审计报告基本概念

要探讨审计报告如何能让领导满意，必须先了解审计报告的定义，以及审计报告的类型和服务对象。

一、审计报告的定义

审计报告是指审计人员根据审计计划对被审计单位实施必要的审计程序后，就被审计事项得出审计结论，提出审计意见和审计建议的书面文件。

审计报告是审计工作的最终产品，是内部审计人员通过审计工作，利用审计工具，通过分析、复核、观察、比对、计算、函证、大数据挖掘等技术和方法，汇总审计发现的问题，提出改进建议，深入挖掘问题存在的根源，完善内部控制制度，总结出来的审计成果。作为审计部门与被审计单位、董事会、监事会、高级管理层和其他有关部门沟通、交流的媒介，审计报告也是审计部门增加组织价值的重要工具。

审计部门和内部审计人员如果要证明自身存在的价值，就需要做出一份有温度和价值的审计报告，将审计部门和内部审计人员的思想凝结于这份展现自己能力和成效的报告，去向董事会、监事会、高级管理层以及被审计单位叙述工作业绩和成效，为领导决策提供支持和帮助。

一份有质量的审计报告，不仅凝聚了审计项目组的心血，更体现了他们的智慧与成果。

二、审计报告的类型

审计报告根据不同的用途和内容，可以分为经济责任审计报告、履职审计报告、内部控制审计报告、风险管理审计报告、经济效益审计报告、舞弊审计报告和专项审计报告。

内部审计报告有哪些基本类型

（一）经济责任审计报告

内部审计部门根据被审计单位高级管理层的安排和人力资源部门的委托，组织开展对被审计单位各类具有经营职责的机构和部门负责人进行的责任审计，出具经济责任审计报告。经济责任审计报告是通过审计对负有经济责任的单位或部门负责人进行的经济责任的界定。比如对公司总经理及副总经理、分公司负责人、具有经济核算职责的销售部负责人、资产运营部负责人等开展的经济责任审计。经济责任审计报告可分为离任经济责任审计报告和任期经济责任审计报告。离任经济责任审计报告是对被审计人离任开展的经济责任审计而出具的审计报告；任期经济责任审计报告是对被审计人按照一定期限（比如三年）组织开展经济责任审计而出具的审计报告，其有利于及时发现管理中存在的问题，及时进行纠正。

（二）履职审计报告

内部审计部门根据被审计单位高级管理层的安排和人力资源部门的委托，组织开展对被审计单位不具有经营责任、不以经济效益为考核基础的管理人员开展的管理有效性审计，出具履职审计报告。履职审计是对负有管理责任的被审计人员的管理有效性和合规性进行的审计。比如对公司合规部门负责人、财务部门负责人、办公室主任以及不具有经济责任的二级机构的负责人等开展的履职审计。履职审计报告也可以分为离任履职审计报告和任期履职审计报告。离任履职审计报告是对被审计人离任开展的履职审计而出具的审计报告，目的是明确被审计人在任期内所开展工作的合规性和有效性，对管理中存在的问题提出改进建议，完善相关的制度流程。任期履职审计报告是对被审计人按照一定期限或者对管理者的考核需要组织开展的任期履职审计而出具的审计报告。出具该类审计报告的目的是及时发现被审计人在任期中管理中存在的问题，并提出及时改正的建议和意见。

（三）内部控制审计报告

根据财政部、审计署、证监会等五部委出台的《企业内部控制配套指引》的要求，内部审计部门应根据董事会的授权，对被审计单位公司治理机制建设、公司发展战略、风险管理、运营管理、科技管理、销售管理、生产管理、财务管理、安全管理、人力资源管理等方面进行专项审计，对内部控制有效性进行评价，出具内部控制审计报告。内部控制审计报告是在被审计单位内部控制自评估报告的基础上，结合被审计单位生产经营情况，利用抽样分析、控制测试、数据核查、流程复盘、观察访谈等方式和方法，对被审计单位的治理环境、风险识别、风险评估、风险处置等措施和流程等进行评价，判断内部控制环境和机制是否有效并提出改进的建议，而形成的审计成果。内部控制审计报告是董事会听取的重要报告之一。

（四）风险管理审计报告

根据企业全面风险管理的要求，内部审计部门组织开展企业全面风险管理专项审计，监督检查被审计单位的风险管理环境、风险容忍度、风险管理流程、风险管理策略、风险管理监督与改进措施、风险管理系统、风险管理文化等管理状况，评价被审计单位风险管理的合规性和有效性，出具风险管理审计报告。风险管理审计是内部审计部门接受董事会委托开展的专项审计，是对被审计单位风险管理情况的全面审计，是对被审计单位风险管理的综合评价。

（五）经济效益审计报告

内部审计部门通过分析和评价被审计单位的生产经营活动和财务运行情况，对经济效益、效率和效果进行审计和评价。经济效益审计的目的是评价被审计单位经济效益的高低，并进一步发掘提高被审计单位经济效益的潜力和途径。经济效益审计报告是对被审计单位开展经济效益审计后形成的成果。

（六）舞弊审计报告

舞弊审计是内部审计部门针对被审计单位内部人员及关联人员的舞弊操作、侵占公司资产、为个人及其亲属谋取利益等进行的审计工作。舞弊审计报告是指内部审计人员对被审计单位内部人员以及关联人员通过监测、观察、分析、函证、大数据挖掘等审计技术，利用监察、人力资源等信息渠道，进行审计而得出的审计报告。舞弊审计报告可以促进被审计单位改善内部管理，完善内部控制，增加职务行为控制，降低风险和经济损失。

（七）专项审计报告

内部审计部门根据企业中长期审计计划和年度审计安排，结合董事会、监事会、高级管理层工作关注的重点，以及企业面对的市场环境和面临的经营管理问题，进行专项审计，从而向董事会、监事会、高级管理层报告审计情况，形成专项审计报告。专项审计报告有助于解决企业经营管理中遇到的问题，纠正企业经营管理的战略方向，降低风险，节约资源，保证企业健康发展。

三、审计报告的服务对象

审计报告是内部审计部门向服务对象提交的审计成果。内部审计部门通过审计报告向董事会、监事会、高级管理层及业务管理部门等报告管理中存在的问题、发现的风险、需要改进的地方，督导被审计单位进行整改。因此，审计报告的服务对象是董事会、监事会、高级管理层及业务管理部门等。

审计报告服务
对象都有谁

（一）董事会

董事会根据内部审计报告提供的审计成果，制定业务发展战略和风险管理政策、人力资源政策，完善公司治理机制，调整业务发展方向，完善内部控制环境，提高企业经营效益。

（二）监事会

监事会根据内部审计报告确定监督方向，利用检查和质询的方式，在公司治理机制完善、控制重大风险、保障股东利益、履行社会责任等方面，发挥积极的作用。监事会利用审计报告的成果，来组织监事会的监督活动，确保董事会科学决策、高级管理层能够执行董事会的正确决策。

（三）高级管理层

高级管理层根据内部审计报告来发现经营管理中存在的问题和不足，及时根据内外部环境，调整经营策略，完善风险管理措施和手段，不断调整内部控制流程，为企业创造价值。高级管理层根据审计报告总结的管理成效和发现的管理问题，责成业务部门进行制度和流程的完善，发挥审计举一反三的作用。

（四）业务管理部门

业务管理部门根据内部审计报告发现各部门、各专业和各条线问题，结合各部门的职责，制定部门和条线的整改方案和措施，审视各部门和条线业务管理中存在的系统性问题，通过完善系统和流程，实现问题的彻底整改，保障业务的正常运行，提高管理效益。

总之，被审计单位根据内部审计报告发现的问题和提出的管理建议，认真落实整改，沟通整改措施，实现被审计单位经营管理规范化和科学化。被审计单位重视内部审计发现的问题，控制业务发展风险，保障业务健康发展。

四、审计报告的编制要求

审计报告的编制应当符合下列要求。

（1）实事求是地反映被审计事项，不歪曲事实，不遗漏、不隐瞒审计发现的问题；不偏不倚地评价被审计事项，客观公正地发表审计意见。

（2）要素齐全，行文格式规范，完整反映审计中发现的所有重要问题。

（3）逻辑清晰、脉络贯通，主次分明、重点突出，用词准确、简洁明了、易于理解；可以适当运用图表描述事实、归类问题、分析原因，更直观地传递审计信息。

（4）根据所确定的审计重要性水平，对重要事项和重大风险进行重点说明。

（5）针对被审计单位业务活动、内部控制和风险管理中存在的主要问题，深入分析原因，提出可行的改进意见和建议；或者针对审计发现之外的其他情形提出完善的建议，以促进组织实现目标。

内部审计报告的
撰写要求有哪些

第二节　审计报告编制流程

审计报告编制流程一般为起草审计报告、向被审计单位征求意见、修改完善审计报告、审核批准审计报告、报送审计报告等五个具体过程，如图 7-1 所示。

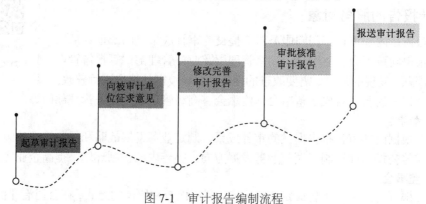

起草审计报告

向被审计单
位征求意见

修改完善
审计报告

审批核准
审计报告

报送审计报告

图 7-1　审计报告编制流程

一、起草审计报告

内部审计部门根据审计方案派出审计项目组，实施具体的审计工作。在审计实施阶段结束后，审计项目组主审人员应该着手根据审计工作情况和审计结果起草审计报告（征求意见稿）。

（一）审计报告（征求意见稿）起草流程

（1）内部审计人员对审计工作中所形成的资料按审计文档材料归档相关规定进行分类整理。

（2）内部审计人员对审计发现存在的问题提出审计建议，并初步认定问题的性质，提出整改要求。

（3）审计人员将审计资料提交主审人员。

（4）主审人员对审计发现错误事实及问题进行分析和责任认定。

（5）主审人员对所有审计资料进行复核性检查，修正或提出审计建议和整改要求。

（6）主审人员起草完成审计报告（征求意见稿）。

审计报告的编制
流程

（7）主审人员提交审计项目组讨论修改审计报告（征求意见稿）。

（8）审计组组长对讨论修改后的审计报告（征求意见稿）进行审核定稿。

（二）审计报告基本要求

（1）审计报告应按照规定的格式及内容编制，做到要素齐全、格式规范。

（2）审计报告应当具有建设性，并体现重要性原则。

（3）审计报告的编制应实事求是，公正客观地反映审计事项。

（4）审计报告应突出重点、简明扼要、易于理解，不遗漏审计中发现的重大事项。

（5）审计报告应及时编制，以便适时采取有效纠正措施。

（6）审计报告应针对被审计单位经营活动和内部控制的缺陷提出可行的改进建议，促进组织目标的实现。

（7）审计报告形成的审计结论与建议应当充分考虑审计项目的重要性和风险水平。

（三）审计报告基本要素

审计报告基本要素包括标题、主送单位、正文、附件、签章、报告日期等。

（1）标题。标题应当说明审计工作的内容，力求言简意赅并有利于归档和索引。标题一般包括被审计单位（或项目）、审计事项（含事项涉及的时间范围）和其他。

（2）主送单位。主送单位一般包括组织的权力机构或主要负责人、被审计单位、委托审计的单位（部门）和其他相关单位（部门）或人员。

（3）正文。审计报告正文主要包括审计概况、审计依据、审计结论、审计发现、审计意见和审计建议。

（4）附件。附件是对审计报告正文进行补充说明的文字和数据等支撑性材料。

（5）签章。最终出具的正式审计报告应由内部审计部门负责人签名并加盖内部审计部门公章。

（6）报告日期。一般以审计报告签发的日期为出具报告的日期。日期使用阿拉伯数字，需将年、月、日标全。

（7）其他。其他部分根据情况而定，如果在审计报告形成后、提交前出现了需要特别说明的事项，可以在此予以补充说明，以便完整地呈现相关信息。

实际工作中，可根据审计事项不同，采用不同方式编写审计报告。

（四）审计报告正文的主要内容

（1）审计概况。说明审计立项依据、审计目的和范围、审计内容、审计方式、审计时间、审计重点和审计标准等内容；被审计单位对提供的会计资料的真实性和完整性的承诺情况。

（2）审计依据。说明开展本次审计所依据的相关法律、规定、内部审计准则、单位规章制度等。

（3）审计结论。审计报告要根据已查明的事实，围绕审计事项，对被审计单位的经营活动、内部控制和风险管理做出总体及有重点的评价。审计结论既包括正面评价，概述取得的主要业绩和经验做法等；也包括对审计发现的主要问题的简要概括。

（4）审计发现。要列出本次审计发现的主要情况（事实、性质）、原因分析、造成的后果或影响。

（5）审计意见。针对审计发现，内部审计人员要提出审计处理意见；或者建议组织适当管理层和相关部门提出处理意见。审计意见一般包括：纠正、处理违法违规行为的意见。

（6）审计建议。针对审计发现的主要问题，以及其他需要进一步完善的事项，在分析原因和影响的基础上，提出有价值的建议。它可以是对被审计单位经营活动和内部控制存在的缺陷和问题提出的改善和纠正的建议；也可以是对显著经济效益和有效内部控制提出的表彰和奖励的建议。

二、向被审计单位征求意见

为保证审计结果的客观、公正，取得被审计单位的理解和认同，审计人员应就审计报告（征求意见稿）与被审计单位（人）进行必要的交流与沟通，按规定向被审计单位（人）征求反馈意见，具体流程及要求如下。

（1）审计组向被审计单位（人）发送审计报告征求意见书和审计报告（征求意见稿），要求被审计单位（人）在审计报告征求意见书、送达回证上签字（电子流程流转的，以通过流程为准）。

（2）被审计单位（人）对审计报告内容的真实性、准确性、完整性及审计结论、审计建议进行确认，并在报告送达的三个工作日内提交反馈意见。

（3）内部审计人员对存有异议的事项进行核对查实。

（4）被审计单位（人）对审计修改的问题再次确认。

三、修改完善审计报告

审计报告向被审计单位（人）征求意见后，还须进行修改完善。

1. 审计报告修改完善程序及要求

（1）主审拟定正式审计报告。

（2）审计项目组组长对审计报告进行复核。

（3）内部审计部门负责人对审计项目组组长提交的审计报告以及审计报告征求意见稿、被审计单位对审计报告的书面反馈意见、审计工作方案、审计工作底稿、审计工作鉴证单、审计证据及其他有关材料进行审核。在审核时，重点关注审计报告对审计发现的主要问题是否进行合理的定性。对于审计报告中提出的管理建议，内部审计部门负责人进行认真的评估，确定审计发现中主要问题的根源是否找到，询问被审计单位与业务管理部门关于审计沟通的情况，以及被审计单位与业务部门对于审计发现的态度。

2. 审计报告复/审核要求

复/审核人员在复/审核过程中，对提交的有关审计材料（包括审计报告及其他复/审核资料）有问题或所附材料不全的，须填制审计复/审核意见单，要求有关人员对存在问题进行纠正或补充提供完整材料。审计报告复/审核无异议的，复/审核人员签名确认。

四、审批核准审计报告

审计部门将审计报告提交给内部审计主管领导进行审核，主管领导对审计报告有疑问的地方，可以退回让内部审计部门进行补充和完善。当主管领导对于内部审计报告比较满意时，就审批核准内部审计报告。

五、报送审计报告

内部审计人员当场送达或采用其他传递方式将审计报告送交给被审计单位（人）。审计报告送达后，被审计单位（人）应在审计报告送达回证上签字。

审计报告报送给董事会、监事会、审计委员会以及高级管理层，按要求抄送相关部室及分支机构。经济责任审计报告和履职审计报告应抄送人力资源部门。

第三节 审计报告的质量控制

编制高质量的审计报告除了要有完善的流程外，还需要有严格的质量控制标准。审计报告质量高，才能满足管理者的需要，才能使审计发挥监督、咨询和评价的作用。

一、审计报告风险点控制

为了保证审计报告的质量，除了按照编制流程推进还需要认真关注审计报告的风险点，明确编制审计报告涉及的各项工作，明确各项工作的责任人。关注审计报告工作程序和风险点可以提高审计报告的质量，有利于发挥内部审计机构在公司治理、提高决策效率、降低风险、实现资产保值增值、促进业务健康发展等方面的作用。表 7-1 是审计报告工作程序和风险点控制示例。

表 7-1 　　　　　　　　　　　　审计报告风险点控制示例

序号	工作事项	节点责任人	工作程序、内容、风险点	办理岗位	办结时间	依据
1	起草审计报告（征求意见稿）	审计部	根据审计工作情况和审计结果起草审计报告（征求意见稿）	主审	现场作业终结日	内部审计质量控制实施细则
2	复核并送达	审计部	（1）对审计报告（征求意见稿）进行讨论修改，并在审计报告审计项目组复核意见书上签署意见并签名	内部审计人员	现场作业终结日	内部审计质量控制实施细则
2	复核并送达	审计部	（2）送达被审计单位（人）征求意见	审计项目组组长	现场作业终结日	内部审计质量控制实施细则
3	签收反馈	被审计单位（人）	（1）被审计单位（人）收到审计项目组送达的审计报告征求意见书（附审计报告征求意见稿）后，在审计报告征求意见书回执联和送达回证上签名盖章	被审计单位负责人	现场作业终结日	内部审计质量控制实施细则
3	签收反馈	被审计单位（人）	（2）对审计报告（征求意见稿）有异议的，被审计单位（人）可在规定时间内向审计部负责人或审计项目组组长提出书面反馈意见，并附相关证明材料复印件	被审计单位负责人	签收后 5 个工作日	内部审计质量控制实施细则
4	审核	审计部	（1）对被审计单位（人）有反馈意见的，审计项目组需进行核实修改	审计项目组组长	方案规定的时间	内部审计质量控制实施细则
4	审核	审计部	（2）审计项目组将最终形成的审计报告及相关审计文档上报审计项目负责人	审计项目组组长	方案规定的时间	内部审计质量控制实施细则
4	审核	审计部	（3）对审计报告进行审核、汇总，在审计复核意见单上签署意见并签名确认后，将审计报告及呈报单上报审计部总经理	审计项目负责人	方案规定的时间	内部审计质量控制实施细则
4	审核	审计部	（4）对审计报告进行最终审核	总经理	方案规定的时间	内部审计质量控制实施细则
5	核稿	办公室	对审计报告进行核稿	相关人员		内部审计质量控制实施细则
6	审批	董事会	对审计报告进行审批	董事长		内部审计质量控制实施细则
7	报送审计报告	审计部	经董事长签批后的正式审计报告，主送董事会或委托单位，同时发送监事会、高级管理层、被审计单位、业务部门等。经济责任审计报告抄送本人以及人力资源部	审计项目负责人	5 个工作日内	内部审计质量控制实施细则

序号	工作事项	节点责任人	工作程序、内容、风险点	办理岗位	办结时间	依据
8	签收	被审计单位（人）	审计报告送达后，被审计单位（人）在审计报告送达回证上签名盖章	被审计单位负责人（本人）	5个工作日内	
9	签收	董事会办公室	审计报告送达后，董事会办公室在审计报告送达回证上签名盖章	董事会办公室主任	5个工作日内	
10	签收	监事会办公室	审计报告送达后，监事会办公室在审计报告送达回证上签名盖章	监事会办公室主任	5个工作日内	
11	签收	高级管理层办公室	审计报告送达后，高级管理层办公室在审计报告送达回证上签名盖章	高级管理层办公室主任	5个工作日内	
12	签收	相关部门	审计报告送达后，相关部门在审计报告送达回证上签名盖章	相关部门负责人	5个工作日内	

二、审计报告质量评估总体标准

（1）基本要求。事实清楚，数据准确，证据充分，定性恰当，客观公正，实事求是，内容完整，重点突出，观点明确，结构合理，格式规范，简明扼要、易于理解、措辞恰当。

（2）审计报告的编制是否实事求是，不偏不倚地反映审计事项，即是否根据经复核的审计工作记录单与审计工作底稿编制审计报告。

内部审计报告质量评估总体标准有哪些

（3）审计报告是否按规定的格式和内容编制，是否做到要素齐全、格式规范、不遗漏审计中发现的重大事项。

（4）审计报告是否以风险为导向，是否以审计鉴证单和审计工作底稿为依据，是否充分反映审计中发现的主要问题。

（5）审计报告的结论是否充分考虑审计项目的重要性与风险水平。

（6）审计报告是否针对被审计单位经营活动和内部控制缺陷等提出切实可行的改进建议，以促进组织目标的实现。

（7）审计报告是否及时编制，是否在规定时间内完成。

（8）审计报告是否经过分级复核。

第四节　审计报告的温度、高度和亮度

高质量的审计报告应该是有温度、高度和亮度的。有温度的审计报告是指审计报告具有灵活性，将审计人员的感情融入审计报告中。有高度的审计报告体现为审计人员站在管理者的角度，从战略的高度和全局的视野来发现问题和解决问题。有亮度的审计报告需要有特色，能够吸引审计报告阅读者的眼球，提高阅读者的阅读兴趣。

怎样理解审计报告的温度、高度和亮度

一、有温度的审计报告

审计报告有基本固定的格式，目前部分审计报告呈现套模板、讲空话的僵化现象。写好一份审计报告，让审计报告有温度，需要从以下几点做起。

（一）写好总体评价

（1）总体评价是被审计单位的画像，需要中肯、全面。总体评价中要有依据，不能过度评价或者照搬照抄被审计单位的工作总结或者被审计人的述职报告，评价要中性，以审计事实为基础；做过审计程序的才能进行评价，未实施审计工作的避免评价；总体评价要多维度、多视角、全方位来反映被审计单位或被审计业务的全貌。

（2）总体评价要有数据支撑。如开展领导干部经济责任审计时，会将领导干部任期内取得的成绩作为总体评价的一部分。总体评价"采取了各项措施，业务发展良好"，就不如"2020 年 5 月末××公司各项销售增加××万元，增幅××，高于集团平均增幅；各项投资增加××万元，增幅××，低于集团平均增幅"有说服力。

（3）总体评价要有审计发现的问题支撑。审计发现的问题要体现轻重缓急，重大问题放在前面，次要问题提炼表达，放在后面。如：对"本次审计发现，××公司在投资前对专项资金用途的调查、投资后对专项资金的实际用途的关注需进一步加强"的定性，就需要将审计发现专项资金被挪用，专项资金流入房市，专项资金调查不尽职，被投资主体资格不符合制度要求等问题相互进行印证。

（二）做好问题定性

（1）忌浮于表面，要揭示风险。如金融机构问题定性为"集团客户未统一授信"，可在问题描述中加上"存在授信风险扩大、授信额度与企业实际生产经营不匹配的问题"。

（2）忌就事论事，要抓到本质。如银行客户经理保管空白资信证明是表象，本质是帮助客户伪造投资资料。

（3）忌单点反映，要以点带面。同一个问题扩大查，同类型问题归纳写。比如发现涉及资金的问题时强调发现几笔、金额是多少，比只说明问题不列金额具有更重要的意义。

（三）做好原因分析

分析问题产生的原因，才能更好地找到问题症结所在，让管理层看到其想要的审计报告，提出更有针对性的审计建议。具体做法如下。

（1）深入分析问题产生的原因，把握好审计建议的方向。为了提升发现问题根源的能力，审计人员需要不断创新审计方法和提升审计思考能力。在挖掘审计发现的根源时，审计人员应认清形势，跟上行业转型发展的步伐，改变传统的思想，紧紧围绕上级监管部门与领导关注的业务领域，抓住大力发展业务和严格控制风险间的矛盾，分析当前发展中面临的主要难题和风险，以风险为导向确定切入点。

（2）刨根问底，管好风险。内部审计人员在查找问题时，要多问几个为什么。被审计单位为什么要这样做？这么做是普遍存在的还是偶然发生的？若是普遍存在的，是否可以从机制上进行整改？若是偶然发生的，与谁相关，是否存在道德风险？发挥刨根问底的精神，坚持"六个不放过"：现状没查清不放过、标准没找到不放过、影响没分析不放过、原因没查明不放过、责任没落实不放过、整改不到位不放过。

（3）正向激励，管好队伍。审计人员必须热爱审计工作，从内心深处喜欢这份工作，才能保持工作激情，具有深入挖掘问题根源的动力，提升工作质量。在考核方面，强化正向激励，及时的肯定有利于激发内部审计人员的工作热情；加强团队建设，通过开展竞赛、拓展、庆祝等活动，营造奋进的团队氛围。

（4）延伸触角，强化服务。审计的咨询和增值功能主要体现在服务上，审计人员要站在完善公司治理和健全组织体系的角度，延伸审计发现问题的深度，避免审计盲区，利用好大数据，从大数据的角度入手开展审计工作，提升审计的深度和广度。

（四）提好审计建议

审计人员应在分析原因的基础上，有的放矢地提出审计建议，避免假大空、难以执行的审计建议。要站在审计的角度发现问题，站在管理的角度解决问题。审计人员应纵览整篇报告，对重点人员、重点问题，可以点名要求相应的管理层重视。如内部审计查出的问题大多数是某客户经理的问题，提出要支行管理层对该客户经理办理的业务进行重点审查、对其行为进行重点关注。审计人员还需要充分与被审计单位、高级管理层、业务管理部门进行沟通。提好审计建议可从如下三个方面入手。

（1）制度和流程方面。审计人员对被审计单位普遍存在的问题，需要反思其存在的根源，从制度和流程方面审视制度与现实工作是否存在矛盾，是否可能导致制度和流程存在缺陷和不足。审计人员需要从制度和流程方面提出改进建议，从而起到以点带面的整改效果，避免出现屡查屡犯的情况，提升审计整改质量和效果。

（2）管理举措方面。审计人员对被审计单位管理中存在的问题，在深挖问题根源的同时，不要就事论事，而要从战略的角度、业务长期发展的角度、全面风险管理的角度，提出具有前瞻性的管理建议。

（3）操作执行方面。审计人员对被审计单位存在的舞弊行为和存在操作风险的行为，提出系统化的解决方案。审计人员的审计建议不仅要提出对具体问题的整改建议，而且要提出对操作风险的科技手段的防控建议。将操作风险管理的审计建议提升到企业合规文化建设高度，从员工的素质提升入手，人防与技防相结合，构建立体的操作风险防控体系。

二、有高度的审计报告

要想写出有高度的审计报告，内部审计人员就必须做好审计项目、收集审计资料、总结提炼审计成果等。

（一）做好审计项目

做好审计项目是写好审计报告的基础，如果审计项目没有做好，就不会有高质量的审计报告，审计报告也不会有高度。要想做好审计项目，必须从以下几个方面入手。

（1）精准立项，做好审前分析。审计项目立项的思路主要来源于外部监管制度要求、业务发展需要、内部控制及风险管理存在的问题，着力从外部监管的红点、领导关注的重点、管理出现的难点、员工关心的热点进行立项。审计人员应该努力收集被审计单位业务基本情况、内外部审计检查发现的问题、持续的业务数据、异常的管理行为和业务数据，以及被审计单位可能存在的问题。

（2）综合分析，深入发现问题。审计人员需要将审计发现的问题，按分支机构、涉及违规人员、问题类型等维度进行分析，形成风险画像，综合判断机构、员工的风险，为确定审计重点提供依据，发挥审计的先导作用。对审计发现的重大类问题，审计人员需及时进行总结，深挖问题的根源，提出可行性管理建议，提交高级管理层讨论。对普遍性问题，审计人员应该在分析问题成因的基础上，督促管理部门从系统上和流程上进行整改，预防问题的重复发生。

（3）重视成效，强化考核促进。针对屡查屡犯的问题，审计人员要强化履职态度，在专业素质过硬的前提下，在沟通中强势起来，树立"威"和"严"的审计形象；同时要从问题的根源上找原因，提出审计建议，将审计整改质量纳入分支机构绩效考核中，解决屡查屡犯的问题。

（4）证据真实，定性准确。在审计取证中，审计人员要坚持"以事实为依据，以法律为准绳"，避免混淆是非、主观臆断；留存纸质和电子资料，做好证明材料的收集工作，注重证据的质量，避免与被审计单位沟通时陷入沟通困境。在审计整改中，审计人员要避免避重就轻、刻意回避和流于形式谈整改，要从整改可行性、整改落实和整改实效谈建议，提高审计的威信。

（二）收集审计资料

（1）收集审计资料，可采用表格的方式，如审计发现明细表、审计项目记录表、日常管理工作跟踪表等。

（2）收集被审计单位各项战略、各项举措、各类数据，了解战略导向、经营思路，才能抓住重点，提高站位。

（3）审计资料尽量详细，记录时不留白，统一标准。从不同的维度进行统计分类，更有利于分析提炼出重要信息。

（4）巧用小工具，提高资料的可读性。利用 Excel 数据透视表、双折线图、相关图等，将审计资料进行可视化处理，便于审计报告撰写人员引用。

（三）总结提炼审计成果

（1）通过记录提炼亮点。审计人员应养成随时记录审计发现的好习惯，发现被审计单位工作亮点时及时记录，对零散的亮点可进行归类，形成有说服力的审计总体评价。

（2）通过分析提炼观点。分析数据，找出问题所在。如通过分析审计发现明细表，发现被审计单位历年员工行为管理方面问题较多。分析现状，辨明差距所在。分析原因，提出解决方法。

（3）通过沟通提炼重点。审计人员应与被审计单位充分沟通，提炼被审计单位重点关注的问题，破解被审计单位面临的困境，提出有针对性的管理建议。审计人员应与高级管理层充分沟通，提炼其关注的重点，从而从战略方向、重大问题决策机制建设、内部控制环境完善等方面提出审计建议。审计人员应站在审计报告阅读者的角度，跳出自己的思维，检验审计报告中的相关表述是否清晰，并请他人阅读审计报告，悉心接受建议。

三、有亮度的审计报告

要想写出有亮度的审计报告，增加审计报告阅读者的兴趣，审计人员在撰写审计报告时就要重时效、会加工、善总结。

（一）重时效

审计人员要想写出有亮度的审计报告，就需要注重审计问题的时效性，将审计资源按照先近后远的顺序来安排查证的顺序，从而发掘最近的被审计单位的重大问题。另外，在撰写审计报告时，除了按照问题的重大程度来安排先后顺序外，还应按照重大问题的时间顺序来安排，最近的重大问题放在前面。审计人员在发现重大问题时可以立即关注和构思，动手撰写审计报告，而不是等到全部审计工作结束时才开始写。

（二）会加工

（1）标题要醒目。审计报告中的小标题要醒目，增加报告的吸引力。如"企业骗取银行贷款 128 笔，金额 25 亿元"就比"企业违规贷款"有吸引力。巧用加粗字体，如"**银行员工参与民间借贷**"中的加粗字体用得很有深意。

（2）内容要有故事性。审计报告内容要体现短小精悍和故事性。审计报告不是越长越好，而是要重点突出。审计报告中审计评价要客观公正，利用案例和数据讲话，引经据典、用案例引导，可增强审计发现的故事性。

（3）报告形式要直观。审计报告在表现形式上要善于利用图表，在报告中插入图片和重点提示标识，有利于审计报告的使用者抓住审计报告的重点，节约阅读审计报告的时间，且利于审计报告的阅读者理解。

（三）善总结

（1）挖掘重大审计发现。审计人员在撰写审计报告时，要善于通过大数据分析、关联交叉检验、多维度问题透视等，深入挖掘重点审计发现，扩大审计成果。

（2）总结审计问题和审计成效。审计人员在撰写审计报告时，要总结审计发现的问题，归纳总结审计问题根源，透过现象看本质，系统地解决被审计单位存在的问题。审计人员可针对管理流程、操作制度、普遍存在的问题（比如专用资金用途不真实），向管理部门提出审计建议，审计建议重点关注问题的描述、产生的根源、解决的途径。

（3）归纳案例启示。为了扩大审计成果，审计人员可将审计发现编写为审计案例，从审计案例的原因分析出发谈管理启示，也可从审计过程出发谈心得，从而促进被审计单位完善工作，警示其他管理人员规范业务管理流程，提高业务管理水平。

第五节　审计报告增值

内部审计部门通过积极的努力，与高级管理层、被审计单位以及相关的业务管理部门进行沟通，出具了审计报告，实现了审计目的。但是，审计报告的价值不能局限于此。审计报告增值还应通过审计通报、审计处罚、管理建议、整改评估、风险画像等实现。

如何让审计报告
更有价值

一、利用"审计通报"发挥审计报告警示作用

为了充分利用审计报告成果，提升审计报告促进被审计单位整改、鼓励其他单位通过审计通报进行自我检查的效果，内部审计部门应定期对审计报告中反映的重点问题进行汇总，分别从问题类型、涉及机构等维度进行统计和分析，揭示问题背后的机制、体制缺陷，并以审计通报的形式提交董事会、监事会、高级管理层审阅，在集团范围内发文，激发各分支机构有效查堵漏洞、优化流程、改善管理。

二、督促"审计处罚"发挥审计报告震慑作用

被审计单位应充分利用内部审计部门开发的风险热力图工具，将审计发现进行归类汇总，绘制基于员工个人、机构、业务条线、业务品种、业务运行环节的风险热力图谱，由严重违规的红色到合规经营的绿色，每一个机构、每一个员工、每一项业务、每一个业务流程、每一个业务产品都有自己的独特的颜色标签，对严重违规问题进行审计处罚风险预警。被审计单位应加强协调沟通，强化内部审计部门与人事部门、运营部门、业务部门等多个部门之间的联动和协调，保持信息对称。针对各类审计报告中员工道德类等重大问题，由人力资源部提交董事会、监事会、高级管理层审议后出具违规行为处理通报；针对各类审计报告中流程和制度执行方面的问题，由内部审计部门在项目结束后出具审计处罚建议并征求意见，定期汇总，报送各业务条线进行违规扣罚。

三、借助"管理建议"发挥审计报告增值作用

审计人员开展审计工作中应重视领导关注的、员工热议的、管理中的难点问题，不仅要发现问题，更要站在管理分析的角度，深入挖掘问题根源、揭示问题本质，通过分析问题原因，明确审计建议，向被审计单位或管理部门出具管理建议书、风险提示书等，促进流程和机制的完善，发挥审计报告的增值作用。

四、实施"整改评估"发挥审计报告监督作用

内部审计部门可通过制定审计整改实施办法和落实细则，强调对被审计单位的整改情况进行有效的指导、监督，并予以客观评价，严格把握"完全整改""部分整改""未整改"的判断标准。内部审计部门也可根据被审计单位整改情况进行量化打分，对多次整改不到位、屡查屡犯的问题，视其严重程度进行扣分，改善"就问题改问题、避重就轻、敷衍了事"的现象。内部审计部门通过实施整改评估工作，可从根本上预防问题的重复发生，有效提高审计整改率；同时，将审计问题整改质量指标纳入机构综合评价指标体系，直接与机构考核薪酬挂钩，有助于激励各机构努力提高审计整改质量。

五、形成"风险画像"发挥审计报告先导作用

为了更好地体现审计成效，促进成果转化，内部审计部门可对历年审计发现的问题进行汇总，从被审计单位、违规员工、问题定性等维度进行总结提炼，为风险画像打好基础。风险画像为内部审计人员综合判断机构、员工的风险提供了更加直观的数据支持，为确定审计重点、评估审计风险提供了依据。同时，风险画像为管理层开展业务管理、绩效考核、创优评先等工作提供了可靠的参考资料，也为被审计单位选拔人才提供了决策支持。

思考与探索

1．阐述审计报告的定义和种类。

2．阐述审计报告服务的对象。

3．请谈一谈审计报告编制流程和风险点控制。

4．请就董事会董事长、监事会主席、公司总经理、业务管理部门负责人、内部审计人员等不同角色，谈一谈对审计报告质量评估的要求。

5．什么是有温度的审计报告？你如何理解？

6．审计报告的高度体现在哪几个方面？作为审计人员，如何提高审计报告的高度？

7．审计报告的增值途径和方法有哪些？

8．你是否喜欢审计工作？你是否会将图片和表格放进你的审计报告？你认为审计报告的可读性表现在哪些方面？

9．有人认为："内部审计就是查问题的，查出的问题越多审计成效就越大。"你赞同这一说法吗？说说你的理由。

10．假如你是一家上市公司的审计部总经理，你的下属向你询问审计报告如何才能实现价值，你如何回答？

11．A 集团对 B 公司投资比例为 40%，为单一最大股东。根据集团董事会要求，2022年 3 月，A 集团对 B 公司 2021 年度经营情况进行绩效审计，并对委派董事进行尽职审计。由于 A 集团审计总监肖刚因其他项目无暇分身，因此委派刚从某会计师事务所跳槽到集团内部审计部任职的审计师申纪任组长，带领其他两名审计师执行该项审计。经过两周的审计调查，申纪向肖刚提交了审计报告初稿，肖刚仅翻阅了审计发现汇总表便同意向被审计单位和委派董事提交审计报告征求意见稿。

三天后，B 公司总经理电告审计总监："我们认为集团对本次审计不够重视，我们对审计报告不愿发表意见。下次审计，请肖总监一定亲自前来督审，并派个水平高点儿的人。"委派董事也给肖刚发去电子邮件："审计报告准备发挥什么样的作用？一个月前公布的经外部会

计师事务所审计过的 B 公司 2021 年度财务报告显示，B 公司盈利 1.5 亿元，而你们审计部的审计结果仅为 1.48 亿元，是否需要调整 B 公司财务账簿？B 公司有关内部控制情况、风险管理的责任应由 B 公司管理层负责，不能以此来评估委派董事是否尽职。"

面对 B 公司总经理和委派 B 公司董事这样的回复，审计总监肖刚斟酌再三，决定对本次审计底稿进行全面复核并重新审查。审查中发现如下问题。

（1）审计项目组使用申纪从会计师事务所带来的全套审计工作底稿进行了全面的财务审计，同时选取了采购和销售两个循环进行了内部控制测试，但内部控制测试样本和测试过程过于简单。

（2）对 B 公司年度经营情况考核，A 集团并未在年初下达明确的办法，董事会年初下达的预算在当年 3 月份就因该公司重大经营范围变动和产品结构调整而毫无意义，但并未及时调整。关于这个问题内部审计人员编制的审计工作底稿中有详细的记录和原因分析，但审计报告中未见任何表述。

（3）B 公司总经理和其他高管团队对董事会提出了激烈的批评，包括缺乏战略眼光、干扰经营层日常管理，并提供了部分董事在经理会议上的发言录像及部分董事发给管理层的电子邮件。审计报告对此只字未提，对这些录像和电子邮件，审计项目组未进行任何核实和评论。

（4）关于委派董事尽职问题的审计，以往的惯例也是与绩效审计一并进行，但会单独出具董事尽职审计报告。由于申纪刚来审计部不久，没有研究以往类似审计的操作惯例，在本次审计报告征求意见稿中将绩效审计报告和董事尽职审计报告合二为一了。有关董事尽职方面的审计发现和报告，B 公司总经理本不应该看到的，但却也看到了。

肖刚知道了问题的严重性，他正在考虑上述问题，偏偏不巧的是 A 集团董事长向其询问该项目的完成情况，得知正在征求意见时，连声说好，并要求肖刚立即直接将审计报告征求意见稿呈交给董事会。原来委派 B 公司的董事之一提出辞呈，集团需要立即准备讨论重新选派新董事问题。

肖刚考虑到集团董事会要得紧急，就将该审计报告征求意见稿未做任何处理直接报告给董事会，然后在审计报告旁边加注：部分内容须视回复情况调整。

根据上述资料，请回答如下问题。

（1）假如你是审计总监肖刚，对全面复核中发现的问题，你将对审计项目组提出哪些新的要求？

（2）假如你是审计总监肖刚，对于重新审查发现的问题，你会修正审计报告吗？

（3）假如你是审计总监肖刚，对于本次审计报告征求意见稿中将绩效审计报告和董事尽职审计报告合二为一的情况，你将采取什么补救措施？

（4）"肖刚考虑到集团董事会要得紧急，就将该审计报告征求意见稿未做任何处理直接报告给董事会，然后在审计报告旁边加注：部分内容须视回复情况调整。"你认为这一做法正确吗？你觉得应该如何处理更恰当？

（5）集团董事会看到肖刚提交的未做任何调整的审计报告征求意见稿会做何种反应？

（6）对于这次审计，A 集团审计部应该怎样考虑改进工作？

第八章 内部审计管理

引导案例

跨越雷池：人力资源审计引发大麻烦

M 公司薪酬委员会兼审计委员会主席张柬提请审计部做一项审计调查，了解公司中层人员薪资政策及其调整情况，供薪酬委员会参考，同时指示审计部对薪资调整流程实施专项审计。审计总监李由派出审计部两位内部审计人员承担此项任务，并专门就此项审计单独签署了保密协议，明确要求对薪酬等敏感信息保密。在审计过程中，人力资源部不怎么配合。审计结束后，人力资源部发出了一份情况通报，指责审计人员泄密。因为公司陆续收到数份加薪申请，加薪申请人将自己的薪酬与多个自认为同岗、同档次应该同酬的员工进行了详细比较，所提数据相当准确。人力资源部为安抚加薪申请人，对其提供的其他员工薪酬信息不予承认，并要求其提供信息源，相关员工讳莫如深。通报还指出，某加薪申请人入职时就是参与此次审计工作的审计人员王亮推荐的。王亮为此提出了离职申请。李由向董事长进行了汇报，董事长很是重视，成立专项调查小组，严格、秘密调查此次泄密事件。调查发现，参与审计的两位审计人员均未泄密，泄密是人力资源总监所为，企图转移审计人员注意力，以掩盖自己的违规行为。真相大白后，李由再次约谈了王亮，对王亮说："你是一名合格的、令人信任的审计人员，你发现的问题让公司查出了大'蛀虫'，公司领导很是欣赏你，也看到了审计部更大的价值和作用，公司决定重新制定薪酬体系，绝不让每一个对公司用心的员工寒心。"

思考：

1. 在涉及机密项目审计的时候，审计人员应该如何做好保密工作？
2. 导致现场审计进展不顺畅的原因有哪些？具体到本案例，受阻的根源是什么？
3. 本案例中，两位审计人员在遭到人力资源部的阻碍后应当如何处理？
4. 在保密方面，内部审计人员职业道德是如何对内部审计人员进行要求的？
5. 如何让人力资源部配合并认可薪酬审计工作？

第一节 内部审计制度建设

内部审计制度是一个单位或组织涉及内部审计的工作规定、工作程序、工作方法、岗位职责、质量管理、职业道德、人员教育培训、审计结果运用等方面的工作规范的总称。开展好单位内部审计工作，需要体系健全、运行有效的内部审计制度支撑。

一、内部审计基本制度建设

（一）内部审计基本制度的制定依据

《审计署关于内部审计工作的规定》（审计署令第 11 号）第四条规定："单位应当依照有关法律法规、本规定和内部审计职业规范，结合本单位实际情况，建立健全内部审计制度，明确内部审计工作的领导体制、职责权限、人员配备、经费保障、审计结果运用和责任追究等。"

《第 1101 号——内部审计基本准则》第二十六条规定:"内部审计机构应当根据内部审计准则及相关规定,结合本组织的实际情况制定内部审计工作手册,指导内部审计人员的工作。"

《第 2301 号内部审计具体准则——内部审计机构的管理》第六条第一款规定:"内部审计机构应当制定内部审计章程,对内部审计的目标、职责和权限进行规范,并报经董事会或者最高管理层批准。"

(二)内部审计基本制度采取的主要形式

1. 内部审计章程

《第 2301 号内部审计具体准则——内部审计机构的管理》第六条第二款规定:"内部审计章程应当包括下列主要内容:(一)内部审计目标;(二)内部审计机构的职责和权限;(三)内部审计范围;(四)内部审计标准;(五)其他需要明确的事项。"

由此可知,内部审计章程具体要对下列主要内容进行规定。

(1)本单位内部审计的授权原则和内部审计目标。

(2)内部审计部门(或专职内部审计人员)设置的级别和领导体制、审计工作报告对象。有设置总审计师的单位,在此对总审计师的设置和职责权限等进行明确规定。

(3)内部审计范围和内部审计标准,以及内部审计基本程序等。

(4)内部审计部门的职责权限、人员编制配备和教育培训安排,以及内部审计经费保障等。

(5)内部审计的审计结果运用和责任追究工作机制。

(6)其他需要包括的内容。

当前,各部门、各单位的事业发展面临新形势,组织架构、职能定位和服务理念等都发生了重大变化,内部审计作为单位治理的必要组成部分,必须做出适当的调整,才能适应单位治理的需要。为真正发挥审计监督的职能作用,《第 2301 号内部审计具体准则——内部审计机构的管理》明确规定,内部审计机构需要出台审计工作的"根本大法"——内部审计章程,以确定审计工作的宗旨、地位和职责、职权等。它是单位治理体系的重要组成部分。

2. 内部审计工作规定

当前,仍有一部分单位通过内部审计工作规定的形式,将内部审计目标、内部审计机构的设置、内部审计职责和权限、内部审计范围和内部审计标准、内部审计基本程序等进行规范。

目前很多单位采取内部审计工作规定,其原因主要如下。

(1)要求制定内部审计章程的依据是《第 2301 号内部审计具体准则——内部审计机构的管理》,部分单位认为它是中国内部审计协会发布的"具体准则",权威性较低。

(2)《审计署关于内部审计工作的规定》(审计署令第 11 号)第四条规定:"……建立健全内部审计制度……",没有关于建立内部审计章程的强制要求。

(3)内部审计工作规定作为单位内部审计基本制度的重要形式,在现阶段总体能够满足内部审计工作需要,所以,该制度形式在行政事业单位、大部分企业普遍存在。

从强化组织治理的长远角度看,出台内部审计章程,仍是我国内部审计制度建设的发展方向,主要原因如下。

(1)《国际内部审计专业实务框架》(2017)提出,内部审计章程是"确定内部审计活动宗旨、权力和职责的正式书面文件,它确定了内部审计部门在组织内部的地位、授权内部审计部门接触与业务实施相关的记录、人员和实物资产,界定内部审计活动的范围"。这说明,内部审计章程规定了内部审计机构在单位内部的地位和职责、拥有的职权等十分基本、核心的事项，是一个单位开展内部审计活动的"基本法"。

（2）内部审计章程的出台在一个单位内部是高阶次的规范性文件，标志着一个单位内部审计工作法治化建设进入全新阶段，具有相对稳定性、权威性等特点，对内部审计工作的开展，起到积极推进、全力保障的作用。

二、内部审计具体制度建设

（一）内部审计主要工作程序的制度建设

内部审计主要工作程序有审计准备、审计实施、审计报告、后续审计等阶段，每个环节都需要相关的制度来规范。关于内部审计主要工作程序的制度建设，有三种方式。

第一种方式：在单位的内部审计工作规定中，直接规定本单位的审计工作程序。

第二种方式：单独制定审计工作规程或财务收支审计规程、科研经费审计规程、经济责任审计规程、绩效审计规程、建设工程审计规程等专门审计工作流程。

第三种方式：在内部审计章程或内部审计工作手册中规定内部审计工作程序和流程等内容。

目前，第一种方式被广泛采用，各单位可根据本单位自身实际，优先采取第二种方式，逐步过渡到第三种方式。

（二）内部审计特定工作内容的制度建设

内部审计特定工作内容的制度主要如下。

（1）预算执行与决算审计制度、财务收支审计制度。

（2）科研经费审计制度、科研经费预决算审计制度。

（3）物资管理审计制度、固定资产审计制度、物资采购审计制度。

（4）建设工程审计制度、建设工程全过程跟踪审计制度、建设管理审计制度、工程审计质量控制办法。

（5）经济责任审计制度、领导干部经济责任审计联席会议制度。

（6）绩效审计（经济效益审计）制度。

（7）计算机审计制度。

（8）合同审计制度。

（9）内部控制审计制度。

以上关于内部审计工作内容制度建设的建议不一定全面，各单位可根据本单位实际，按照"成熟一个、出台一个"的原则实施。

三、内部审计其他工作制度

除了审计工作程序、审计工作内容制度外，内部审计其他工作制度还包括以下方面。

（1）委托社会审计管理制度。

（2）审计整改工作制度、落实审计意见实施办法、经济责任审计结果运用办法、审计整改报告和跟踪检查实施办法。

（3）审计档案管理办法。

（4）内部审计人员职业道德规范。

以上制度规范不一定全面，但在内部审计管理工作中处于重要的基础地位，各单位可将其作为内部审计制度建设的重点事项推进。

第二节　内部审计部门管理

内部审计部门管理的主要内容包括内部审计政策和程序、人力资源管理、财务预算管理等。

一、内部审计政策和程序

依据《国际内部审计专业实务框架》（2017），内部审计负责人必须制定政策和程序，为内部审计活动提供指导。

政策与程序的形式和内容取决于内部审计部门的规模、架构及其工作的复杂程度。

内部审计的政策与程序通常是以审计工作手册的形式体现的。审计工作手册应包括以下主要内容。

（1）内部审计部门的目标、权限和职责的说明。

（2）内部审计部门的组织、管理及工作说明。

（3）内部审计部门的岗位设置及岗位职责说明。

（4）主要审计工作流程。

（5）内部审计质量控制政策与程序。

（6）内部审计道德规范和奖惩措施。

（7）内部审计工作中应注意的事项。

当然，并非所有的内部审计活动都需要正式的管理和审计技术手册。小型的内部审计活动的管理可以是非正式的，可以通过日常的、密切的监督和遵循政策与程序的备忘录来指导和控制审计人员。在大型的内部审计活动中，更加正规、综合的政策与程序对指导审计人员执行年度审计计划是必不可少的。表 8-1 是某大型公司的内部审计工作手册的基本内容。

表 8-1　　　　　　　　　　　某大型公司的内部审计工作手册（目录）

第一章　管理政策			
	Ⅰ　一般政策		
		一、内部审计章程	
		二、公司组织结构图	
		三、部门的组织、行政管理及工作说明	
		四、《内部审计实务标准》	
		五、《内部审计职业道德准则》	
	Ⅱ　项目管理		
		六、审计项目组成员的工作职责	
		七、内部审计管理程序和文档	
		八、工作底稿指南	
	Ⅲ　部门管理		
		九、年度审计计划	
		十、人力资源政策	
			1. 职员姓名、职等、专业资格、联系电话
			2. 利益冲突政策
			3. 员工业绩评估

		4. 事业发展	
		5. 工资及福利	
		6. 个人形象标准	
		7. 时间报告	
		8. 办公室管理	
		9. 安全与保密	
		10. 出差	
	十一、外部合作与协调的政策		
	十二、质量保证与改进计划		
第二章 审计程序			
	Ⅰ 基本知识		
	一、审计基本概念		
	二、COSO内部控制		
	三、风险管理常识		
	四、组织治理常识		
	五、法规库及合规性指南		
	Ⅱ 一般程序		
	六、内部审计应用与选择客户		
	七、项目审计计划		
	八、审计方案的编制		
	九、审计证据		
	十、审计程序指引		
	十一、审计发现与建议		
	十二、内部审计报告编写指南		
	Ⅲ 审计技术		
	十三、审计访谈技术		
	十四、调查技术		
	十五、分析技术		
	十六、流程图技术		
	十七、审计抽样技术		
	十八、计算机辅助审计技术		
	Ⅳ 特殊程序		
	十九、舞弊审计技术		
	二十、IT审计技术		
第三章 各种工作底稿模板			

二、人力资源管理

此处的人力资源管理是指针对内部审计部门人力资源的配置和有效使用的管理。内部审计人力资源管理的目的是实现内部审计的目标和计划，充分发挥内部审计人员的专业特长、积极性和主动性，使内部审计发挥其最大的管理价值和经济价值。

（一）人力资源管理的要素

内部审计部门制定的人力资源政策和程序应当解决下列人事问题。

（1）内部审计团队建设。

（2）审计人员的聘用。

（3）审计人员的培训。

（4）审计人员的工作任务安排。

（5）审计人员的知识结构及专业能力。

（6）审计人员的业绩考核与激励机制。

（二）内部审计团队建设

一个有战斗力的团队就是一个紧密团结、目标一致、执行力强的工作群体，内部审计部门也是如此。内部审计部门应根据不同层次、不同规模的单位和实际需要，采取定编、定岗、定责、最优化的配置原则，尽快优化审计人员的专业结构和知识结构，逐步形成一支结构合理、优势互补、数量与质量相统一的复合型的有战斗力的专业审计团队。为了使审计团队更有战斗力和效率，必须做好以下几点。

内部审计团队
建设

（1）设置合理且必要的相关工作岗位。从审计经理、审计项目组组长到审计项目组成员，要做到专人专职。

（2）预测内部审计人员需求。这有助于内部审计部门确定完成其业务所需要的人员的数量和素质。没有足够的人员，将对业务质量产生不利影响，制约内部审计的发展；如果人员胜任能力没有达到必需的标准，将直接导致业务质量下降。

（3）合理考虑人员的结构，以保持较为稳定的人员配置。这不仅体现在审计项目组成员间要以老带新，以达到激情与经验并重，还表现在审计项目组成员间不同专业的协作，尤其在现代公司集团中跨行业经营、跨国经营的现象很普遍，如果审计项目组仅配备财务专业的人员，将无法收到良好的效果甚至无法开展工作。

（4）定期进行工作轮换。为了避免出现舞弊、互相串通及工作倦怠等现象，审计项目组成员需要适当地轮岗，这也可以使审计人员得到不同的工作经验和体会，更有利于内部审计工作的健康发展。

（三）人员雇用

人员雇用是人力资源管理的首要环节，为此，内部审计部门应当会同单位人力资源管理部门制定雇用程序，以选择正直的、通过发展能够具备执行业务所需的必要胜任能力的人员。

鉴于内部审计工作专业性、技术性要求较高的特点，较强的专业能力和较高的职业谨慎度是人们加入内部审计队伍重要且必要的条件和基本要求。审计人员应取得相关专业资格证书（例如 CIA、CPA、AICPA、CGA 等方面）。必须明白，没有基本的知识与能力根本无法适应内部审计复杂多变的技术要求。

此外，在招聘审计人员时，还要注重对业务素养的考查。既要考查应聘者是否有准确理解和执行国家方针政策、财经法规及单位内部规章制度的能力，还要考查应聘者是否敢于坚持原则，是否在主观上能以强烈的事业心和责任感甘于献身审计事业，有任劳任怨、爱岗敬业、不计个人得失的奉献精神。只有这样，才能做到严把进入关，才能从整体上提高审计人员的综合素质。

（四）人员培训

内部审计是一个需要终身学习的职业。培训是提升内部审计人员素质、专业胜任能力和帮助员工职业发展的重要途径。由于执业环境和工作要求的不断变化，培训是内部审计部门一项长期和持续的工作。内部审计部门应当在人力资源政策和程序中强调对各级别人员进行培训的重要性，并提供必要的培训资源和帮助，以使人员能够发展与保持必要的素质和专业胜任能力。大型企业的内部审计部门拥有的人数较多，具有资源优势，可以自行组织针对各层次员工和各种内容的培训。规模较小的内部审计部门如果没有足够的资源自行培训，可以利用外部资源，安排员工参加外部培训，同样可以达到培训效果。

（五）工作任务安排

在实务中，内部审计部门所承接的每项业务都是委派给项目组具体办理的。委派项目组是否得当，直接关系到业务完成的质量。

内部审计部门应当对每项业务委派至少一名项目负责人，并配备具有必要素质、专业胜任能力和时间的员工组成审计项目组。这样规定对于明确每项业务的质量控制责任，确保业务质量有特别重要的作用。

委派项目组成员时应考虑下列事项。

（1）项目负责人必须具有履行职责所必要的素质、专业胜任能力、权限和时间；项目负责人必须清楚界定自己的职责。

（2）业务类型、规模、重要程度、复杂性和风险。

（3）需要具备的经验、专业知识和技能。

（4）对人员的需求，以及在需要时能否获得具备相应素质的人员。

（5）拟执行工作的时间。

（6）人员的连续性和轮换要求。

（7）在职培训的机会。

（8）需要考虑独立性和客观性的情形。

（六）业绩评价与激励机制

业绩评价与激励是事关每个人员切身利益的重大问题，为此，内部审计部门应当制定业绩评价、工薪及晋升程序等激励机制，对发展和保持专业胜任能力并遵守职业道德规范的人员给予应有的肯定和奖励。

业绩评价是决定工薪和晋升的基础。公平、公正的业绩评价对实现绩效评价的整体目标至关重要。

工薪制度应当体现对员工的激励作用。因此，人员每年的薪金调整应当与人员当年评价结果直接相关。表现良好的员工在同级别薪金中处于高层次，而表现不足的员工处于同级别的低层次。

人员结构和晋级的阶梯方式，向员工传递了清晰的职业发展道路信息，直接帮助员工制定规划，具有明显的激励作用。内部审计部门应明确定义各部门不同级别职位对应的工作内容、职责范围和技能要求，并在业绩评价过程中使员工充分了解提高业务质量和遵守职业道德规范是晋升的主要途径。

内部审计部门应针对每个层次的人员，制定不同的业绩评价、工薪及晋升的标准，并指定专人或专门机构对员工的业绩进行定期评估，从而做出晋升的决策。

通常来说，员工业绩评估有两种方式，即采用项目执行情况评估表评估和进行个人发展计划评估。

1. 项目执行情况评估表

参照国际通行的做法，审计项目组成员应该为每个预算时间在 40 小时以上的审计项目准备项目执行情况评估表。

在审计计划阶段，所有参加审计项目的小组成员在了解了审计项目的目标、范围、自己应该承担的任务之后，就应该准备项目执行情况评估表。首先，制定个人在该审计项目中所要达到的目标，包括八个方面：达到服务对象的期望、项目组内的沟通、个人发展、对项目组其他成员的帮助、审计效率、审计效果、风险控制和审计技巧。设定目标时应该充分考虑工作分配、难易程度、经验水平，不能盲目制定完全不切合实际的或者不经过任何努力就能达到的目标。

在审计实施阶段，每个内部审计人员都应该按照预先设定好的目标实施审计程序，完成项目经理和审计小组负责人分配给自己的任务。这里尤其要强调的是期中反馈，它是一个连续的过程，是督导人员职责的重要体现。不能提供及时的反馈，将是督导人员工作的失职。期中绩效讨论应该对优势和尚待改进的地方进行分析，着重强调可以改进绩效的建设性行为。尽管期中评价并不一定需要书面形式，但是仍然可以作为期末评估的参考和依据。

在审计报告阶段，项目负责人应该就所督导的内部审计人员在审计项目实施过程中的表现，进行业绩评价。项目负责人的评估应该由项目经理来完成。评估的标准如下。

（1）非常优秀。完全超出了一般胜任的专业水平和期望水平，具有超常的实力和表现。

（2）基本上超过了一般胜任的专业水平和期望水平，个别方面有超常的实力和表现。

（3）达到一般胜任的专业水平和期望水平。

（4）基本上达到一般胜任的专业水平和期望水平，个别方面还有待改进。

（5）完全没有达到一般胜任的专业水平和期望水平。

一个审计项目中，对不同级别的内部审计人员在这八个方面的要求是不同的，详细描述如表 8-2 所示。

表 8-2　　　　　　　　　　项目执行情况评估表（审计计划阶段）

具体目标	审计小组成员	审计小组负责人
达到客户的期望	1. 了解被审计单位的基本经营情况，以发现问题和提出管理建议 2. 了解所要进行的服务性质，了解被审计单位的需求	1. 主动参与识别被审计单位风险的过程 2. 理解被审计单位的期望和经营情况，包括被审计单位的经营目标、主要考核指标、应对竞争的机制等 3. 和被审计单位建立良好紧密的合作关系，确保审计项目顺利完成
项目组内的沟通	1. 能独立地安排与被审计单位的会面从而收集所需要的信息 2. 能够使用正确的语言和表达方式，准备清晰明确的内部使用文件 3. 能够进行清楚明确的口头交流 4. 具备有效的聆听技巧，能提出并跟进问题以获得对事实和未来情况的说明	1. 能够为进行有效的会面获取所需要的信息和意见 2. 能够准备最初的报告草稿和其他需要递送的外部报告
对项目组其他成员的帮助	1. 主动接受督导人员的指导，积极寻求业绩评估的反馈 2. 理解和正确看待小组成员的差异 3. 谨慎对待小组其他成员	1. 积极地指导经验不够丰富的小组成员工作 2. 把自己的所知所学与小组其他成员分享 3. 给予小组其他成员业绩评估的反馈意见
个人发展	1. 诚实评价个人表现，准确定义自己的长处和缺陷 2. 积极寻求提升个人能力的途径和方法 3. 主动寻求督导人员和其他成员的评价和反馈意见	1. 及时准备和递交个人业绩表现评估表 2. 订立目标 3. 找出有待发展的方面 4. 提供及时、有意义的评估反馈 5. 与被评估人员交流业绩评估情况

具体目标	审计小组成员	审计小组负责人
风险控制	1. 通过项目经理和项目总负责人，能够知道被审计单位的风险管理政策和程序 2. 与项目经理和小组负责人及时就审计中遇到的问题进行沟通	1. 及时与项目经理就审计风险进行沟通和讨论 2. 对工作保持职业的谨慎态度 3. 根据公认审计准则和被审计单位的固有风险提出审计建议
审计效果	1. 能够获得、运用和分析被审计单位的数据 2. 积极参加讨论 3. 在被分配的部分，审阅被审计单位的操作过程，找到问题及时向小组负责人汇报并提出解决办法 4. 在获取资料和得出审计结论时，结合被审计单位的具体情况	1. 根据最新的、复杂的情况，设计和改进审计程序 2. 针对被审计单位的会计审计和其他经营问题，使用技术搜索，来证明、质疑和提出改进工作建议 3. 理解本小组负责部分的交易实质 4. 识别复杂交易，并且能够实施替代性审计程序 5. 与项目小组一起，不断完善项目审计技术
审计效率	1. 项目开始前，充分理解所分配任务的审计目标 2. 使项目负责人随时掌握进度情况 3. 在时间控制预算范围内合理掌握自己的时间，如果与预算有差异，应该及时通知项目负责人	1. 控制项目实际成本，分析实际审计时间与时间控制预算成本的差异 2. 控制小组成员的工作进度，及时调整项目工作计划 3. 决定最有效的会议方式（如电话会议、视频会议等）达到会议目的 4. 确保小组成员之间就审计发现进行及时的沟通 5. 提前计划是否需要外部专家参与审计项目 6. 合理运用小组成员的技能确保审计项目效率最大化 7. 寻求被审计单位的反馈意见，确保审计工作能够满足被审计单位的需求
审计技巧	1. 运用基本的审计理论和审计技巧 2. 审计工作底稿编制符合要求 3. 遵守计算机硬件、软件以及其他被审计单位信息使用的规定	1. 运用先进的审计理论和审计技巧 2. 审计工作底稿复核按照政策进行 3. 运用现代的搜索和分析手段

2. 个人发展计划评估

审计部门的员工一般以半年为一个期间，制定个人职业发展目标；部门经理和总监在期末按照个人发展计划来评估员工整体表现。

个人发展计划的主要内容包括：个人主要长处；需改进的方面；个人发展计划的实施过程；对未来工作重点的期望。

个人发展计划评估的实施过程：每年 12 月和 6 月制定未来 6 个月的个人发展计划；审计部门经理每年 1 月和 7 月就前 6 个月的个人发展计划执行情况进行评估，评估后审计部门经理对工资和奖金发放提出建议。

对未来工作重点的期望：员工可以在这里表达个人对未来工作重点的期望，比如希望从事更多的财务审计，或者希望对工程审计方面有更多的接触。部门经理和总监应在未来的工作中尽可能地考虑员工的需求。

三、财务预算管理

内部审计部门应当根据年度审计计划和人力资源计划编制财务预算。编制财务预算时应考虑以下因素。

（1）内部审计人员的数量。

（2）审计工作的安排。

（3）内部审计部门的行政管理活动。

（4）内部审计人员的教育及培训要求。

（5）审计工作的研究和发展。

（6）其他有关事项。

第三节　内部审计项目管理

一、审计项目管理的含义

审计项目管理是指以审计项目为对象，通过组成专门的审计项目组，对审计项目所进行的协调、管理和控制，从而实现审计项目目标的过程。审计项目管理既有审计的特点，又具有项目的属性。审计项目管理是内部审计管理的一个重要组成部分。

二、审计项目组的选派与职责

审计项目管理一般以项目经理为核心，形成以项目经理为中心的组织架构。项目能否顺利实施，能否取得预期的效果、实现目标，直接依赖项目经理对人员和资源的管理。

审计项目组的选派与管理

（一）审计项目组成员的管理

在一个审计项目中，审计项目组成员包括项目经理、审计小组负责人、审计小组成员，他们在审计项目的计划、执行、报告和后续阶段分别有着不同的职责。

审计项目一般实行金字塔形治理结构，项目经理为最高领导者，再往下是各专业小组，各小组在组长领导下完成本专业的任务，组长对项目经理负责。每个成员的职责及相互间的活动都有明确的定义和分类，各岗位有什么责任和各人该做什么、如何做、应得到什么结果等都非常清楚。这种层级负责制能确保最高决策者的决策得到不折不扣地执行。

金字塔形治理结构如图8-1所示。

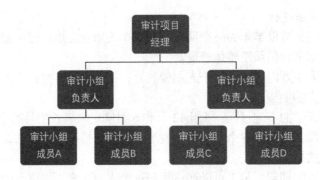

图8-1　金字塔形治理结构

审计项目一般实行重要事项逐级报告制度，一线内部审计人员发现的问题线索向组长报告，组长汇总信息后反馈给项目经理，项目经理进行决策。特别重大的问题，项目经理须要向审计部门负责人汇报，由审计部门负责人决策。上行下达，有条不紊，可以避免出现内部审计目标不明确甚至打乱仗的现象，能大大提高效率。

（二）项目管理中审计部门负责人的职责

在审计项目管理过程中，内部审计部门负责人与项目负责人应充分履行各自的职责，以确保审计质量，提高审计效率。

内部审计部门负责人对审计项目的管理负领导责任，其主要职责如下。

（1）选派审计项目负责人并对其进行有效授权。

（2）审批审计项目计划。

（3）对审计项目的实施进行总体督导。

（4）审定并签发审计报告。

（5）其他有关事项。

（三）项目经理的职责

项目经理对审计项目的管理负直接责任，其主要职责如下。

（1）制定项目审计计划。

（2）制定审计方案。

（3）组织审计项目的实施。

（4）对项目审计工作进行现场督导。

（5）编制审计报告。

（6）组织后续审计的实施。

（7）其他有关事项。

三、审计过程控制

审计过程控制涉及审计项目的进度、成本、质量等。加快进度可能要付出一定的成本或牺牲一定的质量，提高质量的同时可能不得不放慢进度，只有做到三者有机统一，才能取得项目的成功。

（一）进度控制

项目进度是一个综合的概念，除工期以外，还包括工作量、资源的消耗量等因素。在项目管理的工作中，进度控制的内容和职责为制定进度计划、检查进度计划、调整进度计划。

实施审计过程中，可能会出现完不成目标任务而三番五次返回被审计单位调查取证的被动局面。究其原因，主要是进度没有控制好。搞好进度控制应在实施方案上下足功夫，要将实施方案做细、做深，使之能有效指导审计工作。审计项目组内部可以制作一个计划网络图，将实施方案中的内容都搬到图上，标出关键线路，关键线路上的工作做好了，目标任务也就能按期完成。

（二）资源管理

资源作为项目的基本要素，具有举足轻重的地位。这里的资源指信息资源，包括项目立项背景、工作方案等项目基本信息，审计过程中形成的分析资料，以及被审计单位的信息，如财务数据、相关文件、营运资料等。审计项目的信息资源较之工程项目中的材料设备要复杂得多，材料设备的需求是单一的、可预见的，但是审计信息资源却包罗万象，不可预见。俗话说"巧妇难为无米之炊"，内部审计人员如果不掌握大量的信息资源，则同样面临"无米之炊"的后果。审计人员在实施审计过程中，需要在信息获取、消化、吸收等方面进行管理，需要主动获取信息，对获取的信息进行分析研究，使有用信息在审计项目组内部迅速流通，最终为内部审计人员提供思路和方向。

（三）成本控制

审计项目中，成本为完成一个审计项目、实现预定审计目标所耗用的各种费用之和。一般内部审计人员可能会感觉成本控制与自身无太大关系，但若能以更小的成本产出更高质量的审计产品，还是值得推崇的。

所谓成本控制，是指通过控制手段，在达到预定项目功能和时间要求的同时优化成本开支，将总成本控制在预算（计划）范围内。项目成本控制是企业的生命线，成本低意味着创造更高的经济效益。

（四）质量控制

审计项目管理中贯彻质量第一的方针，体现在信息资源控制、过程控制、审计复核控制三个方面。具体内容参见本章第四节。

（五）各级内部审计人员在审计过程控制中的职责

表 8-3 列示了在审计过程控制中审计部门负责人、项目经理、审计小组负责人和审计小组成员各自的职责。某些内部审计部门可能对各级责任人员的作用和任务的约定同表 8-3 所示的稍有不同，并且在一个部门里甚至也存在具体工作上的差别。但不论怎样，表 8-3 说明了四级审计人员的主要职责。

表 8-3 　　　　　　　　　　　各级内部审计人员在审计过程控制中的职责

审计阶段	审计部门负责人	项目经理	审计小组负责人	审计小组成员
审计计划阶段	1. 与项目经理讨论确定审计目标和范围 2. 审批审计计划 3. 签发项目组工作授权和项目编号 4. 审批时间控制预算和费用预算 5. 如需要，参加审计小组准备会议 6. 如需要，主持与被审计单位的首次会议 7. 审批具体审计方案 8. 批准审计计划	1. 与审计部门负责人讨论审计目标、范围 2. 制定审计计划 3. 审批时间控制预算和费用预算 4. 指派审计小组负责人 5. 主持审计小组准备会议，确定审计程序和方法 6. 主持与被审计单位的首次会议 7. 就被审计单位经营情况、工作流程进行初步评估 8. 确定审计报告格式 9. 制定具体审计方案	1. 参加审计目标和范围的讨论 2. 协助项目经理制定审计计划 3. 与项目经理一起选定审计小组成员，制定时间控制预算及费用预算 4. 参加审计小组准备会议，讨论审计方法和程序 5. 协调组织与被审计单位的首次会议 6. 收集资料，初步了解被审计单位经营情况、工作流程、控制环节 7. 向项目经理汇报被审计单位内部控制初步评价结果 8. 建立审计工作底稿索引 9. 协助项目经理制定具体审计方案	1. 参加审计小组准备会议 2. 参加被审计单位资料收集工作 3. 讨论审计方法和程序 4. 参加与被审计单位的首次会议 5. 根据工作分工执行被审计单位内部控制初步评估
审计实施阶段	1. 批准修改后的审计计划 2. 复核审计结果汇总表 3. 就重大审计发现给予指导和关注 4. 如需要，参加与被审计单位的审计结果沟通会议	1. 对审计过程进行监督，确保审计质量 2. 复核审计工作底稿和审计结果汇总表 3. 与审计小组负责人讨论审计发现 4. 主持与被审计单位的审计结果沟通会议	1. 根据项目分工完成审计程序 2. 复核审计工作底稿 3. 与项目经理就审计发现进行沟通 4. 修改审计计划 5. 汇总审计结果汇总表 6. 参加与被审计单位的审计结果沟通会议	1. 根据指派执行审计程序 2. 汇报审计结果

审计阶段	审计部门负责人	项目经理	审计小组负责人	审计小组成员
审计报告阶段	1. 审核审计报告草稿 2. 参加审计结束会议 3. 签发审计报告 4. 确定后续审计的必要性 5. 如需要，参加审计小组总结会议 6. 批准审计项目完成	1. 起草审计报告 2. 与管理层就审计发现进行沟通和跟进 3. 修订审计报告 4. 致送审计报告 5. 与审计部门负责人讨论后续审计的必要性 6. 评价审计小组成员项目业绩表现 7. 组织审计小组总结会议	1. 组织项目组会议，商讨审计发现和审计建议 2. 拟定审计报告初稿 3. 与管理层就审计发现进行沟通和跟进 4. 修改审计报告并上报 5. 审计工作底稿存档 6. 完成项目业绩评价，评价小组成员表现 7. 参加审计小组总结会议	1. 补充完善审计工作底稿 2. 参加项目组会议 3. 拟定、修改部分审计报告初稿 4. 完成项目业绩评价 5. 参加审计小组总结会议
后续审计阶段	1. 讨论并决定后续审计计划 2. 复核后续审计结果汇总表 3. 复核并签发后续审计报告	1. 制定后续审计计划 2. 核后续审计工作底稿和审计结果汇总表 3. 起草后续审计报告	1. 协助项目经理拟定后续审计计划 2. 协助项目经理复核后续审计工作底稿和审计结果汇总表 3. 协助项目经理起草后续审计报告	1. 执行指派的后续审计程序 2. 汇报后续审计结果

四、审计管理工具

在内部审计管理中，有若干种用来改善审计管理工作效果的方法与手段。下面介绍一般的审计管理工具。

（一）审计工作授权表

审计工作授权表如表 8-4 所示，它列示了某项审计工作的一些基本内容，主要反映与审计部门的时间及资源分配相关的内容。各项审计工作可利用的资源非常有限，但必须让所花的时间和支出体现出价值。因此，项目经理应保证审计过程周密、细致、高效，用文件形式来下达各项工作任务。

表 8-4　　　　　　　　　　　　　　审计工作授权表

1. 审计工作名称：　　　　　　　　　　项目编号：
2. 初步授权时数：　　　　　　　　　　允许增加时数：
3. 工作开始日期：　　　　　　　　　　工作结束日期：
4. 审计项目经理或组长： 　　审计项目组员：
5. 审计目的：
6. 与被审计部门的联系： 　　姓名：　　　　　职位：　　　　负责联系人：
7. 报告送给：
8. 其他必要说明： 呈报人： 日期： 授权或批准人： 日期：

（二）审计任务清单

项目经理通常使用审计任务清单，以反映执行审计所需要的各种管理细节。这一清单作为总体控制表，应该放在审计工作底稿首页。审计任务清单如表 8-5 所示。

表 8-5　　　　　　　　　　　　　　　　　审计任务清单

被审计项目名称：	
位置：	
具体审计任务：	
审计开始日期：	
	日　　　期
1. 客户通知	□□□□□□□
2. 计划备忘录	□□□□□□□
3. 实地调查工作	□□□□□□□
①审计前的准备会议	□□□□□□□
②调查开始时间	□□□□□□□
③现状备忘录	□□□□□□□
④调查完成时间	□□□□□□□
4. 审计总结会议	□□□□□□□
5. 审计工作底稿的定稿时间	□□□□□□□
6. 经理复核（外部截止日期的前两天）	□□□□□□□
7. 审计报告草稿	□□□□□□□
8. 总结备忘录	□□□□□□□
9. 审计报告公布	□□□□□□□
10. 绩效评价	□□□□□□□
姓名	截止日期
督导人：-------------------	□□□□□□□
负责人：-------------------	□□□□□□□
助　理：-------------------	□□□□□□□

（三）审计会议议程

审计过程中要组织各种会议，至少包括小组预备会议、审前动员会议、中期与被审计单位召开的审计沟通会议、审计总结会议。计划好会议议程是组织审计工作的重要环节，安排好议程、组织好议题、合理分配会议时间、集中会议主题等都是会议议程中要考虑的内容。一个好的审计会议议程有利于提高会议质量，有利于将会议内容集中在主题上，保证有关业务事项能够在会议上得以讨论。

（四）审计工作底稿检查表

审计工作底稿是内部审计人员记录审计程序和内容的重要工具，它是对审计进展和审计质量进行监督的一种有效手段。在审计过程中应定期检查审计工作底稿，确保审计工作按照审计方案的要求进行。审计工作底稿检查表是审计小组负责人告知审计小组成员需要纠正和修改的重点和建议的表格。

（五）审计结果汇总表

审计结果汇总表能够简化审计报告编写过程，进而有助于改进审计管理。审计结果汇总表可提醒内部审计人员注意审计结果的方方面面，如观察到的状况、所选择的判断标准、所发现问题的产生原因等。

（六）审计报告发送控制表

并非所有的内部审计部门都会采用审计报告发送控制表。该表适用于要求在组织内部将报告分发给相关部门的大型组织。在大型组织内部审计中，如果没有审计报告发送控制表，审计中一些重要步骤的某些细节，如审计报告的传递，就可能被忽略甚至造成管理失误。审计报告发送控制表的格式如表 8-6 所示。

表 8-6 审计报告发送控制表

报告名称		报告编号		项目编号	
收件人	报告发送授权人	传送日期	如何以及由谁传送	报告收件人	报告实际接收人

第四节 内部审计质量控制

一、内部审计质量及内部审计质量控制的含义

2013 年 9 月，中国内部审计协会发布了《第 2306 号内部审计具体准则——内部审计质量控制》，自 2014 年 1 月 1 日起施行。

（一）质量与质量控制

质量有两种含义：一是，量度物体惯性大小的物理量；二是，产品或工作的优劣程度。本书中的"质量"指的是第二种含义。

质量控制，又称质量管理，就是指为了最经济地生产满足使用者要求的高质量产品所采用的各种方法的体系。它包括三层含义：一是，质量控制是一个方法体系；二是，提供高质量产品或产出；三是，产品或产出既能满足最经济的生产（投入少），又能满足使用者要求（达到效果）等两方面的要求。

（二）内部审计质量控制

《第 2306 号内部审计具体准则——内部审计质量控制》第二条指出："本准则所称内部审计质量控制，是指内部审计机构为保证其审计质量符合内部审计准则的要求而制定和执行的制度、程序和方法。"内部审计质量控制分为内部审计机构质量控制和内部审计项目质量控制，具体包括内部审计督导、内部自我质量控制与外部评价三个方面。

1. 内部审计机构质量控制

内部审计机构质量控制需要考虑下列因素。

（1）内部审计机构的组织形式及授权状况。

（2）内部审计人员的素质与专业结构。

（3）内部审计业务的范围与特点。

（4）成本效益原则的要求。

（5）其他。

2. 内部审计项目质量控制

内部审计项目质量控制应当考虑下列因素。

（1）审计项目的性质及复杂程度。

（2）参与项目审计的内部审计人员的专业胜任能力等。

二、加强内部审计质量控制的重要性

（一）内部审计质量控制是提高内部审计质量的保证

内部审计质量是内部审计工作的生命线，是内部审计工作的灵魂。内部审计部门所有的工作和措施就是为了履行内部审计的职责，发挥监督作用。而衡量和评价内部审计部门工作的核心是内部审计质量。只有不断提高内部审计质量，才能真正实现审计目的，履行审计职责，充分发挥内部审计作用。加强内部审计质量控制各环节的有效管理，可以控制一些影响内部审计质量的不良因素的发生或形成；对一些已发生或形成的影响内部审计质量的因素，开展内部审计质量控制工作也可以尽早发现，加以改进或消除，从而达到提高内部审计质量的目的。

（二）内部审计质量控制能够有效降低审计风险

开展内部审计工作，就势必存在审计风险。而决定内部审计风险大小的主要因素是内部审计工作质量的高低，二者之间存在此消彼长的关系：内部审计质量越高，审计风险就越小；内部审计质量越低，则审计风险越大。所以提高内部审计工作质量是降低审计风险的核心。加强内部审计工作全过程的质量控制管理，可以有效地保证审计工作质量，规范审计工作行为，最大限度地降低审计风险，并有助于内部审计人员充分认识审计风险及其带来的影响，提升内部审计人员综合处置审计风险的能力，培养内部审计人员的敬业精神，强化审计责任，保证审计工作的质量和水平，促进审计目标的实现。

（三）内部审计质量控制是提高内部审计工作绩效的需要

内部审计绩效体现在以较小的审计投入取得较大的审计效果，在较短的时间内取得满意的审计效果。内部审计质量控制以不断提高内部审计绩效（即提高内部审计效率，实现审计预期效果）为目标。

（四）内部审计质量控制是内部审计不断发展和完善的需要

发展和完善单位内部审计，必须不断提高其质量，加强其质量控制，二者是相辅相成、不可分割的。内部审计质量控制对防范审计风险、保证审计工作效果、促进内部审计人员提高职业水平和提升业务能力、充分发挥内部审计的功能，有着重要的现实意义。

三、影响内部审计质量的主要因素

（一）内部审计任务繁重与内部审计人员短缺、素质不太高的矛盾越来越尖锐

当前，单位内部经济责任审计对象众多，国家政策法规要求全覆盖，加上财务收支审计、绩效审计、建设工程管理审计、内部控制审计、科研经费审计等，内部审计任务日益繁重。大部分内部审计机构人员队伍建设有待加强，整体素质不能完全满足内部审计工作需要。这就需要单位内部整体规划，相关部门同心协力，有步骤地推出管理措施，尽快提升内部审计人员综合素质，较好地解决或缓解上述矛盾。

（二）部分内部审计机构人员少，造成审计质量复核监督机制不太健全

目前，部分内部审计机构人员配备少，有的就一到两人，不能形成基本的审计质量复核机制。有时候一个人要承担审前调查、审计实施、审计报告和审计整改推进等全过程操作，没有第三方监督和把关，审计质量很难得到有效保证。

（三）委托社会中介机构审计、聘请外部专家的工作量越来越大，部分内部审计机构监管外来力量审计工作质量的有效工作机制尚未完全建立

为克服内部审计人员紧张的困难，很多单位采取了委托社会中介机构审计或聘请外部专家的工作方式。在工作过程中，有些内部审计机构没有完全建立监管外来力量审计质量的有效工作机制，对委托审计的具体进程漠不关心，只等审计结束收取报告，对聘请的外部专家

也关注不多。这样操作容易出现审计质量问题。

2021 年 2 月，《中央审计委员会办公室 审计署关于进一步规范经济责任审计工作有关事项的通知》（中审办发〔2021〕5 号）在"三、加强对外聘人员参与经济责任审计项目的组织管理"中规定："外聘人员不能担任审计项目组（含审计小组）组长、主审。"

（四）一些内部审计机构关注单位整体经济安全（主要是财务风险）的意识、能力不强

中国共产党十八届三中全会决定成立中国共产党中央国家安全委员会，整个社会越来越重视包括政治安全、经济安全、军事安全、信息安全等在内的国家安全问题，各地区、各部门、各单位都应做到"守土有责"。内部审计机构作为单位内部的专责监督部门，有必要关注单位整体经济安全。但是，一些内部审计机构没有强化监督意识，个人能力不太强，没有全面关注单位财务整体状况，没有关注存在的单位运营重大风险（如重大财务资金支付风险），可能导致单位出现整体层面的经济安全风险。

（五）部分内部审计机构不注意加强与单位内部相关部门的沟通，不利于内部审计职能的发挥

内部审计的最大优势在于"内"，也就是熟悉单位情况。但是，有的内部审计机构片面认识审计独立性，以为自己不知道单位有关情况就没有审计责任，其实不是这样的。内部审计机构不注意加强与单位内部相关部门的沟通，获取信息相对孤立，不利于内部审计职能的发挥。

（六）部分内部审计机构事务性工作多，没有采取有力措施推进内部审计事业整体发展，没有着力推进中长期规划

当前，党和国家对内部审计的政策要求高，内部审计的工作任务重，但是部分内部审计机构因审计工作中事务性工作多，没有提高政治站位，对本单位内部审计工作整体发展没有进行深入思考，没有采取有效措施推进内部审计的制度建设和中长期规划，没有适时推进审计监督或评价的有效手段等。

四、提高内部审计质量、防范内部审计工作风险的主要措施

内部审计人员特别是机构负责人，应立足岗位职责，不回避矛盾，重点抓好以下工作。

（一）整体思考内部审计长远发展，认真编制年度审计项目计划

计划和规划是做好工作的第一步。为此，要切实根据党和国家、上级部门关于内部审计工作的政策规定精神，紧密结合单位实际，提出中长期审计工作规划设想，报单位分管领导审核后，提请单位决策层审议，通过的中长期审计工作规划作为近几年审计工作年度计划编制的依据。

每年下半年要编制下一年度的内部审计工作计划，结合单位内部审计工作实际和人员资源现状等因素，就下年度审计工作的重点、安排项目数量、需要配置的审计资源数量（包括引进的外部审计资源）、审计项目完成的初步时间安排等，提出年度审计计划（建议），报单位分管领导审核批准。

（二）坚持以灵活多样的成果形式及时报告

内部审计机构因为身处单位内部，能够在第一时间了解到单位有关情况。为此，针对重要、紧急等情况，以灵活多样的成果形式（如审计建议函，甚至单位内网邮件等），向单位领导和相关部门报告，提请注意和关注，发挥内部审计的警示和提醒作用。

为此，内部审计机构要进一步加强与董事会、本单位党组织或者最高管理层的联系，主动报告。日常工作中，内部审计机构还应当就特定领域、内部审计活动满足单位信息需求的程度、内部审计的新趋势和最佳实务、内部审计与外部审计之间的协调等事项，向董事会、本单位党组织或者最高管理层汇报和沟通。

（三）坚持审计职业谨慎

职业谨慎是内部审计人员在执行审计工作和撰写审计报告时，必须保持应有的严谨心态和言行。内部审计人员在选择审计项目、实施审计项目、报告审计项目成果和审计后续整改等审计工作全过程中，应秉承严谨的心态，实施相关行为。

选择审计项目时，选择力所能及的项目；对上级安排的项目，自身力量或水平不够时，及时提出引进外力，开展审计或咨询等工作。实施审计项目时，充分考虑审计过程中的各种风险和隐患，及时排摸，对审计风险大的问题多抽查具体样本，认真审查每个样本，以消除或减少审计风险对审计工作质量的影响。报告审计项目成果时，下大力气做好审计工作成果整理，写好审计报告，严格把控审计报告措辞，避免审计报告措辞不谨慎、不到位带来的风险。审计后续整改中，注意审计整改的及时性、整改措施的有效性和到位率，整改不到位的，要了解到尚未（完全）整改的具体原因。按照"程序完整、证据有效、事实清楚、标准恰当、分析客观、结论公正、建议可行、档案完整、过程合规"的标准，对内部审计全过程进行评价和监控。

（四）全面加强委托审计监控，用好外聘专家资源，切实提升外部资源审计质量

（1）建立健全委托审计管理制度，加强本单位委托审计制度建设。

（2）建立委托审计全过程监控体系，具体包括项目委托、审计项目组组成、审前调查、项目审计实施方案、审计访谈、审计证据收集、审计报告草拟、审计报告审定、审计报告报送等。上述方面内部审计机构都要介入，严格依据内部审计准则规范要求，对社会中介机构工作提出要求，不留死角。

（3）在特定资产评估、工程项目评估、产品或者服务质量问题、信息技术问题、衍生金融工具问题、舞弊及安全问题、法律问题、风险管理问题等专业领域，内部审计机构可以利用外部专家服务。聘请外部专家时，应当对外部专家的独立性、客观性（如是否存在重大利益关系、是否存在密切的私人关系、是否存在专业相关性、是否正在或者即将为组织提供其他服务等）进行评价；应当对外部专家专业胜任能力进行评价，考虑其专业资格、专业经验与声望等。在利用外部专家服务前，内部审计机构应当与外部专家签订书面协议；内部审计机构在将外部专家服务结果作为审计证据时，应当评价其相关性、可靠性和充分性。

（4）对经济责任审计的两项特别要求如下。①审计项目组的组成，建议采取内部审计机构人员担任组长、社会中介机构人员担任副组长和审计项目组成员的方式。②对社会中介机构出具的经济责任审计报告，建议单位内部审计机构进行审核，报单位分管领导审批，涉及重大问题的，应报单位经济责任审计领导小组审定。经审定的经济责任审计报告定稿，由单位内部审计机构草拟，以单位名义发布。

（五）利用好内部控制评价和监督成果

推进单位内部控制，各单位加强内部管理的重要基础工作，按照上级政策规定，定期开展对内部控制体系运行的评价和监督。内部控制体系运行评价和监督报告应指出单位内部控制体系的运行现状，存在哪些需要警示和改进的问题。作为单位内部控制体系运行评价和监督的责任部门，内部审计机构要利用好这些工作成果，在以后的审计工作中加以重点关注，将其作为审计重点，从中深度挖掘单位内部控制体系运行暴露出的隐患或问题，为单位事业发展保驾护航。

（六）在坚持审计独立性前提下，加强与单位内部相关部门的沟通联系

《审计署关于内部审计工作的规定》（审计署令第11号）第五条第二款规定："内部审计机构和内部审计人员不得参与可能影响独立、客观履行审计职责的工作。"内部审计机构要根据上述规定，秉承审计独立精神。本书对上述规定的理解是：需要履行审计职责的工作人员，

不能参与咨询、决策等管理活动，否则有悖独立性。

在坚持审计独立性的前提下，充分发挥内部审计身处单位内部、最先了解单位情况的工作优势，加强与单位内部相关部门的沟通联系，及时获得单位运行过程和运行结果的信息，利用内部审计专业手段进行分析判断。对于需要警示的情况，及时向单位领导和有关方面提出改进建议。

第五节　内部审计档案管理

审计档案，是指内部审计机构和内部审计人员在审计项目实施过程中形成的、具有保存价值的历史记录。而审计档案工作，是指内部审计机构对应纳入审计档案的材料（以下简称"审计档案材料"）进行收集、整理、立卷、移交、保管和利用的活动。

《第 2301 号内部审计具体准则——内部审计机构的管理》第二十二条规定："内部审计机构应当建立审计项目档案管理制度，加强审计工作底稿的归档、保管、查询、复制、移交和销毁等环节的管理工作，妥善保存审计档案。"2016 年 2 月，中国内部审计协会发布《第 2308 号内部审计具体准则——审计档案工作》，它为内部审计档案工作提供了操作依据。

一、审计档案立卷归档的基本原则

（一）立卷归档一般原则
（1）按性质分类、按单元排列、按项目组立卷。
（2）按审计项目立卷，不同审计项目不得合并立卷。
（3）跨年度的审计项目，在审计终结的年度立卷。

（二）立卷归档责任原则
（1）坚持"谁审计、谁立卷"的原则，做到审结卷成、定期归档。
（2）审计项目负责人应当对审计档案的质量负主要责任。

（三）立卷归档质量原则
（1）审计档案材料应当真实、完整、有效、规范。
（2）遵循档案材料的形成规律和特点，保持档案材料之间的有机联系，区分档案材料的重要程度，便于保管和利用。

（四）档案管理责任原则
建立审计档案工作管理制度，明确规定审计档案管理人员在档案装订、档案保管和档案借阅和收回等方面的要求和责任。

二、审计档案立卷文件的排序

根据《第 2308 号内部审计具体准则——审计档案工作》第三章"审计档案的范围与排列"的相关规定，叙述如下。

（一）审计档案材料分类
审计档案材料主要包括以下几类。
（1）立项类材料：审计委托书、审计通知书、审前调查记录、项目审计方案等。
（2）证明类材料：审计承诺书、审计工作底稿及相应的审计取证单、审计证据等。
（3）结论类材料：审计报告、审计报告征求意见单、被审计单位的反馈意见等。
（4）备查类材料：审计项目回访单、被审计单位整改反馈意见、与审计项目联系紧密且不属于前三类的其他材料等。

（二）审计档案材料的排列顺序

审计档案材料按下列四个板块的先后顺序排列。

（1）结论类材料：按逆审计程序，结合其重要程度予以排列。

（2）证明类材料：按与项目审计方案所列审计事项对应的顺序，结合其重要程度予以排列。

（3）立项类材料：按形成的时间顺序，结合其重要程度予以排列。

（4）备查类材料：按形成的时间顺序，结合其重要程度予以排列。

（三）审计档案内每组材料的排列要求

（1）正件在前，附件在后。

（2）定稿在前，修改稿在后。

（3）批复在前，请示在后。

（4）批示在前，报告在后。

（5）重要文件在前，次要文件在后。

（6）汇总性文件在前，原始性文件在后。

三、审计档案的其他管理要求

（一）纸质审计档案的装订要求

（1）拆除卷内材料上的金属物。

（2）破损和褪色的材料应当修补或复制。

（3）卷内材料装订部分过窄或有文字的，用纸加宽装订。

（4）卷内材料字迹难以辨认的，应附抄件加以说明。

（5）卷内材料一般不超过 200 页。

（二）电子审计档案的保管形式

对电子审计档案，应当采用符合国家标准的文件存储格式，确保能够长期有效读取。电子审计档案主要包括以下内容。

（1）用文字处理技术形成的文字型电子文件。

（2）用扫描仪、数码相机等设备获得的图像电子文件。

（3）用视频或多媒体设备获得的多媒体电子文件。

（4）用音频设备获得的声音电子文件。

（5）其他电子文件。

（三）审计档案的密级和保密期限

审计档案的密级和保密期限根据审计工作保密事项范围和有关部门保密事项范围合理确定。

（四）内部审计档案的使用与借阅

（1）审计档案的借阅一般限定在内部审计机构内部。

（2）内部审计机构以外或组织以外的单位查阅或者要求出具审计档案证明的，必须经内部审计机构负责人或者组织的主管领导批准，国家有关部门依法进行查阅的除外。

第六节　审计业务外包管理

目前，内部审计机构人员普遍较少，很多内部审计机构采取委托社会中介机构（业务外包）的形式，引进社会力量开展内部审计工作。开展内部审计机构审计业务外包的政策依据有两方面。一是《审计署关于内部审计工作的规定》（审计署令第 11 号）第八条规定："除涉密事项外，可以根据内部审计工作需要向社会购买审计服务，并对采用的审计结果负责。"二是 2019 年 6 月开始施行的《第 2309 号内部审计具体准则——内部审计业务外包管理》，适用于组织及其内部审计机构将业务委托给本组织外部具有一定资质的中介机构的情况。内部审计引进社会中介机构力量后，将有力支撑内部审计机构履行工作职能，立足现有人力资源，推进内部审计工作全覆盖，内部审计机构的角色将实现从"做审计"到"管审计"的转变。

内部审计业务
外包管理

一、审计业务外包的范围和形式

（一）内部审计业务外包的范围

根据《第 2309 号内部审计具体准则——内部审计业务外包管理》的规定，除涉密事项外，内部审计机构可以根据具体情况，考虑内部审计机构现有的资源无法满足工作目标要求、内部审计人员缺乏特定的专业知识或技能、聘请中介机构符合成本效益原则等因素，对内部审计业务实施外包。

（二）内部审计业务外包的形式

内部审计业务外包通常包括业务全部外包和业务部分外包两种形式。

1. 业务全部外包

业务全部外包是指内部审计机构将一个或多个审计项目委托中介机构实施，并由中介机构编制审计项目的审计报告。

2. 业务部分外包

业务部分外包是指一个审计项目中，内部审计机构将部分业务委托给中介机构实施，内部审计机构根据情况利用中介机构的业务成果，编制审计项目的审计报告。

二、社会中介机构选聘的相关要求及模板

根据《第 2309 号内部审计具体准则——内部审计业务外包管理》的规定，内部审计机构应根据外包业务的要求，通过一定的方式，按照一定的标准，遴选一定数量的中介机构，建立中介机构备选库。

（一）社会中介机构应具备的基本条件

内部审计机构确定纳入备选库的中介机构时，应当重点考虑以下条件。

（1）依法设立，合法经营，无违法、违规记录。

（2）具备国家承认的相应专业资质。

（3）从业人员具备相应的专业胜任能力。

（4）拥有良好的职业声誉。

（二）应完成的采购步骤

为加强内部监督，建议采取下列步骤。

（1）拟定社会中介机构招标（询价等）公告。

（2）当地政府采购中心或单位采购部门负责发表招标（询价等）公告。

（3）投标（接受询价等）单位回应，政府采购中心或单位采购部门收集投标标书。

（4）对于招投标，由政府采购中心组织专家对投标单位进行评标，评标结果报政府采购中心。对于询价和其他采购形式，由单位采购部门组织评议；会同内部审计机构根据选择社会中介机构的基本要求，结合各项目实际确定询价评议指标体系，确定询价评议结果报单位

采购部门。其他采购形式按照相关规定执行。单位采购部门对结果进行审核。

（5）政府采购中心或单位采购部门通知评标（评议）结果。

（6）本单位与中标单位签订委托审计合同。

（三）审计业务外包合同应包括的主要内容

《第 2309 号内部审计具体准则——内部审计业务外包管理》第十三条规定："组织应当与选择确定的中介机构签订书面的业务外包合同（业务约定书），主要内容应当包括：工作目标；工作内容；工作质量要求；成果形式和提交时间；报酬及支付方式；双方的权利与义务；违约责任和争议解决方式；保密事项；双方的签字盖章。"

目前，政府采购网提供的合同是格式条款，符合合同基本要素的内容齐全，但有关内部审计专业要求较少，内容相对简单，不能完全满足内部审计工作的实际需要。《第 2309 号内部审计具体准则——内部审计业务外包管理》第十四条规定："如业务外包过程中涉及主合同之外其他特殊权利义务的，组织也可以与中介机构签订单独的补充协议进行约定。"为此，建议各单位与接受委托的社会中介机构签订补充协议。

示例 8-1 是某单位经济责任审计委托社会中介机构审计补充协议的内容，仅供参考。

【示例 8-1】

补 充 协 议

甲方：××大学

乙方：××会计师事务所有限公司

本协议是双方于 2021 年 × 月 × 日签订合同编号为 11N4250062132021××××的《关于其他专项审计的定点采购合同》（以下简称"原合同"）的补充协议。为认真开展经济责任审计工作，加强委托审计业务指导，经友好协商，在原合同基础上补充如下内容。

一、本次委托经济责任审计项目由甲方人员担任组长，乙方人员担任副组长和审计人员。

二、甲方制定 2021 年经济责任审计工作方案，作为乙方编制审计实施方案的依据。

三、乙方应开展审前调查，认真编制经济责任审计项目的审计实施方案，报甲方备案。

四、每两周应召开审计项目进展情况沟通会（暑假期间视工作需要决定），乙方汇报审计项目进展、审计发现情况和下一步工作安排等。重大审计发现，乙方应及时向甲方报告。

五、审计报告沟通程序。

乙方草拟审计报告初稿—甲方审阅—按照规定征求被审计人员意见—乙方根据反馈意见做出是否修改、如何修改审计报告的意见—被审计人员反馈意见和乙方修改意见，报甲方审核—乙方出具审计报告—甲方依据乙方报告，向被审计人员和相关方面出具学校审计报告。

六、乙方对甲方出具经济责任审计报告，对自己执业行为和审计报告质量负责。

七、甲方将加强经济责任审计过程和结果的监控，对经济责任审计的重要结论性判断，可要求乙方提供审计证据（复印件）材料，并进行审核，并对相关材料进行归档。

八、以上规定的经济责任审计项目的事项中，甲方由学校审计处牵头负责，乙方由派出的审计人员承担相应职责。

九、乙方派出的专业人员应保守在执行审计工作中知悉的国家秘密、商业秘密和工作秘密。

十、本补充协议自签字之日起生效。本协议一式两份，双方各执一份。

十一、本协议生效后，即成为原合同不可分割的组成部分，与原合同具有同等法律效力。

甲方：××大学　　　　　　　　　　乙方：××会计师事务所有限公司

法人代表　　　　　　　　　　　　　法人代表

或授权代表：　　　　　　　　　　　或授权代表：

2022 年 × 月 × 日

三、审计业务外包的全过程质量监控

因审计业务外包的大部分业务是委托审计，所以下面主要以委托审计为例进行说明。

（一）强化委托审计制度建设

为加强对委托审计的全过程质量监控，需要按照上级部门政策文件制度精神，将委托审计整体工作纳入法治化、规范化的轨道，结合本单位实际，及时出台委托审计管理制度。示例 8-2 为委托审计制度举例，仅供参考。

【示例 8-2】

××集团公司委托社会中介机构审计管理办法（节选）

第一章　总　则

第一条　为规范委托社会中介机构对集团公司下属企业实施审计工作，提高审计工作质量，充分发挥审计在国有企业监管中的作用，根据《中华人民共和国企业国有资产法》《中华人民共和国注册会计师法》等有关法律法规，结合本集团公司实际情况，制定本办法。

第二条　本办法所称下属企业，是指本集团公司所属的各级全资、控股或其他拥有实际控制权的企业。

第三条　下属企业中的下列财务审计项目，由集团公司审计委员会负责选择确定中介机构：

（一）下属企业年度财务报告审计业务（含财务决算专项审计、经营业绩考核专项审计和职工薪酬专项审计等）；

（二）经集团公司董事会批准的下属企业本级有关经济行为对应的专项审计业务，如清产核资专项审计、改制重组涉及的其他专项财务审计等；涉及企业股改上市或上市公司重组等另有规定的，按照有关规定执行。

（三）其他需要集团公司审计委员会选择中介机构的审计业务。

第四条　委托中介机构应当遵循公开、公平、公正、诚实信用、竞争择优的原则，并充分考虑拟选聘事务所与被审计企业资产规模、业务特征等情况的匹配程度。

第二章　委托审计评审与评价专家库

第五条　集团公司审计委员会建立委托审计竞标评审和质量评价专家库，对竞标项目实施评标，对委托审计项目及选定的下属企业自行委托的审计项目进行质量评价。

专家库成员从行业主管部门、财经类院校、下属企业和监事会中产生，人数不少于 15 人。

……

第三章　审计委托管理

第八条　集团公司审计委员会选择承担审计和经济鉴证业务的中介机构，原则上采取公开竞标的方式进行。有下列情形之一的，可以采取邀请招标、竞争性谈判、比选指定等简易方式选择确定中介机构：

……

第四章　审计业务管理

……

第五章　审计质量评价

……

第六章　罚　则

……

第七章　附　则

……

第四十七条　本办法由集团公司审计委员会负责解释。

（二）签署社会中介机构委托审计项目承诺书

为加强委托审计过程的廉政建设，明确审计责任，提高审计工作质量，组织可与社会审计机构签署社会中介机构委托审计项目承诺书。示例 8-3 可供参考。

【示例 8-3】

社会中介机构委托审计项目承诺书

为完成好审计业务，明确工作责任，我公司除与你单位签订协议外，特对审计过程涉及的相关事项承诺如下。

（一）我公司派出的专业人员具有相应执业能力，能够满足本次审计工作需要。

（二）我公司派出的专业人员在执行审计业务时，能够保持审计工作独立性，不存在对独立性可能造成损害的下列情形。

1. 与被审计单位负责人或者有关主管人员有夫妻关系、直系血亲关系、三代以内旁系血亲以及近姻亲关系。

2. 与被审计单位或者审计事项有直接经济利益关系。

3. 对曾经管理或者直接办理过的相关业务进行审计。

4. 可能损害独立性的其他情形。

（三）我公司派出的专业人员执行审计业务时，将合理运用职业判断，保持职业谨慎，对被审计单位可能存在的重要问题保持警觉，并审慎评价所获取审计证据的适当性和充分性，得出恰当的审计结论。

（四）我公司派出的专业人员执行审计业务时，将从下列方面保持与被审计单位的职业关系。

1. 与被审计单位充分沟通并听取其意见。

2. 客观公正作出审计结论，尊重并维护被审计单位的合法权益。

3. 严格执行审计工作纪律。

4. 保持良好的职业形象和信誉。

（五）我公司派出的专业人员将会保守其在执行审计业务中知悉的国家秘密、商业秘密和工作秘密。

（六）我公司派出的专业人员执行审计业务时，将会严格遵守审计工作廉政纪律的有关要求。

1. 不准由被审计单位支付或补贴住宿费、餐费。

2. 不准办理与审计工作无关的事项。如需使用被审计单位的交通工具等办公条件，需与被审计单位进行协商。

3. 不准参加被审计单位安排的宴请、旅游、娱乐和联欢等活动。

4. 不准接受被审计单位的纪念品、礼品、礼金、消费卡和有价证券。

5. 不准在被审计单位报销任何因公因私费用。

6. 不准向被审计单位推销商品或介绍业务。

7. 不准利用审计职权或知晓的被审计单位的商业秘密和内部信息，为自己和他人谋利。

8. 不准向被审计单位提出任何与审计工作无关的其他要求。

（七）若我公司派出的专业人员出现以上（一）至（六）中所列情形给你单位工作造成影响，我公司将承担全部责任，愿意接受你单位的所有处理决定，并承诺提前解除委托审计协议，退出下一轮社会中介机构资格准入评选。

社会中介机构（公章）
社会中介机构法人代表（签章）
承诺时间：

（三）创建社会中介机构跟踪审计质量计算机监控平台

对于投资大、建设期长的工程项目，一般都会委托社会中介机构开展全过程跟踪审计。为此，可依靠计算机技术，创建社会中介机构跟踪审计质量计算机监控平台，加强对社会中介机构参与跟踪审计执业行为的全程监控，降低跟踪审计风险，提高跟踪审计项目质量。

（四）建立委托审计项目台账

根据项目特点和社会中介机构的不同情况，编制委托审计项目台账，如表 8-7 所示。台账内容主要包括审计项目名称、社会中介机构名称、审计人员姓名、完成的主要事项、送审金额、所处审计阶段、审计报告完成日期、审计报告主要内容、支付审计费用、审计档案归档时间和内部审计机构联系人等。

表 8-7   委托审计项目台账

年 月 日	审计项目名称	社会中介机构名称	审计人员姓名	完成的主要事项	送审金额	所处审计阶段	审计报告完成日期	审计报告主要内容	支付审计费用	审计档案归档时间	内部审计机构联系人

（五）加强双方的信息沟通，强化内部审计机构的指导和监督

（1）为指导社会中介机构审计工作，内部审计机构应明确告知社会中介机构审计人员审计项目总体目标，积极引导社会中介机构人员制定审计项目实施方案，明确审计各阶段的基本要求和时间节点，为各阶段把握工作质量、促进跟踪审计工作规范化提供依据。

（2）内部审计机构要加强对社会中介机构参审项目的业务指导，做好与相关方面的沟通协调，积极支持社会中介机构开展相关工作；建立审计情况定期汇报机制，及时解决社会中介机构审计人员提出的问题和困难，督促社会中介机构审计人员按照委托协议的要求，履行相关职责。

（3）内部审计机构根据社会中介机构人员制定的审计项目实施方案的基本要求和时间节点，区分不同阶段，从审计实施方案的编制、审计工作重点和切入点的确定、审计的现场实施、社会中介机构审计人员与被审计单位的沟通协调、审计成果的反映等方面，进行监督检查，审核社会中介机构审计人员提交的工作过程记录和相关材料是否符合相关制度规范和委托审计合同要求，加强对社会中介机构审计人员审计情况的监控。

（4）按照《第 2309 号内部审计具体准则——内部审计业务外包管理》的规定，社会中介机构若存在未能全面、有效履行合同规定的义务，随意简化审计程序，审计程序不规范，审计报告严重失实，审计结论不准确，且拒绝进行重新审计或纠正的情形；或存在应披露而未披露的重大事项等重大错漏，违反职业道德，弄虚作假、串通作弊、泄露被审计单位秘密，擅自将受托审计业务委托给第三方，以及其他损害委托方或被审计单位的行为等情形，内部审计机构可以向单位提出终止合同、拒付或酌情扣减审计费用的建议。

（六）提升审计成果质量

对于社会中介机构提交的审计报告，内部审计机构应及时进行复核，对于报告中提出的社会中介机构发现的重要问题，将要求其提供所有关于该问题的审计证据和材料，审核审计证据与审计报告措辞的适当性、发现问题定性的准确性等内容，切实把握审计工作风险，提高跟踪审计工作质量。内部审计机构应指导社会中介机构按照审计档案管理的相关要求，认真做好审计档案整理归档工作。

四、审计业务外包工作质量考核

根据《第 2309 号内部审计具体准则——内部审计业务外包管理》，内部审计机构应做好以下工作。

（1）内部审计机构对中介机构工作质量的评价，一般包括履行业务外包合同（业务约定书）承诺的情况、审计项目的质量、专业胜任能力和职业道德、归档资料的完整性等方面。

（2）内部审计机构可以采用定性、定量或者定性定量相结合的方式，对中介机构的工作质量进行评价。

（3）组织及其内部审计机构应当把对中介机构工作质量评价的结果，作为建立中介机构备选库、选择和确定中介机构的重要参考。中介机构违背业务外包合同（业务约定书）的，内部审计机构应当根据评价结果，依照合同约定，向组织建议追究中介机构的违约责任。

思考与探索

1．比较审计部门负责人、项目经理、审计小组负责人、审计小组成员在审计过程中的责任。

2．审计工作授权表中应该包括哪些信息？为什么要准备该表？

3．审计任务清单与审计方案是一回事吗？

4．某保险公司一位内部审计部门经理正准备派一个审计小组到刚刚成立的 IT 部门，执行有关 IT 部门技术支持系统的有效性审计。内部审计部门经理在内部审计小组人员出发前，应与其讨论哪些问题？

5．某公司内部审计部门即将开展一项技术性较强的审计活动，目前正考虑审计人选的问题。目前，正好有两名内部审计人员自告奋勇。一位内部审计人员认为自己具有参加本次活动的技能，并且，自己曾经参加过该系统的控制审核工作。另一位内部审计人员是审计领域的技术专家，但未参加过该设计部门的工作，也不熟悉这个部门。出于客观的考虑，你将如何选择？

6．作为一名内部审计小组负责人，当你接到一项任务时，你如何开展一项完整的审计工作？

7．某项目经理出国执行一项紧急审计任务，估计三周后才能回来。这时有一位审计组组长完成了一份审计报告初稿，该审计报告要求在两周后公布，因此项目经理来不及在报告公布前进行审查。

请思考下列问题。

（1）按照审计准则，项目经理对审查审计报告的责任是什么？

（2）项目经理怎样才能在完成国外任务的同时保证审计报告能准时公布？

（3）假如项目经理不审查报告，有什么风险？

8．某银行集团的内部审计部经理正编制年度审计计划。这个计划在下个月要交给审计委员会。第二天公司的总裁和审计部经理开了一个会。在会上，总裁称将自行编制审计计划。

两位副总裁抱怨去年的审计计划给被审计者的经营带来不便，总裁认为由他决定审计项目的审计范围更适合，因为他知道每项审计应花多长时间。他认为内部审计主要是为管理层服务的，由管理层来确定审计内容和制定审计计划更合适。

请思考下列问题。

（1）总裁编制审计计划有什么危害？

（2）如果你是内部审计部经理，应如何处理这种情况？

第九章 内部控制审计

引导案例

出纳侵占千万元公款7年没被发现，谁之过

某市检察院2018年6月13日对外披露，该市某知名快餐连锁企业的出纳云某，7年间侵占公司资金1 000多万元。让人吃惊的是，案涉企业内部会计审核、外部财务审计层层失守，企业账户亏空上千万元竟然一直未被察觉，直到犯罪嫌疑人到公安机关自首，该案才浮出水面。

为什么会出现如此离奇的事情呢？究其原因，除了会计师事务所的审计程序不规范和银行工作人员风险防范意识淡薄以外，最主要的原因还是企业内部控制严重缺失，会计审核形同虚设。

俗话说，管钱的不管账，这是十分基本的内部控制制度。企业银行对账工作应该由主管会计执行。2011年，云某发现总公司对资金申领的审核比较宽松，于是开始以各种名目申领大笔资金，这些资金除了支付员工工资、供货商货款、水电费及房租等企业正常开支外，还用于云某私人消费。这种作案手法根本算不上高明，会计人员只要认真核对银行对账单就能发现。云某也意识到这一点，为了应付每月会计对银行对账单的审核，云某从银行取回对账单后，马上重新做一份假对账单，把用于自己消费的项目全部删除，修改相应余额。当然，银行流水可以作假，银行公章造假却没有那么容易。于是云某拿着没有银行印章的对账单，忽悠本企业的会计人员银行忘了盖章。几次下来，会计人员竟然不再追究银行对账单没有银行印章的事情。就这样，云某用没有银行印章的假对账单应付了7年的内部会计审核。由此可见，该企业的内部控制是存在严重缺陷的。

思考：

（1）该企业内部控制最严重的缺陷是什么？

（2）为什么说企业的内部审计部门对内部控制进行审计很重要？

第一节 内部控制审计概述

一、内部控制要素

（一）内部控制的概念

内部控制是指由企业董事会、监事会、经理层和全体员工实施的，旨在实现控制目标的过程，其具体目标是合理保证企业经营管理合法合规、资产安全、财务报告及相关信息真实完整，提高经营效率，促进企业实现发展战略。

2008年5月，财政部等五部委发布了《企业内部控制基本规范》，自2009年7月1日起施行。2012年11月，财政部发布了《行政事业单位内部控制规范（试行）》，自2014年1月1日起施行。

依据相关规定，董事会及管理层的责任是建立、健全内部控制并使之有效运行。

（二）内部控制的原则

企业建立与实施内部控制，应当遵循全面性、重要性、制衡性、适应性和成本效益原则。

1. 全面性原则

内部控制应当贯穿决策、执行和监督全过程，覆盖企业及其所属单位的各种业务和事项。具体来说，内部控制在层次上应当涵盖企业董事会、管理层和全体员工，在对象上应当覆盖企业各项业务和管理活动，在流程上应当渗透到决策、执行、监督、反馈等各个环节，避免内部控制出现空白和漏洞。

2. 重要性原则

内部控制应在全面控制的基础上，关注重要业务与事项、高风险领域与环节的控制措施，确保不存在重大缺陷。内部控制要在兼顾全面的基础上突出重点，针对重要业务与事项、高风险领域与环节采取更为严格的控制措施，确保不存在重大缺陷。

3. 制衡性原则

内部控制应当在治理结构、机构设置及权责分配、业务流程等方面，形成相互制约、相互监督的机制，同时兼顾运营效率。企业的机构、岗位设置和权责分配应当科学合理并符合内部控制的基本要求，确保不同部门、岗位之间权责分明和有利于相互制约、相互监督。履行内部控制监督检查职责的部门应当具有良好的独立性。任何人不得拥有凌驾于内部控制之上的特殊权力。

4. 适应性原则

内部控制应当与企业经营规模、业务范围、竞争状况和风险水平等相适应，并随着情况的变化及时加以调整。适应性原则要求企业建立与实施内部控制应当具有前瞻性，适时地对内部控制系统进行评估，发现可能存在的问题，并及时采取措施予以补救。

5. 成本效益原则

内部控制应当权衡实施成本与预期效益，以适当的成本实现有效控制。内部控制对防范企业活动的错弊和风险只能起到合理的保证作用，企业应当权衡实施成本与预期收益，所设置的控制点应达到控制收益大于控制成本。当有些业务可以不断增加控制点来实现较多的控制程序时，就应考虑采用多少控制点能使控制收益减去控制成本的差额最大化；当控制收益难以确定时，应考虑在满足既定控制的前提下，使控制成本最小化。企业建立的内部控制制度越严密，内部控制能力越强，为此所要付出的运行和维护等成本就越大，企业的效益就越会受到影响。同时，控制过于严密对企业的运营效率也会产生影响，将减少企业的效益。

（三）内部控制的构成要素

企业建立与实施的有效的内部控制，应当包括下列五个要素。

1. 内部环境

内部环境是企业实施内部控制的基础，一般包括治理结构、机构设置及权责分配、内部审计、人力资源政策、企业文化等。企业应当根据国家有关法律法规和企业章程，建立规范的公司治理结构和议事规则，明确决策、执行、监督等方面的职责权限，形成科学有效的职责分工和制衡机制。内部环境具体包括以下八个方面。

内部控制的构成
要素

一是董事会。董事会是企业内部控制系统的核心，是约束经营者行为的有效机制。现代企业法人治理结构的一个显著特点就是经营权与所有权分离。从理论上讲，对经营者的控制机制可分为两大类，一类是以资本市场、产品市场以及法律规章制度为主体的外部控制机制，另一类是以董事会为主体的内部控制机制。加强董事会建设是实现对经营者控制的有效方法。

二是监事会。在我国，监事会是内部环境的一个必要要素。监事会对股东（大）会负责，通过监督企业董事、经理和其他高级管理人员依法履行职责来实现对企业的经营控制。

三是组织结构。组织结构是企业为了便于管理，实现企业的目标而分成的若干个管理机构和管理层次，它表明了企业内部各部分的排列顺序、联系方式以及各要素之间的相互关系。显而易见，组织结构设置是否合理、各部门主管对职责的理解程度、部门主管的知识和经验，直接影响控制环境的建立。

四是授权和分配责任的方法。在企业管理过程中，权力和责任相互依存，因此授权和划分责任必然联系在一起。企业管理层应当以书面的形式明确并公开授权和划分责任的具体办法，从而增强企业整体的控制意识。如果企业管理层明确地建立了授权和分配责任的方法体系，就能在很大程度上增强企业的控制意识。

五是审计委员会及内部审计。内部审计是为企业营造守法、公平、公正的内部环境的重要保证，是监督内部控制执行和评价内部控制效果、促进内部控制完善的一种机制。审计委员会除负责审查企业内部控制、监督内部控制的有效实施和内部控制自我评价情况外，还有助于保证董事会与企业外部及内部审计人员之间的直接沟通。

六是人力资源政策和实务。人力资源政策是影响内部环境的关键因素。在现代企业中，一个企业的人力资源政策直接影响企业中每个人的表现和业绩。好的人力资源政策和实务，应该能保证执行企业政策和程序的人员具有胜任能力和正直品性。人力资源政策涉及人力资源的流动、蓄积、配置、考核等具体环节，进而关系到内部控制的实现效果和效率。

七是员工。在企业内部控制体系中，员工既是控制的主体，又是控制的对象。员工的素质与能力直接决定了特定控制的实施及其效果，员工的责任感与诚实性则是能否实现经营目标、将内部控制融入日常管理活动的重要推动因素。

八是企业文化。企业文化是内部环境的集中体现。企业文化是企业在长期的生产经营过程中形成的，区别于其他企业且体现为本企业特有的价值观念和精神风貌。它是企业的基本信念、价值观念、生活方式、人文环境及与此相适应的思维方式和行为方式的总和。企业文化不但直接影响内部控制的建立，还直接决定内部控制实施的效果和内部控制目标的实现。

2. 风险评估

风险评估是指识别、系统分析经营活动中与实现内部控制目标相关的风险，合理确定风险应对策略。企业应当根据设定的控制目标，全面、系统、持续地收集相关信息，结合实际情况，及时进行风险评估，准确识别与实现控制目标相关的内部风险和外部风险，确定相应的风险承受度。企业可根据风险分析的结果，结合风险承受度，权衡风险与收益，确定风险应对策略。比如，从组织架构看，企业应建立健全风险管理组织体系，主要包括规范的公司法人治理结构、风险管理职能部门、内部审计部门和法律事务部门，以及其他有关职能部门、业务单位的组织领导机构及其职责。风险评估组织之间的职能关系可以概括为：风险管理委员会在董事会领导下，审议并提交风险管理各项方案、报告；总经理主持全面风险管理日常工作；风险管理专职部门提出风险管理工作报告，提出风险管理策略，研究提出跨部门重大风险评估报告，研究提出跨部门重大风险管理方案，负责有效性评估提出改进方案、组织协调日常工作；董事会审议工作报告，确定风险管理总体目标和策略，批准重大风险评估报告，做出重大风险控制决策，批准监督评价报告；其他职能部门执行风险管理基本流程和制度规范，负责本部门工作，监督部门开展监督、评价工作，出具评价报告。

从管理流程看，企业应当通过风险识别、风险评估及风险应对三个主要环节，对识别出来的重大风险及其相应的控制措施进行评价，从而在关键领域制定切实可行的应对方案。

首先，在风险识别环节，企业风险一般可分为战略风险、财务风险、市场风险、运营风险、法律风险等；也可以以能否为企业带来盈利等机会为标志，将风险分为纯粹风险（只有带来损失一种可能性）和机会风险（带来损失和盈利的可能性并存）。

其次，风险评估，包括风险辨识、风险分析和风险评价三个步骤。企业应当采用定性与定量相结合的方法，按照风险发生的可能性及其影响程度等，对识别的风险进行分析和排序，确定关注重点和优先控制的风险。一是先对识别出来的风险发生的可能性及影响程度进行评估；二是采用绘制风险坐标图的方法对多项风险进行直观的比较，从而确定各风险管理的优先顺序和策略。

最后，风险应对可分为三个步骤。一是对风险管理策略分类。企业根据自身条件和外部环境，围绕企业发展战略，确定风险偏好、风险承受度、风险管理有效性标准，选择风险承担、风险规避、风险转移、风险转换、风险对冲、风险补偿、风险控制等适合的风险管理工具的总体策略，并确定风险管理所需人力和财力资源的配置原则。二是选择风险管理策略。企业综合运用风险规避、风险降低、风险分散和风险承受等一种或几种风险应对策略，实现对风险的有效控制。三是制定风险管理解决方案。企业根据风险管理策略，针对各类风险或每一项重大风险制定风险管理解决方案。方案应包括风险解决的具体目标，所需的组织领导，所涉及的管理及业务流程，所需要的条件、手段等资源，风险事件发生前、中、后所采取的具体应对措施以及风险管理工具。

3. 控制活动

企业应根据风险评估结果，开展相应的控制活动，将风险控制在可承受度之内。企业应当结合风险评估结果，通过手工控制与自动控制、预防性控制与发现性控制相结合的方法，运用相应的控制措施，将风险控制在可承受度之内。常见的控制措施包括不相容职务分离控制、授权审批控制、会计系统控制、财产保护控制、预算控制、运营分析控制和绩效考评控制等。其中，授权审批控制是指企业根据常规授权和特别授权的规定，明确各岗位办理业务和事项的权限范围、审批程序和相应责任；财产保护控制是指保护实物资产不被偷盗或未经许可获得或被使用的措施和程序，包括建立财产日常管理制度和定期清查制度；预算控制的目的是明确各责任单位在预算管理中的职责权限，规范预算的编制、审定、下达和执行程序，强化预算约束。

4. 信息与沟通

企业应及时、准确地收集、传递与内部控制相关的信息，确保信息在企业内部、企业与外部之间进行有效沟通。信息与沟通的要件包括信息质量、沟通制度、信息系统、反舞弊机制。

从信息质量看，信息是企业各类业务事项属性的标识，是确保企业经营管理活动顺利开展的基础。企业日常生产经营需要收集各种内部信息和外部信息，并对这些信息进行合理筛选、核对、整合，提高信息的有用性。企业可以通过财务会计资料、经营管理资料、调查报告、专项信息、内部刊物、办公网络等渠道获取内部信息，还可以通过行业协会组织、社会中介机构、业务往来企业、市场调查、来信来访、网络媒体以及有关监管部门等渠道获取外部信息。

从沟通制度看，信息的价值只有通过有效传递和使用才能体现。企业应当建立信息沟通制度，将内部控制的相关信息在企业内部各管理层级、责任部门、业务环节之间，以及企业与外部投资者、债权人、客户、供应商、中介机构和监管部门等有关方面之间进行沟通和反馈。对于信息沟通过程中发现的问题，应当及时报告并加以解决，重要信息要及时传递给董事会、监事会和经理层。

从信息系统看，企业应当利用信息技术促进信息的集成和共享，充分发挥信息技术在信息与沟通中的作用。企业应当加强对信息系统的开发和维护、访问与变更、数据输入与输出、文件存储与保管、网络安全等方面的控制，保证信息系统安全稳定运行。

从反舞弊机制看，企业应当建立反舞弊机制，坚持惩防必举、重在预防的原则，明确反舞弊工作的重点领域、关键环节和有关机构在反舞弊工作中的职责权限，规范舞弊案件的举报、调查、处理、报告和补救程序。企业至少应当将下列情形作为反舞弊工作的重点：未经授权或者采取其他不法方式侵占、挪用企业资产，牟取不当利益；在财务会计报告和信息披露等方面存在虚假记载、误导性陈述或重大遗漏等；董事、监事、经理和其他高级管理人员滥用职权。

5. 内部监督

内部监督分为日常监督和专项监督，指企业对内部控制建立与实施情况进行监督检查，评价内部控制的有效性。发现内部控制缺陷时，应当及时加以改进。企业应当根据有关规定，结合企业实际，制定内部控制监督制度，明确内部审计机构（或经授权的其他监督机构）和其他内部机构在内部监督中的职责权限，规范内部监督的程序、方法和要求。企业应结合内部监督情况，定期对内部控制的有效性进行自我评价，并及时加以改进。

（四）内部控制的固有限制

内部控制是对组织目标实现的相对保证。由于人为错误、串通舞弊、超越制度、环境变化及成本效益原则等因素的影响，内部控制可能无法发挥其应有的作用。因此，在评价内部控制健全性和有效性时，应当考虑内部控制的固有限制。

一是内部控制的设置和运行受制于成本效益原则。

二是内部控制一般仅针对常规业务活动而设置。

三是即使内部控制完善，也可能因有关人员的疏忽、误解和判断错误、相互勾结、内外串通而失效。

四是内部控制可能因执行人员滥用职权或屈从于外部压力而失效。

五是内部控制可能因服务环境、业务性质的改变而削弱或失效。

二、内部控制审计的内涵

（一）内部控制审计的定义

内部控制审计就是独立的内部审计机构和人员通过规范的专门方法对被审计单位内部控制设计和运行的有效性进行审查和评价。

（二）内部控制审计的原则

《第 2201 号内部审计具体准则——内部控制审计》第五、六、七条对内部控制审计做出了一些原则性要求。

原则 1：以风险评估为基础。

内部控制审计应当以风险评估为基础，根据风险发生的可能性和对组织单个或者整体控制目标造成的影响程度，确定审计的范围和重点。

原则 2：关注内部控制的局限性。

内部控制审计应当关注串通舞弊、滥用职权、环境变化和成本效益等内部控制的局限性。

原则 3：关注"二重一高"。

内部控制审计应当在对内部控制全面评价的基础上，关注重要业务单位、重大业务事项和高风险领域的内部控制。

原则 4：真实客观。

内部控制审计应当真实、客观地揭示经营管理的风险状况，如实反映内部控制设计和运行的情况。

（三）内部控制审计的内容

内部控制审计的主要内容可从两个层面来理解。

1. 组织层面的内部控制审计

《第 2201 号内部审计具体准则——内部控制审计》第九条规定："内部审计机构可以参考《企业内部控制基本规范》及配套指引的相关规定，根据组织的实际情况和需要，通过审查内部环境、风险评估、控制活动、信息与沟通、内部监督等要素，对组织层面内部控制的设计与运行情况进行审查和评价。"

2. 业务层面的内部控制审计

《第 2201 号内部审计具体准则——内部控制审计》第十五条规定："内部审计人员根据管理需求和业务活动的特点，可以针对采购业务、资产管理、销售业务、研究与开发、工程项目、担保业务、业务外包、财务报告、全面预算、合同管理、信息系统等，对业务层面内部控制的设计和运行情况进行审查和评价。"通常，业务层面的内部控制审计是针对组织内部控制的某个要素、某项业务活动或者业务活动某些环节的内部控制所进行的专项内部控制审计。

三、内部控制与内部审计的关系

内部控制与内部审计之间存在着相互依赖、相互促进的内在联系。内部控制本质上是组织为了达到一定目标所采取的一系列行动的过程。而内部审计的主要目的是评价组织的内部控制。内部审计对内部控制的健全和有效进行评价，以确保揭露组织潜在的风险并达到组织的目标；同时，其本身又是内部控制的重要组成部分。

（一）内部控制评价是内部审计的基础

一个经济实体所提供的会计信息和其他经济信息的真实、完整与否，与该实体是否存在规范的内部控制制度并有效执行内部控制制度有着较大程度的因果关系。内部控制的存在与否、有效性如何，对内部审计确定审计范围、审计重点、审计方法等有着至关重要的意义。

1. 确定审计范围

在企业内部审计工作中，内部审计人员依据对被审计单位内部控制的评价结果确定审计范围，主要包括两点：一是将失去控制和控制薄弱的业务系统或控制环节列入审计范围，二是将特定时间内未得到良好控制的业务系统和控制环节列入必审的范围。从业务发生的时间看，只有内部控制的各项措施在整个业务期间都得到妥善执行，企业才算得上合理有效运转；倘若某项控制措施在某一特定期间未能得到妥善执行，那么，该期间某项经济业务发生错弊的可能性就较大，因此应将该经济业务列入审计范围。

2. 确定审计重点

对于列入审计范围的业务活动，由于失控程度和各项业务的重要性不同，内部审计人员应给予不同的关注。通常情况下，凡列入审计范围的失控点和控制弱点以及与此有关的业务及资料都应列入审计重点。具体讲，凡与下列情况有关的经济业务都应列入审计重点进行审查：一是控制点和关键控制点设置得不够周全；二是控制点或关键控制点中某些控制措施未被执行；三是控制点或关键控制点中某些应有控制措施比较薄弱；四是控制点和关键控制点中的某些控制措施执行不力，功效不强。

3. 确定审计方法

审计范围和审计重点确定后，内部审计人员就可以根据审计方案的要求和必审项目及业务环节的实际情况，确定采用适当的审计技术及方法。对于列入审计重点和范围的项目，一般应采用详细审计方法，或者在采用抽样审计方法时，选择较大规模的样本；如果企业内部控制比较健全，对未被列入审计重点的项目，就可以采用抽样审计的方法。例如，在确认存货成本的真实性上，应采用 ABC 分类法。在实施审计时，应将 A 类存货作为重点进行详细审计，而对 B 类和 C 类存货分别采用抽样审计方法。

（二）内部审计评价保证内部控制的有效性

内部控制是企业有效管理及各项经济业务有序开展的必要保证。内部审计通过对内部控制进行测试，可以评价企业内部控制制度的健全性、遵循性和有效性，能针对内部控制中的薄弱环节及时提出相应的改进建议，促使企业以合理的成本促进有效控制，达到改善企业内部经营状况的目的。内部审计对内部控制的建立与完善、保证内部控制的有效性主要表现在以下几点。

1. 有利于完善内部控制系统

内部审计人员对内部控制系统进行检查和评价，其目的之一就在于检查内部控制的完善性。这里所指的完善性，即内部控制系统的健全程度和严密程度。被审计单位内部控制系统是否健全、是否严密由内部审计人员对被审计单位内部控制系统经过充分的调查后进行评价。在评价过程中，内部审计人员需要做大量的收集、整理、分析工作。因此，内部审计人员通过对内部控制的调查，就能够明确被审计单位内部控制系统是否完善，如不完善，则可以提出改进建议，有利于改进内部控制系统。

2. 有利于建立有效的内部控制系统

内部控制系统的有效性指内部控制系统在实际工作中能够充分发挥其控制作用。内部控制系统是否有效，不在于被审计单位自我标榜，而在于内部审计人员通过对内部控制系统的了解、调查、测试后得出的结论。如果被审计单位的内部控制系统无效，内部审计人员可通过审计报告予以提出，被审计单位就可根据审计报告中的建议和措施，把无效的内部控制系统通过纠正，变为有效的内部控制系统。

3. 有利于建立可行的内部控制系统

被审计单位的内部控制系统，除了严密、有效外，还必须可行。可行主要指两方面可行。一是对于成本而言，即被审计单位所建立的内部控制系统需要投入的成本，必须小于建立该项内部控制系统后所获得的经济效益。二是指内部控制系统在实际工作中能正常运行。内部控制系统是否可行，也不能由被审计单位自己来评价，应由具有客观立场的内部审计人员进行评价。因此，内部审计人员对内部控制系统进行检查与评价，就能为被审计单位指明其内部控制系统是否可行，从而使被审计单位结合本单位的实际情况，重新建立或修订内部控制系统。

第二节　组织层面的内部控制审计

一、内部环境审计

内部环境审计主要关注企业治理结构、发展战略、企业文化、人力资源管理、社会责任、内部审计机制和反舞弊机制等方面的建立健全情况。

内部环境是内部控制其他四要素的基础，它包括：企业中最高决策层确定的内部控制基调，人的素质、价值观和能力，管理层的理念和经营风格，组织结构，职责分工，管理和培养员工等。

二、风险评估审计

风险评估审计主要关注企业是否按照战略目标设定经营、财务、合规、资产等管理目标，是否关注人员素质、管理、企业实力、技术、安全环保等内部风险因素，以及行业发展、经济（市场）、法律、社会、科技、自然环境等外部因素，是否采取了有效的风险应对策略。

三、控制活动审计

控制活动审计包括对不相容职务分离（职责分工）控制、授权审批控制、会计系统控制、财产保护控制、预算控制、运营分析控制和绩效考评控制等措施的审查，看企业是否建立内部控制关键岗位的轮岗制度，是否建立经济活动的决策、执行和监督相互分离的工作机制。

四、信息与沟通审计

信息与沟通审计主要审查企业内部建立的信息收集系统和信息沟通系统是否有效、通畅，信息系统架构是否完整，控制是否恰当，执行是否到位，企业上下是否正确、有效履行职能。

五、内部监督审计

内部监督审计主要是对企业内部控制制度开展监督检查的事件、频率、方式、方法是否及时、有效进行审核评价。

内部监督是企业对内部控制建立与实施情况进行监督检查，分为日常监督和专项监督。日常监督是指企业对建立与实施内部控制的情况进行常规、持续的监督检查；专项监督是指在企业发展战略、组织结构、经营活动、业务流程、关键岗位员工等发生较大调整或变动的情况下，对内部控制的某一或者某些方面进行有针对性的监督检查。

（一）内部监督审计的目标

内部监督审计的目标是评价企业内部控制监督制度是否完善，执行是否有效。内部审计人员通过内部监督审计，了解企业制度制定及执行情况，结合已开展的其他内部控制要素审计结果，相互验证，判断存在的问题、隐患或漏洞。

（二）内部监督审计的内容

1. 企业内部控制监督制度的建立情况

审计内容为：检查企业是否根据《企业内部控制基本规范》及其配套办法，制定内部控制监督制度，确定内部控制缺陷认定标准，明确审计与风险管理委员会或内部审计机构（或经授权的其他监督机构，以下统称内部审计机构）和其他内部机构在内部监督中的职责权限，规范内部监督的程序、方法和要求。

2. 企业内部控制监督制度的执行情况

审计内容为：取得企业内部控制自我评价报告、内部控制缺陷信息数据库和内部审计数据，查阅企业历年发现的内部控制缺陷、内部审计报告所指出的问题及其整改情况；检查企业是否根据其内部控制监督制度要求，依据内部控制缺陷认定标准，实施内部监督；检查企业对监督过程中发现的内部控制缺陷，是否分析缺陷的性质和产生的原因，提出整改方案，采取适当的形式及时向董事会、监事会或者经理层报告。

审计时，需要重点关注：企业内部监督是否覆盖并监控企业日常业务活动，是否定期对内部控制的有效性进行自我评价，出具内部控制自我评价报告；内部审计机构设置、人员配备和工作的独立性是否得到保证；内部审计机构是否充分地履行监督职责，是否按照计划和程序开展工作；各项审计工作中发现的问题是否按规定及时整改；企业是否定期开展效能监察及其他专项监督工作，对发现的内部控制重大缺陷，是否追究相关责任单位和责任人的责任。

第三节 业务层面的内部控制审计

一、采购业务内部控制审计

主要关注以下方面。

（1）采购与付款业务相关岗位及人员的设置情况。重点检查是否存在采购与付款业务不相容职务混岗的现象。

（2）采购与付款业务授权批准制度的执行情况。重点检查授权批准手续是否健全，是否存在越权审批行为。

（3）采购的管理情况。重点检查采购政策的执行是否符合规定，采购申请审查是否严格，有无重复购置或闲置浪费情况；采购方式是否合规，招投标或定价机制是否科学；供应商选择是否适当；授权审批程序是否规范，合同对方的主体资格和履约能力是否符合规定要求，采购合同有无重大疏漏或欺诈等。

（4）付款的管理情况。重点检查预付账款和定金等是否及时入账，应付账款、应付票据、预付账款等的管理是否符合规定。

（5）采购退回的管理情况。重点检查采购退货手续是否齐全、退回款项是否及时入账。

（6）账实、账账相符情况。重点检查是否定期抽查、核对采购业务记录、会计记录、材料入库记录和库存商品实物记录，及时发现并处理采购与付款中存在的问题；是否定期对库存商品进行盘点；是否定期与往来客户通过函证等方式核对应付账款、应付票据、预付账款等往来款项，如有不符，是否查明原因，及时处理。

（7）采购档案保管是否齐全，有无操作不当导致组织利益受损等情况。

二、资产管理内部控制审计

主要关注以下方面。

（1）资产管理业务相关岗位及人员的设置情况。重点检查是否存在业务不相容职务混岗的现象。

（2）货币资金内部控制是否完善，资产配置、验收盘点、实物使用、出租出借等是否合理、规范。

（3）对外投资论证是否科学，投资权属是否存在隐患。

（4）固定资产或无形资产是否按规定计提折旧或摊销。

（5）无形资产是否存在权属不清导致法律纠纷的情况。

三、销售业务内部控制审计

主要关注以下方面。

（1）销售与收款业务相关岗位及人员的设置情况。重点检查是否存在销售与收款业务不相容职务混岗的现象。

（2）销售与收款业务授权批准制度的执行情况。重点检查授权批准手续是否健全，是否存在越权审批行为。

（3）销售的管理情况。重点检查信用政策、销售政策的执行是否符合规定。

（4）收款的管理情况。重点检查销售收入是否及时入账，应收账款的催收是否有效，坏账核销和应收票据的管理是否符合规定。

（5）销售退回的管理情况。重点检查销售退回手续是否齐全、退回货物是否及时入库。

（6）账实、账账相符情况。重点检查是否定期抽查、核对销售业务记录、销售收款会计记录、商品出库记录和库存商品实物记录，及时发现并处理销售与收款中存在的问题；是否定期对库存商品进行盘点；是否定期与往来客户通过函证等方式，核对应收账款、应收票据、预收账款等往来款项，如有不符，是否查明原因，及时处理。

四、研究与开发内部控制审计

主要关注以下方面。

（1）研究与开发项目是否经过充分科学的论证，避免创新不足或资源浪费。

（2）研发人员配备是否合理。

（3）研发过程管理是否健全完善，避免可能导致的研发成本过高、舞弊或研发失败等方面的风险。

（4）研究成果转化应用是否有效、保护措施是否有力，避免可能导致企业利益受损等方面的风险。

五、工程项目内部控制审计

主要关注以下方面。

（1）单位工程建设总体规划是否报政府部门并获批。

（2）立项可行性，研究科学性。

（3）工程项目设计方案合理性。

（4）工程施工图的准确完整性。

（5）概预算是否切合实际，工程项目招标是否存在串通、暗箱操作或商业贿赂等。

（6）是否及时落实项目资金，是否进行严格的资金结算管理。

（7）工程项目施工管理、工程监理是否到位。

（8）有无因工程变更签证频繁可能导致工程质量低劣、预算超支、投资失控、工期延误等现象。

（9）工程项目竣工验收规范性，工程项目办理竣工决算及时性，竣工决算内容准确性，竣工项目办理产权登记、资产结转入账、竣工项目建设档案的整理和移交的及时性等。

六、担保业务内部控制审计

主要关注以下方面。

（1）担保业务相关岗位及人员的设置情况。重点检查是否存在担保业务不相容职务混岗的现象。

（2）担保业务授权批准制度的执行情况。重点检查担保对象是否符合规定，担保业务评估是否科学合理，担保业务的审批手续是否符合规定，是否存在越权审批的行为。

（3）担保业务监测报告制度的落实情况。重点检查是否对被担保单位、被担保项目资金流向进行日常监测，是否定期了解被担保单位的经营管理情况并形成报告。

（4）担保财产保管和担保业务记录制度落实情况。重点检查有关财产和权利证明是否得到妥善地保管，担保业务的记录和档案文件是否完整。

七、全面预算内部控制审计

主要关注以下方面。

（1）是否根据国家有关规定和单位实际情况，建立健全预算编制、执行、分析、调整，以及决算编报、绩效评价等内部预算管理工作机制。

（2）单位的预算编制是否做到程序恰当、方法科学、编制及时、数据准确。

（3）单位是否指定专人负责收集、整理、归档并及时更新与预算编制有关的各类文件，是否定期开展培训，确保预算编制人员及时全面掌握相关规定。

（4）单位是否建立内部预算编制部门与预算执行部门、资产管理部门的沟通协调机制，确保预算编制部门及时取得和有效运用财务信息和其他相关资料，实现对资产的合理配置。

（5）单位是否根据批复的预算安排各项收支，确保预算严格有效执行。单位是否建立预算执行的实时分析机制。财会部门是否定期核对单位内部各部门的预算执行报告和已掌握的动态监控信息，确认各部门的预算执行完成情况。单位是否根据财会部门核实的情况定期予以通报并召开预算执行分析会议，研究、解决预算执行中存在的问题，提出改进措施。

（6）单位是否根据行业和单位特点，建立突发事件应急预案资金保障机制，明确资金审批和使用程序。因突发事件等不可预见因素确需调整预算的，是否按照国家有关规定和单位的应急预案办理。

（7）单位是否加强决算管理，确保决算真实、完整、准确，建立健全单位预算决算相互协调、相互促进的机制。

（8）单位是否建立健全预算支出绩效评价机制，是否按照国家有关规定和本单位具体情况建立绩效评价指标，明确评价项目和评价方法，加强业务或项目成本核算；是否通过开展支出绩效评价考核，控制成本费用支出，降低单位运行成本，提高资金使用效率。

八、合同管理内部控制审计

主要关注以下方面。

（1）合同内部管理制度的健全性，是否依照授权或规定程序签订合同。

（2）合同印章管理的规范性。

（3）合同内容和条款的合法合规性。

（4）合同执行主体是否严格、恰当地履行合同中约定的义务。

（5）合同保管是否妥当，是否切实履行合同保密义务，避免经济资源无法正常流入组织或形成额外的支付义务、组织合法利益受损或承担额外的法律责任等现象发生。

第四节　内部控制缺陷认定

内部控制缺陷的认定是评价内部控制是否有效的关键。把握内部控制缺陷的实质、厘清内部控制缺陷和内部控制局限性是认定内部控制缺陷的基础。缺陷认定是一个过程，这一过程必须解决缺陷识别、缺陷严重程度评估、缺陷认定权限划分、缺陷应对措施制定、缺陷对外披露五个环节的问题。

一、内部控制缺陷与内部控制局限性

内部控制未能实现目标的原因分为两大类：内部控制缺陷和内部控制局限性。正确识别内部控制缺陷必须厘清内部控制缺陷和内部控制局限性的关系。COSO 报告指出："内部控制体系无论设计和运行得多么好，都只能对主体目标的实现向管理层和董事会提供合理而非绝对的保证。目标实现的可能性受到所有内部控制体系都存在的固有局限的影响。"COSO 还列举了内部控制局限性的典型表现：决策过程中可能出现错误判断、执行过程中可能出现错误或过失；内部控制

内部控制缺陷与
内部控制局限性

因勾结串通或管理层越权而失效；受制于控制带来的收益与执行控制成本之间的权衡。内部控制缺陷和内部控制局限性这两个概念既有本质区别，但又密切联系、容易混淆。

（一）内部控制缺陷和内部控制局限性的共性

内部控制缺陷和内部控制局限性的共性表现如下。

（1）两者都以目标为判断的准绳。内部控制缺陷表现在不能为控制目标的实现提供合理保证，而内部控制局限性体现在能够为控制目标的实现提供合理保证但不能为控制目标的实现提供绝对保证。

（2）它们都产生于内部控制设计和运行两个环节。

（3）尽管内部控制包括预防性控制和发现性控制，但其对蓄意策划的合谋和管理层越权行为而言是无能为力的。这既是内部控制的固有局限性，也是内部控制最严重的运行缺陷。

（4）衡量内部控制缺陷和局限性的标准不是看企业是否实际发生了偏离目标的事件，而是看企业的内部控制能否及时防止或发现并纠正可能存在的重大错误与舞弊。

（二）内部控制缺陷和内部控制局限性的区别

内部控制缺陷和内部控制局限性的区别如下。

（1）内部控制缺陷是内部控制设计者在设计过程中未意识到缺点，以及内部控制执行过程中不按设计意图运行而产生运行结果偏差的可能；内部控制局限性则是设计者在设计过程中事先预留的风险敞口，以及运行过程中按照设计意图运行也无法实现控制目标的可能。

（2）由于内部控制存在着局限性，内部控制只能为控制目标的实现提供合理保证，而不是绝对保证；内部控制缺陷的存在使得内部控制过程无法为控制目标的实现提供合理保证。

（3）内部控制存在着因合谋和越权而失效的可能，这表现为内部控制的局限性；但某一控制过程存在合谋或越权的迹象，则表现为内部控制的缺陷。

无论是将内部控制的局限性误当内部控制缺陷进行认定和揭露，还是误将内部控制缺陷作为内部控制局限性来忽略，都将导致内部控制过程偏离控制目标并可能导致内部控制有效信息的虚假揭露。为保证内部控制缺陷识别和评估的科学性，必须厘清内部控制缺陷和内部控制局限性的共性与区别。

二、内部控制缺陷的分类

内部控制缺陷，是指内部控制的设计存在漏洞，不能有效防范错误与舞弊，或者内部控制的运行存在弱点和偏差，不能及时发现并纠正错误与舞弊的情形。

（一）按成因分类

内部控制缺陷按其成因分为设计缺陷和运行缺陷。

1. 设计缺陷

设计缺陷是指企业缺少为实现控制目标所必需的控制，或现存的控制并不合理，即使正常运行也难以实现控制目标。

2. 运行缺陷

运行缺陷是指内部控制设计合理及有效，但在运行时没有被正确地执行。运行缺陷主要如下。

（1）不恰当的人员执行。

（2）未按设计的方式运行，如频率不当等。

（3）执行者没有获得必要授权或缺乏胜任能力以有效地实施控制。例如，物资采购申请金额已超过申请者的采购权限，申请者却未向上级公司申请安排大宗物品采购。这主要是指企业存在权限管理规定，相关人员未在实际操作中妥善执行。

（二）按影响程度分类

内部控制缺陷按其影响程度分为重大缺陷、重要缺陷和一般缺陷。

1. 重大缺陷

重大缺陷也称实质性漏洞，是指一个或多个控制缺陷的组合，可能严重影响内部整体控制的有效性，进而导致企业无法及时防范或发现严重偏离整体控制目标的情形。

2. 重要缺陷

重要缺陷是指一个或多个一般缺陷的组合，其严重程度低于重大缺陷，但导致企业无法及时防范或发现严重偏离整体控制目标的严重性依然很高，需引起管理层关注。例如，有关缺陷造成的负面影响在部分区域流传，给企业声誉带来损害。

3. 一般缺陷

一般缺陷是指除重要缺陷、重大缺陷外的其他缺陷。

三、内部控制缺陷的识别

内部控制缺陷中，有些设计缺陷和运行缺陷仅表现为控制过程偏离控制目标的可能性，但并未造成现时的危害；有些缺陷则表现为控制系统已发生偏离控制目标的现实。对这两种缺陷类型的识别应分别采用测试识别和迹象识别两种方法。

（一）测试识别

测试识别是指采用控制过程技术分析、符合性测试等手段识别内部控制的设计缺陷和运行缺陷。

1. 设计缺陷的识别

设计缺陷应该从以下两个角度识别：设计缺失和设计不当。

设计缺失是指缺少某一方面的内部控制政策或程序。例如，会计估计变更没有必要的审批程序。

设计不当指虽然针对某一交易或事项制定了内部控制政策和程序，但采用了不正确的控制手段（例如，在货币资金内部控制中规定由出纳核对银行存款日记账和银行对账单并由出纳编制银行存款余额调节表），或者由于控制政策或程序未能涵盖影响控制目标实现的所有风险（例如，资产减值内部控制制度设计得过于简单，无法为资产减值准备计提的合理性和资产计价的可靠性提供合理保证）。

2. 运行缺陷的识别

运行缺陷需要通过对内部控制执行过程进行穿行测试来发现。例如，某笔资金需经总经理签字授权后方可使用，但企业以急需使用资金为由在先使用的情况下再追补总经理审批手续，则可判断资金授权审批控制存在运行缺陷。

（二）迹象识别

迹象识别指通过所发现的已背离内部控制目标的迹象，识别内部控制的设计缺陷和运行缺陷。迹象识别实际上是基于内部控制的运行结果对内部控制有效性进行的判断。严重背离内部控制目标的迹象发生，本身就表明现有的内部控制无法为控制目标的实现提供合理保证。表明存在内部控制缺陷的迹象如下。

（1）管理层的舞弊行为，内部控制系统未能发现或虽已发现但不能给予有效的制止。

（2）因决策过程违规、违法使用资金等受到监管部门的处罚或责令整改。

（3）审计委员会或者外部审计师发现财务报表存在错报。

（4）企业资产出现贪污、挪用等行为。

（5）某个业务领域频繁地发生相似的重大诉讼案件。

表明存在内部控制缺陷的迹象尽管能够直接用于判断缺陷的严重程度，但并不能由此确定缺陷所处的环节。因此，企业应以迹象为突破口测试内部控制的设计与运行，进行缺陷定位。

四、内部控制缺陷严重程度评估

一般依据控制系统偏离控制目标的程度对缺陷的严重程度进行分类。以下两点可以作为内部控制缺陷严重程度评估的参考。

（一）以偏离目标的可能性和偏离目标的程度作为衡量标准

《企业内部控制基本规范》及其《配套指引》赋予了企业在内部控制缺陷严重程度判断中的自由裁量权，允许企业在判断缺陷是否重大时考虑自身的行业特征、风险偏好和可容忍风险、所处特定环境。当企业将可容忍风险以目标的形式分解到各部门、各岗位，成为判断缺陷是否存在以及缺陷严重程度的标准时，对目标偏离的可能性和偏离的程度就反映了缺陷是否存在及缺陷的严重程度。对于根据迹象识别出的缺陷，可直接根据目标偏离度（这里特指"消极偏离"，即目标未实现，而不是超额实现）判断其严重程度，对处于潜在风险期的缺陷可以从偏离目标的可能性和偏离目标的程度两个维度进行缺陷严重程度评估。评价方法可以是定性分析，也可以是定量分析。定性分析是直接用文字描述偏离目标的可能性和偏离目标的程度，如"极低""低""中等""高""极高"等；定量分析是用数值衡量偏离目标的可能性（如概率）和偏离目标的程度（如可能的损失额或损失额占净利润的百分比、可能的错报额或错报额占资产的百分比）。当然，也可以利用某些技术方法（例如 Likert 等级量表[①]）将定性指标转化为定量指标。

（二）充分考虑缺陷组合和替代性控制

缺陷严重程度评估必须充分考虑以下两点对评估结论的影响。

第一，关注和分析缺陷组合风险。缺陷与偏离目标可能性之间不仅存在着一一对应关系，还存在着缺陷组合的风险叠加效应。例如，在其他控制环节严密的情况下，由出纳核对银行存款日记账和银行对账单是一个重要的缺陷；但是，如果将该缺陷与银行印鉴管理不严、支票管理漏洞相组合，则构成重大缺陷。

第二，补偿性控制的作用。补偿性控制是其他正式或非正式的控制对某一控制缺陷的遏制或弥补。例如，某企业尽管存在着信息与沟通方面的制度设计缺陷，但该企业有这样一个良好的习惯：每天上班之前的半小时，管理层成员都自发地来到办公楼前的操场上，就昨天的生产、销售、安全、财务情况进行交流，然后回到各自的工作岗位。这种不成文的习惯做法成为该企业经理层以及经理层与董事会成员之间有效沟通的良好替代方法。

五、内部控制缺陷的认定与应对

缺陷识别和严重性评估很大程度上属于技术层面的问题，但缺陷认定则属于管理层面的问题。企业应该建立内部控制缺陷分级授权认定制度以及纠偏责任落实制度，并将其嵌入内部控制评价组织体系之中。缺陷认定与采取纠偏措施两者间要权责对应。不同严重程度的缺陷由于风险、控制层次、纠偏难度（纠偏所涉及的部门或动用的资源）存在着差别，需要由企业的不同层级来认定和承担纠偏责任。对于认定的属于运行环节的缺陷，应通过加强监督、加大执行力度的方法解决；属于设计环节的缺陷，应在采取纠正措施的同时，着手修订内部

① Likert 等级量表是由美国社会心理学家 Likert 于 1932 年在原有的总加量表基础上改进而成的。该量表由一组陈述（问题）组成，每一陈述有"非常同意""同意""不一定""不同意""非常不同意"五种回答，分别记为 5、4、3、2、1，调查者可依据每个被调查者的评分进行加总，这一总分可以说明被调查者对某一陈述（问题）的看法。

控制制度。内部控制缺陷严重程度、判断标准、认定并负责纠偏的机构及应对措施间的对应关系如表 9-1 所示。

表 9-1　内部控制缺陷认定

缺陷严重程度	判断标准	认定并负责纠偏的机构	应对措施
一般缺陷	对存在的问题不采取任何行动可能导致较小范围的目标偏离	内部控制评价部门	给予常规关注，将目前状况调整至可接受水平
重要缺陷	对存在的问题不采取任何行动有一定的可能导致较大的负面影响	经理层	经理层应采取行动或者督促有关部门采取行动解决存在的问题，阻止对控制目标产生较大负面影响的事件的发生；属于设计环节的缺陷，应在采取纠正措施的同时，着手修订内部控制制度
重大缺陷	对存在的问题不采取任何行动有较大的可能导致严重的偏离控制目标的行为	董事会	董事会给予关注，并督促有关部门立即进行原因分析、采取纠错行动；属于设计环节的缺陷，应在采取纠正措施的同时，着手修订内部控制制度

六、内部控制缺陷的对外报告

对上市公司来说，对外发布内部控制评价报告是一个强制性的规定，但是上市公司需要厘清何种影响程度的内部控制缺陷应该对外披露、如何披露内部控制缺陷等技术层面的问题。

内部控制信息披露服务于投资者的权益保护以及投资者对企业投资回报的预期。财务报告之所以是投资决策的重要依据，原因在于它有助于投资者评估企业未来产生现金流量的金额、时间和不确定性，从而服务于投资决策。但是，依据财务数据对企业前景的预期能否成为现实、差异的波动方向取决于对未来不确定因素的管控。内部控制的有效性以及缺陷的严重程度决定着企业管控未来风险的能力以及预期变为现实的可靠程度。对外披露内部控制缺陷信息是企业必须承担的义务，但是无论从法律赋予管理层的义务层面讲，还是从受托者对委托者承担的道义责任层面讲，并不是所有的内部控制缺陷都必须对外披露。对外披露的缺陷应该是对投资者制定投资决策、修正以往投资决策产生影响的缺陷。缺陷的披露实际上起风险提示的作用，只有较大可能偏离目标且危害程度较严重的缺陷才有必要对外披露。

内部控制评价报告的结论性内容是内部控制是否有效，其核心内容是有关内部控制缺陷信息的披露。

然而，"自我揭短"是需要勇气但不是单凭勇气就能够解决的。我国近几年上市公司内部控制信息自愿披露的情况已充分印证了这一点。因此，《企业内部控制基本规范》已要求企业强制进行内部控制评价并对外披露内部控制评价报告。为不折不扣贯彻《企业内部控制评价指引》和《企业内部控制审计指引》，有关部门应该通过内部控制指引配套讲解等方式对内部控制缺陷披露进行规定和引导。有关内部控制缺陷的信息应至少披露以下内容。

（1）内部控制缺陷的认定标准。

（2）缺陷对外披露的标准。

（3）按认定标准和披露标准确定的应对外披露的内部控制缺陷。

（4）采取的整改措施。

（5）采取整改措施后的剩余风险。

思考与探索

1. 什么是控制？什么是内部控制？内部控制与外部控制有什么关系？

2. 在一次全国性的高层管理论坛中，某公司总经理称："我公司建立了严密的内部控制机制，任何违规、无效率的行为不会在我公司发生。"你赞同这种说法吗？

3. 假如你是内部审计人员，你已完成了你公司对采购部门的审计工作。该部门共有 30 位采购员、1 位管理经理和 1 位管理秘书，一年采购总量大约 5 000 万元。该公司审计发现了以下情况。

（1）公司没有制定利益冲突守则。在审计中获得了这样的证据：一位采购员在一个主要供应商拥有大量的股份，并从该供应商获得一年平均 20 000 元的收益。但该供应商开出的价格是具有竞争性的。

（2）采购员通常选择推荐的供应商，而没有用投标人的报价来复查。但在审计测试中并没有发现高成本的异常情况。

（3）应采购员的要求，供应商的报价单直接寄给他。在对 20 个竞争性报价的测试中，发现有 12 个较低的报价人获得了采购订单。

（4）公司其他部门的请购单必须有批准人签名。在对 50 份请购单检查时发现，有 3 个金额较小的请购单没有适当的签名。负责检查这些请购单的秘书错误地将它们发给了采购员。

请思考下列问题。

（1）如果允许上述情况继续存在，会产生哪些风险？

（2）为了阻止上述情况继续发生，应建议采取什么样的控制？

（3）你认为整个组织和采购机制存在哪些问题？

4. 国际酒店采购内控案例。

2017 年 10 月 1 日，国际酒店在鲜花的簇拥中正式对外营业了。这是一家集团公司投资成立的涉外星级酒店，不仅拥有装潢豪华、设施一流的套房和标准客房，下设的餐厅更是经营特色传统宁波菜，为中外客商提供各式专业和体贴的服务。由于集团公司资金雄厚、实力强大，因此在开业当天，不仅社会各界知名人士到场剪彩庆祝，更吸引了大批新闻媒体竞相采访报道。一时之间，国际酒店门前人头攒动，星光熠熠。

国际酒店大堂天花板上有一个圆圆的、超级真实的月亮水晶灯，使得整个酒店大堂绚丽夺目。天花板上的星球灯饰均由水晶材料雕琢而成，是公司王副总经理亲自组织货源，最终从瑞士某珠宝公司高价购买的，货款总价高达 150 万美元。这样的超级豪华水晶灯饰不仅是在国内罕见，即使是国外，也只有在少数几家五星级酒店里能见到。开业当天，来往宾客无不对豪华的水晶灯饰赞不绝口，称羡不已。

王副总经理也因此受到了公司领导的高度赞扬，一连几天，脸上都洋溢着快乐而满足的笑容。

然而，好景不长，两个月后，这些高价值的水晶灯饰就出了状况。首先是失去了原来的光泽，变得灰蒙蒙的，即使用清洁布使劲擦拭，也不复往日光彩。其次，部分连接的金属灯杆出现了锈斑，还有一些灯珠破裂甚至脱落。人们看到这"破了相"的水晶灯，议论纷纷：这就是破费百万美元买来的高档水晶灯吗？鉴于情况严重，公司领导责令王副总经理限期内对此事做出合理解释，并停止了他的一切职务。

事件真相很快就水落石出，原来水晶灯根本不是从瑞士某珠宝公司购得的，而是通过某地的代理公司购入的赝品。交易合同都是由王副总经理一人操纵的，从签订合同到验收入库再到支付货款都由他一个人说了算。国际酒店在未经过公开招标的情况下，即与代理公司签订了价值不菲的合同。交易完成时，代理公司也并未向国际酒店出具有关水晶灯的任何品质鉴定资料，国际酒店也始终没有同代理公司办理必要的查验手续。而依照合同规定，代理公司必须提供瑞士某著名珠宝公司出产的水晶灯的验证证明书。

虽然出事之后，王副总经理受到了法律的严惩，但是国际酒店不仅因此遭受了巨额损失，更为严重的是，酒店名誉遭受重创，成为同行的笑柄。这对于一个新开业的公司而言，是个致命的打击。

问题：国际酒店怎么会发生这样的悲剧？请你运用内部控制五要素理论，谈谈该悲剧发生的可能原因，并说说在以后的企业经营中应如何防范。

第十章　风险管理审计

引导案例

重视风险警示，挽回千万元损失^①

　　H 港口货运财务公司审计部看到某市公安局在侦办一起涉案金额 5 亿余元的特大金融诈骗案件，这引起内部审计人员的高度重视。该案件披露违法犯罪分子注册空壳公司套取银行信用，在向银行缴存较少额度的保证金后取得银行承兑汇票，然后通过互联网发布票据贴现信息，招揽中介收取票据，再找具有充足资金的财务公司进行贴现，套取资金。

　　针对此案，H 港口货运财务公司审计部及时发出风险警示，将网上发布的案件情况进行了转发，并且配上分析，强调 H 港口货运财务公司在办理银行承兑汇票贴现时一定要关注票据贴现的贸易背景，核实关联关系、贸易合同的真实性、开具发票的真实性，避免和资金中介进行合作，杜绝与贸易背景不真实的公司进行业务合作。

　　另外，H 港口货运财务公司审计部专门对存量银行承兑汇票的贸易背景进行了专项排查，发现存量银行承兑汇票存在空壳企业利用关联方关系伪造贸易合同、开具虚假发票、制造虚假贸易背景的情况。其中有 5 家企业，票据贴现金额有 1 000 万元，授信总金额高达 2 亿元。审计发现该 5 家企业成立时间平均不到一年，征信报告与信贷系统中均无企业财务信息，网上无企业经营信息。综合分析认为该 5 家企业存在利用空壳企业进行非法票据交易的风险。

　　H 港口货运财务公司根据审计部的风险提示以及存量银行承兑汇票的排查结果，终止了对 5 家企业的授信，向 1 000 万元贴现的前手^②进行转贴现，从而规避风险。在一个月时间里，H 港口货运财务公司严格按照风险提示的要求办理业务，拒收无贸易背景票据金额达 8 000 多万元，避免了由于贸易背景不真实而导致的无法享有票据权利的风险。

　　思考：

　　（1）内部审计人员必须要有风险意识，要有敏锐的职业嗅觉，对通过不同渠道获得的信息要加以利用，才能取得不错的审计成效。

　　（2）内部审计人员在审计工作中，将发现的问题及时报告，汇总成审计部门的审计线索，做到有的放矢，工作有目标和方向。案例中内部审计人员利用了解到的案件信息，联想到单位中是否存在类似问题，根据案件要点和风险点，形成自身的审计要点和方法，对审计工作而言，成效显著。

第一节　风险管理审计概述

一、风险管理的产生与发展

　　天有不测风云，人有旦夕祸福。风险是客观存在的，人类长期以来一直在努力寻找如何

---

① 袁小勇，林云忠. 内部审计思维与沟通：发现审计问题、克服沟通障碍、实现审计价值. 北京：人民邮电出版社，2022.

② 在票据关系中，所谓前手，是指在现有的持票人之前曾经持有该票据并在票据上签章的人。

回避风险，如何利用风险，如何管理风险。

美国是最先开始进行风险管理理论与实践研究的国家。1931年，美国管理协会首先倡导风险管理，对风险管理进行交流和技术研究。

风险管理正式形成是在20世纪60年代。1953年8月3日，美国通用汽车公司的自动变速装置失火，造成5 000万美元的巨额损失，这场灾难震动了美国的企业界和学术界，成为风险管理科学发展的契机。一方面，美国各研究机构加强了对风险管理理论的研究，学术活动十分活跃；另一方面，美国的大中企业纷纷设立风险管理部门及风险经理职务。到了20世纪60年代，风险管理作为一门新的管理科学，首先在美国正式形成。

COSO从2001年起开始系统进行风险管理方面的研究，在2004年颁布了《企业风险管理框架》(Enterprise Risk Management Framework，ERM，又称COSO2004)。COSO2004对风险管理的定义是："企业风险管理是一个过程，受企业董事会、管理层和其他员工的影响，包括内部控制及其在战略和整个公司的应用，旨在为实现经营的效率和效果、财务报告的可靠性以及法规的遵循提供合理保证。"COSO2004中给出了风险管理战略、经营、报告、合规四项目标，内部环境、目标制定、事项识别、风险评估、

风险和风险管理的含义

风险应对、控制活动、信息与沟通、监控八项要素，成为全面风险管理理论的核心。COSO2013则进一步提出，企业风险管理是企业治理中的组成部分，企业内部控制是企业风险管理中的组成部分。COSO2017将风险管理工作直接从"一个过程或程序"提升到"一种文化、能力和实践"，认为风险管理是组织在创造、保持和实现价值的过程中，结合战略制定和执行，赖以管理风险的文化、能力和实践。

图10-1、表10-1分别列示了COSO2017企业风险管理框架和5要素及20原则。

治理确定了企业的基调，强调了企业风险管理的重要性和监督责任；文化则包含了道德价值观、理想行为，以及对主体风险的理解

治理和文化

战略规划过程中风险管理、战略和目标设定是密集联系的。风险偏好的设定以战略为基础，并与其保持一致；企业目标将战略付诸实践，并为识别、评估和应对风险提供基础

战略和目标设定

对影响战略和企业目标实现的风险进行识别与评估。在符合风险偏好的情况下，企业对风险进行排序，并以为基础，制定与实施风险应对措施

执行过程

企业在审视绩效的同时，需要经常识别和评估可能对战略和目标实现产生重大影响的风险因素，对风险管理政策进行持续的审查和调整

审查和调整

企业风险管理是一个持续的过程，企业需要获取和分享内部和外部的各种必要信息，并能通过信息的沟通与汇报让这些信息自上而下或自下而上在整个企业中流转

信息、沟通与汇报

图10-1　COSO2017企业风险管理新框架

表 10-1　　　　　　　　COSO2017 的 5 要素+20 原则

治理和文化	战略和目标设定	执行过程	审查和调整	信息、沟通与汇报
1. 实施董事会风险监督	6. 分析商业环境	10. 识别风险	15. 评估潜在变化	18. 利用信息和技术
2. 建立运营模式	7. 定义风险偏好	11. 评估风险	16. 评审风险和绩效	19. 沟通风险信息
3. 定义所期望的文化	8. 评估替代战略	12. 风险排序	17. 追求企业风险管理改进	20. 汇报风险、文化和绩效
4. 展现对核心价值的承诺	9. 建立业务目标	13. 风险应对		
5. 吸引、培养并留住人才		14. 建立风险组合观		

二、风险管理审计的内涵

理解风险管理审计，首先要厘清两个概念，即风险管理审计和风险导向审计。风险导向审计是继账项基础审计、制度基础审计之后发展起来的一种现代审计模式。风险导向审计强调通过广泛了解被审计单位及其环境，评估重大错报风险发生的可能性，调整审计策略，从而提高审计效率和改善审计质量。

企业风险、风险管理体系与内部审计

IIA 制定的《国际内部审计专业实务框架》（2017）指出："内部审计必须评估风险管理过程的有效性，并为其改善做出贡献。"2018 年审计署新修订的《审计署关于内部审计工作的规定》明确指出，对本单位及所属单位的内部控制及风险管理情况进行审计是内部审计的职责之一。

风险管理审计是指采用一种系统化、规范化的方法，确定企业风险管理有效性的过程，包括确认和评价企业目标设定、风险识别、风险应对及监督等管理活动的缺陷和缺陷等级，分析缺陷形成的原因，提出改进风险管理建议，从而帮助企业实现目标。

（一）风险管理审计是风险管理的必然要求

近年来，一方面，企业之间的竞争日益激烈，社会的信息化程度越来越高，经济日益全球化，资本市场日益国际一体化，企业所处的环境越来越不确定，企业越来越难以对其进行控制和把握，面临的风险越来越高；另一方面，为了适应风险日益提高的外部环境，企业的规模越来越大，业务翻新越来越快，内部组织机构变化越来越频繁，这又使得企业内部的风险也越来越高。"风险"已成为管理的一大核心概念，把风险控制在企业可以接受的水平之下是企业目标实现的一个必要条件。因此，加强和改善风险管理，大力推行风险管理审计已成为关系企业生存和发展的大事。

正因为如此，内部审计理论界对风险问题给予了高度的关注。最近几年的国际内部审计理论成果对以风险为核心的内部审计对象、职能等进行了多方研究，IIA 在新的内部审计实务准则中突出了风险概念的地位。IIA 要求在企业的内部审计章程和审计委员会章程中，应明确规定董事会及其审计委员会和管理层期望内部审计在风险管理中发挥的作用；内部审计人员应当对管理层风险管理活动的有效性和充分性进行检查、评估、报告并提出改进意见，为管理层和审计委员会提供帮助；内部审计应合理保证管理层的风险管理系统是有效的。

为此，IIA 还倡导建立联网审计①、控制软件及全球内部审计信息数据库，大力推广企业风险控制自我评估程序和模型，旨在倡导内部审计人员充分利用先进的网络技术和信息处理

---

① 联网审计是指审计机关与被审计单位进行网络互连后，在对被审计单位财政财务管理相关信息系统进行测评和高效率的数据采集与分析的基础上，对被审计单位财政财务收支的真实、合法、效益进行实时、远程检查监督的行为。

技术，对企业风险事件进行动态、实时的识别、监控和处理，使内部审计重点逐步从管理保障向风险保障转变，从被动发现问题向主动发现问题和提出解决问题的建议转变，以充分发挥内部审计在风险管理方面的作用。

（二）内部审计介入风险管理的主要原因

由内部审计部门开展风险管理审计具有独特的优势。

一方面，内部审计具有相对的独立性。与企业内部的其他职能部门相比，内部审计部门由于本身不直接从事生产与经营，更能从企业的全局角度，更清醒地识别和评估企业的风险，提出防范风险的有效建议；与外部审计相比，内部审计更能从企业的利益和实际出发，更积极主动地识别和评估风险，提出防范风险的有效建议。另一方面，内部审计还具有综合性。它要对企业所有经济业务进行审查、评价，因而它能对企业面临的风险进行全面的分析、评估。内部审计更具有经常性和及时性的特点。它能随时针对企业的实际需要和发生的问题开展审计工作，及时发现和处理问题，防范和化解企业面临的风险。

另外，内部审计的优势在于内部审计人员对企业内部情况的切身了解。这种优势是注册会计师审计无法比拟的。内部审计可以充分利用身处单位内部的有利条件，大力开展审计调查，对企业中存在的带倾向性、普遍性的问题，特别是企业所面临的财务和经营风险，进行经常性的调查、分析和评估、预测，弄清问题产生的原因或未来的发展方向，向企业的高层管理者提出解决或防范问题再次发生的建议，或随时接受他们的咨询，以帮助企业改善风险管理，增加企业的价值。

（三）开展风险管理审计是中国内部审计的发展方向

中国内部审计协会在 2005 年发布了《内部审计具体准则第 16 号——风险管理审计》，把风险管理作为内部审计的一项重要内容。内部审计通过检查、评价、报告风险管理过程的充分性和有效性并提出改进建议来协助管理层的工作，促进和帮助有关管理层加强风险管理。

三、内部审计在风险管理中的作用与责任

（一）内部审计在风险管理中的作用

风险管理审计的总目标是审计部门和内部审计人员按照企业风险管理方针和策略的部署，以风险管理目标为标准，审核被审计部门在风险识别、评价和管理等方面的合理性和有效性，在损失可能发生之前做出最有效的安排，或使损失减到最小，帮助企业实现预期目标。内部审计通过履行其在风险管理中的职责，最终达到对风险管理进行再管理的作用。内部审计介入风险管理是一个随时间的推移而发生变化，并持续发展的过程，一般需经过四个过程：从不起任何作用到作为内部审计工作计划的一部分对风险管理过程进行审计，再到积极持续地支持并参与风险管理过程，最后到对风险管理过程进行管理和协调。目前看来，内部审计在风险管理中的作用主要有如下五个方面。

（1）能帮助改进企业风险管理体系，并在风险管理过程中起关键作用。随着风险管理措施出台并实施，一些潜在的问题便冒了出来。一般而言，风险管理部门因其身份的局限，难以发现实施中的关键问题，业务部门也只是局限于制度的执行和落实管理层的决策，更谈不上有效地对风险管理体系进行管理。内部审计人员可以在了解国家相关产业政策以及本行业发展状况的基础上，结合本企业的优势与劣势、远期与近期目标分析预测可能的机会和威胁，看企业的主要风险是否已得以充分考虑，风险发生的可能性及影响是否在可接受的范围内，各部门的目标是否对企业总体目标提供了强有力的支持，同时通过关注管理层对风险的识别和评估是否准确有效、风险监控措施是否得到执行、风险管理报告是否充分且及时等措施，提出改进建议，帮助管理层改进、完善风险管理体系。

（2）能够以第三者的身份从全局的高度客观公正地管理风险。风险在企业内部具有感染性、传递性和破坏的潜在性等特征，也即某部门因其风险或风险管理的差错而导致的后果不一定体现在本部门，而是会通过其他部门体现出来，最终影响整个企业。因此，对风险的认识和防范、控制需要从全局考虑。各业务部门往往很难做到这一点。内部审计部门不从事具体业务活动，独立于业务部门，这使得它们可以从全局出发、从客观的角度对风险进行识别，及时建议管理部门采取措施控制风险。

（3）可以指导企业的风险应对策略。内部审计部门是处于企业的董事会、总经理和各职能部门之间的一个部门，这是其特有的位置优势，借此，内部审计人员能够很好地充当企业长期风险策略与各种决策的协调人。通过对长期计划与短期目标的调节，对企业利益与部门利益以及部门间的利益进行协调，内部审计人员便可以影响、调控、指导企业的风险管理策略。

（4）能以咨询顾问身份协助机构确定、评价并实施针对风险管理的方法和控制措施。可以有三种途径。一是培训加讨论，即对员工进行控制和风险评估培训，使风险意识贯穿整个企业的各个层面，使每名员工能够有效识别风险并提出有效控制措施，形成企业全员、全过程、全方位、全天候的风险管理体系。二是针对重大风险隐患，召开企业内外部的专家及相关人员参加风险评估专题讨论会，综合情况、集思广益求得有效的风险管理方法。三是进行专项调查，借此可以发现企业某个部门或单项工作中存在的风险，服务于决策，服务于风险的规避。

（5）杠杆作用。内部审计相对于聘请会计师事务所和审计师事务所进行风险评估而言具有省力、高效的杠杆作用。主要体现在：①风险管理部门在确定企业整体风险时，由于内部审计具有较高的可信赖度，可保证企业风险管理系统的健全性，使整体风险得以维持在较低的水平；②风险管理部门可以参考内部审计的审计结果确定每种风险的未来发展趋势及高风险领域，并在此基础上制定和执行计划，减少重复性工作，集中有限资源于高风险领域，以较小的资源取得较佳的风险管理效果；③外部人员不可能完全、及时地掌握企业风险，而内部审计部门却能实时地掌握企业动态，将管理指令渗透到风险管理的各个层面。

（二）内部审计在风险管理中的责任

虽然内部审计可以在业务层面上提供与风险管理有关的确认服务与咨询服务，但内部审计不应承担原本属于管理层的风险管理责任（如设置风险偏好、对风险管理过程施加影响、为管理层提供风险保证、就风险做出决策、以管理层的立场进行风险应对、对风险管理负责）。

四、风险管理审计的总体目标

（一）风险管理机制的健全性、有效性

企业中的风险管理机制是确保企业在面对各种外部或内部环境变化时可以及时识别、评估、控制和适应风险的一种管理机制。企业建立健全有效的风险管理机制，可以实现对各种风险的实时监控和管控，有利于企业在经营管理过程中更好地应对风险，促进企业健康和稳定发展。

（二）风险识别的适当性、有效性

风险识别是企业风险管理的基础。风险识别的适当性和有效性不仅能够使企业更好地预测和识别风险，还能够帮助企业制定更好的应对策略，提高企业的风险管理效率，从而推动企业的长远发展。

（三）风险评估方法的适当性

风险评估是对已经发生的或潜在的风险进行具体评估和分析，以确定风险对企业造成的影响、可能的发生概率、经济损失及其他各种影响等，帮助企业更好地制定管理和应对策略。风险评估的方法有很多种，包括定性评价、定量评价、统计模型等。企业在选择风险评估方法时需要充分考虑风险的性质、实际情况和可用的数据，选择最为适合和可行的评估方法，更好地应对企业所面临的风险。

（四）风险应对措施的适当性、有效性

风险应对措施是企业针对不同的风险而采取的应对方案，企业可以根据风险评估的结果，采取风险规避、风险转移、风险缓解、风险承担、紧急应对等各种不同的风险应对措施。风险应对措施的适当性是指应对措施必须与风险的性质、程度相匹配，能够减少风险对企业带来的潜在损失，并且在经济、技术以及管理等方面是可行的。风险应对措施的有效性是指企业采取的风险应对措施能够在实际操作中取得预期效果，以减少风险的发生和损失的程度。企业在制定和实施风险应对措施时，需要考虑一系列因素，确保应对措施的适当性和有效性。当然，企业还需要持续进行风险监控，动态调整应对措施，以应对可能的风险变化，加强企业的风险管理能力，提高自身的风险抵御能力。

第二节 风险管理审计的内容

风险管理包括组织整体及职能部门两个层面。内部审计人员既可对组织整体的风险管理进行审查与评价，也可对职能部门的风险管理进行审查与评价。由于风险管理主要包括风险识别、风险评估、风险应对三个阶段，所以风险管理审计的内容主要包括以下几个方面。

风险管理审计的内容

一、审查和评价风险管理机制

风险管理机制是企业进行风险管理的基础，良好的风险管理机制是企业风险管理有效的前提。因此，内部审计部门或人员需要审查以下方面，以确定企业风险管理机制的健全性及有效性。

（一）审查风险管理组织机构的健全性

企业必须根据规模大小、管理水平、风险程度以及生产经营的性质等方面的特点，在全体员工参与合作和专业管理相结合的基础上，建立一个包括风险管理负责人、一般专业管理人、非专业风险管理人和外部的风险管理服务等规范化的风险管理组织体系。该体系应根据风险产生的原因和阶段不断地进行动态调整，并通过健全的制度来明确相互之间的责、权、利，使企业的风险管理体系成为一个有机整体。

（二）审查风险管理程序的合理性

企业风险管理机构应当采用适当的风险管理程序，以确保风险管理的有效性。

（三）审查风险预警系统的存在及有效性

企业进行风险管理的目的是避免风险、减少风险，因此，风险管理的首要工作是建立风险预警系统，即通过对风险进行科学的预测分析，预计可能发生的风险，并提醒有关部门采取有力的措施。企业的风险管理机构和人员应密切注意与本企业相关的各种内外因素的变化发展趋势，从对因素变化的动态分析中预测企业可能发生的风险，进行风险预警。

二、审查和评价风险识别的适当性及有效性

风险识别是指对企业面临的、潜在的风险加以判断、归类和鉴定风险性质的过程。内部审计人员应当实施必要的审计程序，对风险识别过程进行审查与评价，重点关注企业面临的内、外部风险是否已得到充分、适当的确认。

（一）外部风险评估

外部风险是指外部环境中对企业目标的实现产生影响的不确定性，其主要来源于以下因素。

（1）国家法律、法规及政策的变化。

（2）经济环境的变化。

（3）科技的快速发展。

（4）行业竞争、资源及市场变化。

（5）自然灾害及意外损失。

（6）其他。

（二）内部风险评估

内部风险是指内部环境中对企业目标的实现产生影响的不确定性，其主要来源于以下因素。

（1）企业治理结构的缺陷。

（2）企业经营活动的特点。

（3）企业资产的性质以及资产管理的局限性。

（4）企业信息系统的故障或中断。

（5）企业人员的道德品质、业务素质未达到要求。

（6）其他。

（三）风险评估的方法

风险评估的方法主要有两种：定量分析法和定性分析法。

1. 定量分析方法

定量分析方法是指运用数量方法评估并描述风险发生的可能性及其影响程度。常用的有以下几种。

（1）比率与差异分析法。内部审计人员利用经济比率可以搜寻到范围更广、内涵更深及实质性的审计发现，并归纳出风险管理审计的分析结论。差异分析则可以帮助内部审计人员了解实际情况与风险控制制度的差距，以及企业风险管理过程中可修正、可挖潜、可创新的能力。

（2）静态和趋势分析法。计算现金流，并编制现金流量表进行现金流量分析是一种有效防范各种经济风险的有力举措。另外，结合动态数据分析则能更有效预测组织各项风险，并全面、综合、系统评估企业实际经营态势。

（3）建立风险分析模型和计算机数据库。建立模型是指把所有可以定量测试的因素集合在一起，分层、分步地综合各种因素，并依照其重要程度，测试出每种因素对测试目标的影响程度和影响数值大小。建立风险分析模型，可以帮助内部审计人员审查和评价风险控制制度。建立计算机数据库，可以为内部审计人员提供优越的运算条件。

2. 定性分析方法

定性分析方法是指运用定性术语描述风险发生的可能性及其影响程度。在风险管理审计过程中，对一些不能采用定量分析的审计项目可以采用定性分析方法。例如，采用流程图法可以清楚地反映被审计单位风险管理的内部控制情况，以便内部审计人员发现内部控制的不足；采用专家调查法可以对一些特殊的项目进行有效的分析，以便内部审计人员做出正确的

审计结论。

定性分析方法的采用需要充分考虑相关部门或人员的意见，以提高评估结果的客观性。定量分析方法一般情况下会比定性分析方法提供更为客观的评估结果。通常，在风险难以量化或定量评价所需数据难以获取时，采用定性分析方法。

（四）审计和评价的重点

内部审计人员在对企业风险识别的适当性及有效性进行审查时，应当重点审查以下内容。

（1）审查风险识别原则的合理性。企业进行风险评估乃至风险控制的前提是进行风险识别和分析，风险识别是关键性的第一步。

（2）审查风险识别方法的适当性。识别风险是风险管理的基础。风险管理人员应在进行实地调查研究之后，运用各种方法对尚未发生的、潜在的及现存的各种风险进行系统的归类，并总结出企业面临的各种风险。风险识别方法所要解决的主要问题是：采取一定的方法分析风险因素、风险的性质以及潜在后果。

内部审计人员在审查风险识别方法的适当性时，可以综合运用多种方法，包括决策分析、可行性分析、统计预测分析、投入产出分析、流程图分析、资产负债分析、因果分析、损失清单分析、保险调查法和专家调查法等，以识别为确保企业经营模式成功而必须管理的风险，如存在于企业正常运作过程中的风险、培育新的利润增长点过程中的风险、能够改变企业经营模式驱动因素的风险等。在此基础上，内部审计人员还可以利用产业结构分析、竞争对手分析等方法进一步分析关键风险的驱动因素及其产生的原因、机理、根源，以深化企业对相关风险的全面认识和系统理解。

（3）评估风险识别的充分性。内部审计人员应在充分了解企业总体目标及主要业务、分目标及关键职能的基础上，对原有的已识别风险是否充分进行评价，即评价企业所面临的主要风险是否均已被识别出来，并找出未被识别的主要风险。

内部审计人员在评估风险识别的充分性时，可以通过共同语言和统一过程引入一个更加广泛的结构框架，从战略风险、运营风险、财务风险、信息风险等四个层次来评估已识别风险的充分性，进而保证所有风险都是使用共同语言来界定的，并且是在企业关键流程的背景之下确定的，最终确保关键风险不至于被忽略。

需要注意，风险管理的理论和实务证明，没有任何一种方法的功能是万能的，进行风险识别方法的适当性审查和评价时，必须注重分析企业风险管理部门是否将各种方法相互融通、相互结合地运用。

三、审查和评价风险评估方法的适当性及有效性

内部审计人员应当实施必要的审计程序，对风险评估过程进行审查与评价，并重点关注风险发生的可能性和风险对企业目标的实现产生影响的严重程度两个要素。同时，内部审计人员应当充分了解风险评估的方法，并对管理层所采用的风险评估方法的适当性和有效性进行审查。

内部审计人员对管理层所采用的风险评估方法进行审查时，应重点考虑以下因素。

（1）已识别的风险的特征。

（2）相关历史数据的充分性与可靠性。

（3）管理层进行风险评估的技术能力。

【特别提示】

内部审计人员在对风险管理活动实施定期审计时，应注意抓好以下五个方面。

一是应评估并认定企业的严重风险。

二是应认定企业的风险管理是否着眼于主要目标，并用充足的证据认定风险管理目标是否得以实现，进而从总体上对风险管理的充分性发表意见。

三是应认定风险管理措施是否符合本企业的文化、管理风格和工作目标。

四是应研究、评价风险管理方法的参考资料和背景信息，借此评价有关管理层所实施的风险管理是否适当、是否达到了本行业风险管理的先进水平。

五是如果管理层尚未对某些重要风险采取管理措施，应提请其注意并提出如何管理这些风险的建议。

四、审查和评价风险应对措施的适当性和有效性

（一）风险应对措施

风险应对措施是指针对经过识别和衡量而确定的关键风险，从一系列风险管理工具中挑选出能够最大限度降低风险损失或取得风险报酬的集合。根据风险评估结果采取的风险应对措施主要包括以下几个方面。

（1）回避，是指采取措施避免进行可产生风险的活动。

（2）接受，是指由于风险已在企业可接受的范围内，因而可以不采取任何措施。

（3）降低，是指采取适当措施将风险降低到企业可接受的范围内。

（4）分担，是指采取措施将风险转移给其他企业或保险机构。

（二）审计和评价的要点

内部审计人员评估风险应对措施的有效性，就是对有关部门针对风险所采取的应对措施进行检查，检查其效果和效率是否有助于企业目标的顺利实现。内部审计人员可以通过将现有风险应对措施与最佳实务对比、将现有风险应对措施的实施情况与预计情况对比，根据分析对比得出的差距，来系统评估特定风险应对措施的有效性。对于风险缺乏有效的控制措施的情况，内部审计人员还应进一步分析差距产生的原因，从而提出改进措施和建议，强化企业的风险管理，降低风险损失。

内部审计人员在评价风险应对措施的适当性和有效性时，应当考虑以下因素。

（1）采取风险应对措施之后的剩余风险水平是否在企业可以接受的范围之内。

（2）采取的风险应对措施是否适合本企业的经营、管理特点。

（3）成本效益的考核与衡量等。

第三节　风险管理审计的程序

正像全面风险管理以战略为起点一样，风险管理审计也必须从战略开始。内部审计人员在确定审计资源的分配时，如果不能深入理解企业的战略，就会导致过多的假设和猜测；相反，了解什么代表企业的成功、什么是取得成功的障碍、企业是如何管理这些障碍的以及这些障碍是否被控制在期望的水平，内部审计人员可以确定哪些项目是最能增加企业价值的、哪些项目是最有助于提高企业整体管理水平的，从而制定出一份风险管理审计年度项目计划。

特定项目的风险管理审计程序共有七步：设定目标、评估风险、分析流程、审计测试、评估风险管理能力、提出改进建议、出具风险管理审计报告。

一、设定目标

这一步骤包括三个方面的内容：确定审计项目的目的、识别和理解流程的关键目标以及确定关键绩效指标。

（一）确定审计项目的目的

一般来说，某个审计项目的主要动因不外乎：年度审计计划、管理层的特别要求、发生了某项风险事件。审计小组了解审计项目的动因，明确了本次审计项目的目的，有助于确定审计的总体目标、范围和关注重点。

（二）识别和理解流程的关键目标

所谓流程，是指一个或一系列连续有规律的行动，这些行动以确定的方式发生或执行，导致特定结果的实现。无论干什么事，无论在日常生活还是工作中，都有一个"先做什么、后做什么"的问题，这就是我们生活中的流程。除了"先做什么、后做什么"的先后顺序外，还经常说某人能办事、某企业善于做事，能办事、善于做事是说做事情有方法。因此，流程可以理解为做事方法，它不仅包括先后顺序，还包括做事的内容和方法。同时，做任何事情都需要资源投入，都需要借助资源的效用，资源包括资金、信息、精力、人员、技术等，因此，对投入的资源要善加管理，否则也难以成事。在此，我们对流程的认识又深入了一步，流程还包括对输入、输出的管理。流程概念运用于企业，就变成了一本本标准化的操作手册，它能够使企业走向成功。流程能够有效地凝聚经验、指导新人、提升工作效率、增强工作效果，最终带来企业竞争力的提升。因此，我们可以用简单的语言来表述流程：流程就是一系列活动的组合，这一组合接受各种投入要素，包括信息、资金、人员、技术等，最后通过流程产生客户所期望的结果，包括产品、服务或某种决策结果。

流程管理就是从企业战略出发、从满足客户需求出发、从业务出发，进行流程规划与建设，建立流程组织机构，明确流程管理责任，监控与评审流程运行绩效，适时进行流程变革。流程管理的目的在于使流程能够适应行业经营环境，能够体现先进实用的管理思想，能够借鉴标杆企业的做法，能够有效融入企业战略要素，能够引入跨部门的协调机制，使企业降低成本、缩减时间、提高质量、方便客户，提升综合竞争力。

流程的目标包括三个层次——战略目标、经营目标和价值目标。识别和理解这些目标，内部审计人员可以更好地理解企业的具体流程及流程管理的根本原因。尽管这听起来有些繁琐，但这一步正是区别风险管理审计与其他审计的根本所在。

（三）确定关键绩效指标

关键绩效指标是通过对企业内部流程的输入端、输出端的关键参数进行设置、取样、计算、分析，进而衡量流程绩效的一种目标式量化管理指标，是把企业的战略目标分解为可操作的工作目标的工具，是企业绩效管理的基础。关键绩效指标可以使部门主管明确部门的主要责任，并以此为基础，明确部门人员的业绩衡量指标。建立明确的切实可行的关键绩效指标体系，是做好绩效管理的关键。

了解企业存在哪些关键绩效指标以及这些指标是如何得到监控的，有利于审计小组评估流程设计的有效性。关键绩效指标设计是否科学合理，主要看指标的相关性、可衡量性、信息可靠性以及表述清晰性。

二、评估风险

这一步的主要工作包括风险识别和定义、按照重要性（风险对企业造成的不利影响程度，如表 10-2 所示）和可能性（如表 10-3 所示）对风险进行排序等。内部审计人员通过调研通用风险模型（如图 10-2 所示）、发动相关人员补充例外风险、定义风险、联结风险与战略等各项工作，以建立一个特定的风险分析模型，确保影响企业成功的所有风险都能被识别、定义和理解。内部审计人员可以通过当面访谈、发放调查表、召开座谈会等形式收集相关信息，按照风险评估的标准（如表 10-4 所示），使用专家评分法、风险评估模型（如图 10-3 所示）、风险指数法[①]等方法确定哪些是主要风险、哪些是次要风险以及哪些是低级风险，从而为保证核心风险能够得到有效管理奠定坚实的基础。

表 10-2 风险对企业造成的不利影响程度

评分	损失程度	说明
5	灾难	令企业失去继续运作的能力（或造成的损失占税前利润 20%）
4	重大	对企业在争取完成其策略性计划和目标，造成重大影响（占 5%～10%税前利润）
3	中等	对企业在争取完成其策略性计划和目标的过程，在一定程度上造成阻碍（占 5%税前利润）
2	轻微	对企业在争取完成其策略性计划和目标，只造成轻微影响（占 1%税前利润）
1	近乎没有	影响程度十分轻微

表 10-3 风险发生的可能性

评分	可能性	说明
5	几乎肯定	在未来 12 个月内，这项风险几乎肯定会出现至少 1 次
4	极可能	在未来 12 个月内，这项风险极可能出现 1 次
3	可能	在未来 2 至 10 年内，这项风险可能出现 1 次
2	低	在未来 10 至 100 年内，这项风险可能出现至少 1 次
1	极低	这项风险出现的可能性极低，估计在未来 100 年内出现的次数少于 1 次

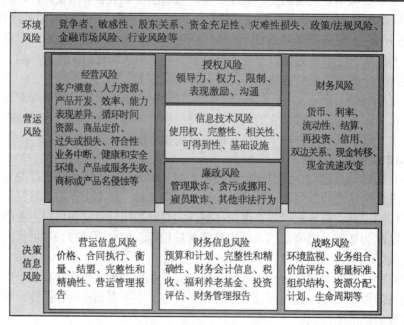

图 10-2 通用风险模型

[①] 可以用一些财务比率分别反映企业的盈利能力、营运能力、流动性、长期偿债能力、成长性，检验其是否处于行业合理值范围内，将实际值与标准值比较，可以进一步反映企业各方面的风险。如阿尔特曼模型（$Z=1.2X_1+1.4X_2+3.3X_3+0.6X_4+0.999X_5$）就是一种典型的风险评估模型。式中：$X_1$——营运资金/资产总额（代表资产折现能力和规模特征），X_2——留存收益/资产总额（代表累积获利能力），X_3——息税前利润/资产总额（代表盈利能力），X_4——股权市价总值/负债总额（代表资本结构），X_5——销售收入/资产总额（代表资产周转速度）。根据实证，将阿尔特曼模型运用于中国，Z 值的判别的标准为：$Z<1.06$ 时，企业在下一年很可能财务失败；$Z \geq 1.06$ 时，企业在下年继续保持正常状态。

表 10-4　　　　　　　　　　　常用风险评估标准

标准	内涵	与风险大小的关系
自由裁量度	某项权力中自由裁量幅度的大小	如果自由裁量的幅度很大,则风险就高
透明度	某项权力运行的过程和结果是否公开,以及公开的程度	权力运行越透明,风险越低
可复核度	某项权力的运行是否留下很多痕迹,即其运行过程被记录下来的详细程度	权力运行过程被记录得越详细,则其风险级别可适当降低
制约度	某项权力在横向被不同岗位制约以及在纵向被上下环节制约的程度	制约程度越深,风险越低
频度	某项权力运行的频率	运行频率越高,风险越高
危害度	某项权力的行使对社会利益损害的程度	危害程度越深,风险越大

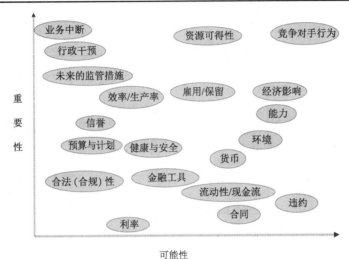

图 10-3　风险评估模型(重要性-可能性)

此外,在这一步中,内部审计人员还须了解管理层对各种风险的容忍度,以便在评估流程设计的差距、决定执行什么样的审计测试以及确定必须得到哪些审计结果时能够更好地权衡公司治理与管理的容忍度。

三、分析流程

这一步骤所涉及的工作主要如下。

第一,通过流程图等形式对企业流程及流程管理形成清晰的认识。

第二,识别和记录将风险控制在预期水平的关键控制点。

第三,评估这些关键控制点是否能够有效地将风险控制在预期水平。

第四,如果这些关键控制点不足以将风险控制在预期水平,则进一步识别差距在哪里并确定缩小这种差距的措施。

第五,对存在较大认识偏差的风险进行了解,或者由企业组织讨论,并将不同的风险认知水平揭示出来,引导责任人进行再次理解、判断和评估,直到不存在较大偏差。

四、审计测试

这一步的主要目的有二:一是证实流程的实际运行是否如设计的那样能够确保预期目标的实现,二是当没有相应的流程或流程运行不畅时确定潜在的影响有多大。

为达到目的,内部审计人员应如下操作。

第一，实施符合性测试，验证流程是否如设计的那样在有效运行。

第二，当流程的一部分设计不完善或未能如设计那样顺畅运行时，执行实质性测试（量化测试），以推算或预测潜在的影响。

第三，根据测试结果，评估流程的有效性。

第四，对设计不完善的流程或运行不畅的流程，进一步分析其原因，找出可能的解决方案。

五、评估风险管理能力

风险管理的综合能力体现在战略与政策、流程、人力资源、技术、信息、管理报告等方面。这些能力可以划分为若干级别（或阶段），如初始阶段、可重复阶段、确定阶段、管理阶段、优化阶段。表10-5为风险管理能力综合评价表，可供企业内部审计人员参考。

表 10-5　　　　　　　　　　　　　风险管理能力综合评价表

项目	权重	初始阶段	可重复阶段	确定阶段	管理阶段	优化阶段
战略与政策	20%	①没有清晰的战略。②政策不明确或没有书面化。③相关政策与流程脱节	①战略过于简单，对业务没有具体指导作用。②政策很少指导业务各分子公司没有统一的政策	①集团内政策不清晰。②集团有统一的政策体系，但缺少将实际操作中积累的经验总结和归纳在制度中	①政策考虑了业务发展风险及管理战略。②定期在经验和改进分析的基础上对政策进行修订	略
流程	20%	①没有正规、稳定的流程。②被动地反应。③自发地进行业务操作。④授权体系含糊不清	①形成了稳定的书面政策和流程②对单个公司或业务单元的授权体系做了界定	①具备明确的流程。②整个集团设置了统一的授权体系	①建立了流程提升基准②定期在经验和改进分析的基础上对授权体系进行修订	略
人力资源	15%	①过于依赖管理层和操作人员的个人经验，流程和制度规范的推动效率低下。②没有问责机制缺乏合格的人才	①划分了流程中的角色与责任，但未能摆脱对关键人才的依赖。②责任为相关人员所理解。③对岗位所需人员资格进行了设定	①责任明确。②绝大多数人员尊重既定的流程和制度职责、角色与培训实现标准化。③需要特殊知识和技能的岗位已初步具备了相应的资质和经验	①强大的团队合作精神。②逐步构建行为榜样的概念。③必要知识、专业技能和经验已经完全具备	略
技术	15%	略	略	略	略	略
信息	15%	略	略	略	略	略
管理报告	15%	略	略	略	略	略

本步骤的具体工作如下。

第一，内部审计人员基于流程分析和审计测试的结果，描述每一项能力的具体特征，并对照五个阶段的界定来确定企业风险管理水平当前所处的阶段。

第二，综合考虑管理层对风险的容忍度与公司治理的相关要求，确定每种能力的期望水平（即所处阶段）。

第三，针对各项风险管理能力当前所处阶段与期望阶段之间的差距，考虑各种改进技术方法和政策措施。

六、提出改进建议

这一步，内部审计人员应按照 SMART（针对性——Specific，可测量性——Measurable，能达到的——Attainable，及时性——Timely）标准，结合前述各步骤中的审计发现及当前风险管理活动的实际情况，提出完善风险管理行动计划的建议，并及时与管理层进行沟通，落实风险管理改进责任人，设定建议落实时限，以确保实现风险管理审计最终的增值功能。

七、出具风险管理审计报告

风险管理审计报告是内部审计人员在实施必要的审计程序后，以经过核实的审计证据为依据，就被审计单位内部风险管理状况的适当性、合规性和有效性出具的书面文书。其基本要素应包括标题、收件人、正文、附件、签章、报告日期。

风险管理审计报告的正文内容是实施风险管理审计结果的综合反映，是风险管理审计报告的核心内容。其主要内容应包括审计概况、被审计单位风险管理基本情况、问题与成因、审计评价和审计建议。

（一）审计概况

此部分主要描述本次风险管理审计的依据、审计目的和范围、审计重点和审计标准、主要实施程序等内容。

（二）被审计单位风险管理基本情况

此部分主要反映审计期内被审计单位的如下情况。

（1）风险管理基本流程运转情况：是否收集风险管理初始信息，是否组织进行风险评估，是否制定相应的风险管理策略，是否提出和实施风险管理解决方案。

（2）风险管理监督与改进情况：是否能以重大风险、重大事件和重大决策、重要管理及业务流程为重点对风险管理基本运转情况进行监督，是否采用压力测试、返回测试、穿行测试以及风险控制自我评估等方法对风险管理的有效性进行检验，是否根据风险变化情况和存在的缺陷及时进行整改。

（3）风险管理组织体系建设情况：是否建立健全了规范的公司法人治理结构，形成高效运转、有效制衡的监督约束机制；董事会是否履行了在风险管理方面的职责，风险管理委员会的召集人是否符合规定要求，下设的风险管理委员会是否履行了相应的职责任务；各个层级的管理人员是否指导、制定、实施风险管理工作要求。

（4）风险管理信息系统建设情况：是否建立了涵盖风险管理基本流程和内部控制系统各个环节的风险管理信息系统；输入系统的信息是否准确、及时、可用和完整，是否设置了对数据信息更改的控制与管理措施。

（5）风险管理文化建立情况等被审计单位的风险管理情况。

（三）问题与成因

此部分主要反映审计期内被审计单位在风险管理中存在的问题，针对问题产生的主观和客观情况进行剖析。

（四）审计评价

此部分主要反映通过审计得出的对审计期内被审计单位在风险管理方面的结论性评价，主要包括以下五个等级。

一级：风险管理与控制有效。

二级：风险管理与控制基本有效。

三级：风险管理与控制有缺陷。

四级：风险管理与控制有重大缺陷。

五级：风险管理与控制失责。

（五）审计建议

此部分主要描述针对已查明的审计事实和审计评价结果提出改进和完善内部风险管理的建议。风险管理审计的建议应主要包括以下四个方面。

（1）建议风险回避，即建议管理层应主动放弃或拒绝实施那些可能引起风险损失的事项。

（2）建议风险转移，即建议管理层将自己面临的风险采取投保、利用法律规定保护或其他有效方式转移给其他单位。

（3）建议风险控制，即针对不同的风险点，建议管理层采取预防性、指导性、检查性和纠正性等控制措施，设法降低风险损失的概率和减小损失的幅度。

（4）建议风险承担，即在处置风险成本高于承担风险所付出的代价时，建议管理层可以不采取任何措施。

风险管理审计报告由内部审计人员撰写，征求被审计单位意见后提交本单位董事会或管理层审核和应用。

思考与探索

1．什么是风险管理？请说明风险管理与内部控制的关系。

2．比较风险管理审计与内部控制审计的异同。

3．比较风险管理审计与风险导向审计的异同。

4．有人认为："审计工作就是处理风险、预防风险和优化管理。"你是如何理解的？

5．在风险管理成熟度不同的企业，内部审计的角色是如何变化的？工作重点是如何变化的？

6．中国内部审计协会的网站上有一篇题为《注意了，这些内部审计机构的工作超出了风险管理审计边界》的文章。该文称："在内部审计机构承担风险管理审计任务的过程中，有些组织把风险管理系列工作全部交由内部审计机构负责，这显著提高了内部审计重要性、突显了其核心地位，但也可能导致内部审计机构工作任务过重、承担职责过多等困难，更重要的是可能会导致管理责任、会计责任与审计责任之间的界限混淆，造成内部审计失去应有的独立性，长期来看还将影响内部审计结论的权威性和有效性。内部审计人员应当注意，有六种风险管理活动是不适合由内部审计机构负责的，具体是：确定风险偏好，强制实施风险管理过程，管理层对风险的确认，决定风险应对，以管理层的名义实施风险应对，问责风险管理等。之所以将这些工作与内部审计职责视为不相容职责，主要是因为这些工作涉及组织风险管理工作的核心内容，对组织经营成败有较大影响，是管理层的当然职责范围，不应当交由内部审计机构独立开展，否则就容易损害内部审计机构受托于资产所有者（董事会、股东、国有资产出资人代表等）的相对独立性。"

请问：你是否全部或部分赞同文章的观点？请说明你的理由。

第十一章 公司治理审计

引导案例

从"宝万之争"看公司治理的重要性

"宝万之争"是我国公司治理发展过程中具有重大影响力的事件。2015 年 7 月起,"宝能系"通过不断买入万科企业股份有限公司(简称"万科")股票增持股份,对万科的持股比例一度猛涨至近 25%,一跃成为万科第一大股东。面对致命的冲击,万科的高管们不得不仓促应战。2016 年年初,万科联手深圳市地铁集团有限公司(简称"深铁集团")来应付危局。此后,双方博弈日趋激烈,在公司大股东华润(集团)有限公司(简称"华润")的干预下,"宝能系"罢免万科全体管理层的图谋未果,其后恒大地产集团有限公司(简称"恒大")、安邦保险集团股份有限公司(简称"安邦")又加入混战。到 2017 年,深铁集团逐渐主导了局势,先后将华润和恒大持有的万科股份收入囊中,历经两年多的"宝万之争"终于落下了帷幕。

2015 年 12 月 27 日,《中国经营报》发表了一篇题为《宝万之争启示录:王石式失误更是中国式挑战》的文章,文章说:"历史总是在惊人地重演,距离国美电器控制权之争已经过去五年,但有关创始人在公司董事会中的权利保护仍没有被提到足够高的重视程度。这也恰恰是王石在此次宝万控制权之争中屡处险境的一个重要原因。"

"宝万之争"突显公司治理的重要性。"宝万之争"看似是万科管理层与"宝能系"这一资本力量的博弈,实质上是万科管理层与"宝能系"关于万科控制权的争夺。万科作为房地产行业的翘楚,其品牌信誉和公司的实力都是很强的,其坐拥优质资产、具备上市公司套现潜力,当其股权结构暴露出致命弱点时,被其他资本觊觎可以说是意料之中的事。

根据公开资料,人们很容易看到万科在创始人保护机制上的缺失。

(1)万科股东是同股同权,创始人没有一票否决权,没有保留创始人一票等于别人多票的权利这一制度。

(2)万科董事由股东提名,股东可以随时更换董事,无论任期是否届满。万科创始人无法掌控公司董事会,丧失了对公司的实际控制权。

(3)万科股权极度分散,这虽然对公司治理有利,但在缺少对创始人股东的保护机制下,这种极度分散的股权很容易给资本市场留下可乘之机。

一个公司的股权结构在很大程度上反映了这个公司的治理模式。一般来说,公司的经营权在管理层手中,而重大事项的决定权则是在股东手中,管理层一定要得到大股东或者大多数股东的支持才能保证公司运营稳定。而万科的管理层却面临权责失衡的困境:王石以创始人的身份退居至职业经理人的位置,却以少部分的占股比例实际控制着公司,这就造成了公司抵御敌意收购的能力大幅削弱。而公司在不断扩张中,以王石为首的万科原有创始人所持股份不断被稀释,逐渐丧失了对公司的控制权。面对"宝能系"的收购,万科的高层只是在运营方面进行了应对,无法以收购股权的方式反击,最终导致了控制权旁落。

思考:

(1)在公司治理安排中,如何一方面使公司股东的控制权得到保障,平衡各个股东的利益，另一方面让各个股东的权利均衡，避免出现股权纷争的现象？

（2）在公司治理方面，公司的内部审计部门可以有哪些作为？

第一节　公司治理审计概述

一、公司治理的内涵

（一）公司治理问题的产生

随着公司制企业的不断发展，现代公司呈现出股权结构分散化、所有权与经营权分离等典型特征，由此产生了治理问题，使公司治理成为现代企业所应关注的核心问题。

公司治理的含义及治理问题

股权结构分散化是现代公司的第一个特征。公司的股权结构，经历了由少数人持股到社会公众持股再到机构投资者持股的历史演进过程。高度分散化的公司股权结构，对经济运行产生了重要的影响。一方面，明确、清晰的财产权利关系为资本市场的有效运转奠定了牢固的制度基础。不管公司是以个人持股为主，还是以机构持股为主，公司的终极所有者始终是清晰可见的，所有者均有明确的产权份额以及追求相应权益的权利和承担一定风险的责任。另一方面，高度分散化的个人产权制度是现代公司赖以生存和资本市场得以维持与发展的润滑剂，因为高度分散化的股权结构意味着公司所有权的供给者和需求者都很多。股票的买卖者数量越多，股票的交易就越活跃，股票的转让就越容易，规模发展就越快，公司通过资本市场投融资越便捷。但是，公司股权分散化也对公司经营造成了不利影响：首先，股权分散化的直接影响是公司的股东们无法在集体行动上达成一致，从而提高了治理成本；其次，对公司的经营者的监督弱化，特别是大量存在的小股东，他们不仅缺乏参与公司决策和对公司高层管理人员进行监督的积极性，而且也不具备这种能力；最后，分散的股权结构使得股东和公司其他利益相关者处于被机会主义行为损害、掠夺的风险之下。

所有权与经营权的分离是现代公司的第二个重要特点。所有权与经营权的分离，产生了公司行为目标的冲突以及两种权利、两种利益之间的竞争。在现代经济生活中，大多数的股份制企业在社会范围内募集资本，向全社会发行股票。在这里，股票所有者或者不参与公司的经营管理，或者作为经营者参与公司的经营事务，但只拥有小部分本公司的股权。在这种条件下，股东利益目标就有可能与经营者的利益目标发生偏离，甚至冲突，而在实践中也确实出现了经营者损害股东权益的倾向。

（二）公司治理的定义及理论

公司治理的含义可以从狭义、广义两个方面来理解。狭义的公司治理是指所有者对经营者的一种监督与制衡机制，即通过一种制度安排，合理地配置所有者和经营者之间的权力和责任关系。狭义的公司治理是借助股东大会、董事会、监事会、经理层所构成的公司治理结构来实现的内部治理，其目标是保证股东利益的最大化，防止经营者对所有者利益的背离。

广义的公司治理不局限于股东对经营者的制衡，还涉及广泛的利益相关者，包括股东、员工、债权人、供应商和政府等与公司有利害关系的集体或个人。公司治理指通过一套包括正式或非正式的、内部或外部的制度或机制来协调公司与所有利益相关者之间的利益关系，以保证公司决策的科学性与公正性，从而最终维护各方面的利益。因为在广义上，公司不仅是股东的公司，而是一个利益共同体，公司的治理机制也不限于以治理结构为基础的内部治理，而是利益相关者通过一系列的内部、外部机制来实施的共同治理，治理的目标不仅是股东利益的最大化，而且是保证所有利益相关者的利益最大化。要实现这一目的，公司治理不能局限于权力制衡，而必须着眼和确保企业决策的科学性与公正性；不仅需要建立完备有效的公司治理结构，更需要建立行之有效的公司治理机制，包括公司战略决策系统、公司文化、公司高管控制制度、收益分配激励制度、财务制度、人力资源管理制度等。

二、公司治理的主要问题

公司治理的问题主要包括代理型公司治理问题和剥夺型公司治理问题。代理型公司治理问题针对的是股东与经理之间的关系，即传统意义上的委托代理关系；而剥夺型公司治理问题则涉及股东与股东间的利益关系。就本质而言，这两类公司治理问题都属于委托代理问题，只不过第一类公司治理问题是公司所有者与经营者（即股东与经理之间）的代理问题，而第二类公司治理问题是大股东与中小股东之间的代理问题。可以将第一类公司治理问题形象地称作经理人对股东的"内部人控制"问题，将第二类公司治理问题称为终极股东对中小股东的"隧道挖掘"问题。

（一）经理人对股东的"内部人控制"问题

按照委托代理理论，现代企业可以看作一系列委托代理合约的结合。在这些合约中，所有者与经营者之间虽然具有委托代理关系，但是由于存在着目标利益的不一致与信息的不对称，企业的外部成员（如股东、债权人、主管部门等）无法实施有效的监督，从而使企业的内部成员（经营者）能够直接参与企业的战略决策，并掌握大部分企业实际控制权。他们在企业战略决策中追求自身利益，甚至与内部各方面联手谋取各自的利益，从而架空所有者的有效控制，并以此来侵蚀作为外部人（股东）的合法权益。这就是所谓的"内部人控制"现象。

（二）终极股东对中小股东的"隧道挖掘"问题

在传统的公司治理理论中，一般将如何保障公司股东利益不被侵占作为关注的重点，相应的治理结构和治理机制也都是基于此种考虑进行设计的。但在如今的现实世界中，委托代理问题还体现为终极股东与中小股东之间的利益冲突，具体表现为终极股东对中小股东的"隧道挖掘"的剥夺型公司治理问题。

"隧道挖掘"行为的产生，在于终极股东"隧道挖掘"的收益大于其"隧道挖掘"的成本。而收益来源于终极股东所掌控的权利，成本则反映了终极股东对其行为所承担的责任。

剥夺行为分为以下两种类型。

（1）滥用公司资源。滥用公司资源并非以占有公司资源为目的，通常指未按照公司整体目标采取行动的行为。例如，终极股东是某家族企业的时候，终极股东做的一些决策可能更多从家族利益（如为了家族荣耀等目标采取过度保守的经营策略）考虑，从而偏离了股东财富最大化目标。终极股东滥用公司资源违背了其作为代理人的勤勉义务。

（2）占用公司资源。占用公司资源是指终极股东通过各种方法将公司的利益输送至自身的行为，这违背了其作为代理人的忠实义务。占用公司资源的利益输送行为，又可以分为直接占用资源、关联交易和掠夺性财务活动三类，其中，掠夺性财务活动更为复杂和隐蔽，具有多种表现形式，具体可以分为掠夺性融资、内幕交易、掠夺性资本运作和超额股利等。

三、内部审计与公司治理的关系

为了有效地解决公司内部治理问题，公司董事会一般可设几个专门委员会，分别从事各方面的工作。其中，常见的是战略决策委员会、提名委员会、薪酬与考核委员会、审计委员会。

审计委员会的主要职责是：检查公司会计政策、财务状况和财务报告程序；与公司外部审计机构进行交流；对内部审计人员及其工作进行考核；对公司的内部控制进行考核；检查、监督公司存在或潜在的各种风险；检查公司遵守法律、法规的情况。

内部审计被定义为"促进公司完善治理、增加价值和实现目标"的确认与咨询活动，与公司治理、风险管理和内部控制有着密切联系。内部审计机构和人员，通过对公司业务活动、内部控制和风险管理的适当性和有效性进行审查、评价，帮助公司实现目标。

第二节　公司治理审计的目标

一、公司治理审计的概念与特点

公司治理审计是指公司内部审计机构和人员依据国家法律、法规、政策和标准，独立、客观地对本公司治理环境、状况进行监督、评价和咨询，提出改善公司治理的意见或建议的行为。

公司治理审计具有以下三个方面的明显特征。

（一）重要性

公司治理审计将公司治理作为最终的评估和监督的对象，是基于所有者监督的审计，能够促进公司治理良好地发展。良好的公司治理是公司长期健康、稳定发展的基本保证。公司治理作为公司的控制体系和机制，一方面，可以激励董事会和管理层实现公司和所有利益相关者的利益最大化目标；另一方面，也可以提供有效的监督，从而使公司更有效地利用资源。根据相关分析，资产收益率、股权收益率、托宾 Q 值等指标值，均与公司治理水平成正向变动关系。

（二）高层次性

公司治理审计的主要审计对象涉及公司的股东、董事会、监事会以及管理层的运作，而且随着公司治理运动的蓬勃兴起，公司治理的内涵也从权力制衡转变为科学决策，从治理结构转变为治理机制。因此，内部审计人员还需要进一步关注公司决策及其治理机制等高层次的问题。

（三）制衡性

公司治理审计关注公司各权力机构的制衡效应，所以，不能单从某一方面片面地看问题。

二、公司治理审计的目标

公司治理审计的目标是帮助公司提升治理能力，改善公司治理状况，合理地保证公司经营目标的实现，促进公司价值的增加。

国际内部审计师协会也在《国际内部审计专业实务框架》(2017) 中对公司治理审计的目标进行了阐述。

（1）做出战略决策和运营决策。

（2）监督风险管理和控制。

（3）在组织内部推广适当的道德和价值观。

（4）确保整个组织开展有效的业绩管理、建立有效的问责机制。

（5）向组织内部有关方面通报风险和控制信息。

（6）协调董事会、外部审计、内部审计、其他确认服务提供方和管理层之间的工作和信息沟通。

第三节　公司治理审计的内容

一、治理环境审计

治理环境审计为良好的公司治理提供基础的文化、框架和政策，包括以下内容。

（一）评价总体治理结构和政策

良好的治理结构和政策应当具有以下主要特征。

（1）董事会各委员会之间持续地交流和联系。

（2）在公司层面和分支机构、小组层面分配治理责任和活动。

（3）阐明横向及纵向的监督事项。

治理审计的内容

（4）持续可靠的、有效的信息流动可以上达董事会各职能委员会。

（5）对包括（但不限于）公司治理的道德规范和监督政策在总体上有清楚的描述和沟通。

只有公司存在一个经过深思熟虑的结构良好的治理环境，公司治理的流程和程序才能有效。

公司的治理结构和政策应当反映公司的法律、经营和报告体系及其组成部分，而且必须在各治理事项间清楚地分配责任。在结构和政策方面，内部审计部门可以努力证实公司是否真正拥有非常完善的治理、风险和合规环境，并评价其有效性，以帮助董事会和高级管理层实现其目标。如果公司没有完整的治理方法，内部审计可以帮助其建立。

要实现上述目标，内部审计首先必须评价董事会及其章程，以保证公司具有改善治理的恰当政策。这些政策应当一方面保证董事会实质上独立，另一方面为公司建立一个良好的道德规范和为公司治理提供样本。其次，内部审计必须证实：所有的公司治理政策都符合法律法规的要求，董事会和各个执行委员会的治理活动与公司的最终目标保持一致。

（二）评价公司文化和道德规范

良好的公司文化和道德规范具有以下特征。

（1）有正式的书面形式的行为准则。

（2）对公司文化和道德目标有清楚的阐述。

（3）对行为准则和违规处罚等能够进行有效的交流。

（4）使用需求分析来确定与道德相关的交流的有效性和发现培训需求。

（5）在报告违反行为准则事项时具有无障碍的广泛的交流渠道。

（6）要求个体确认各自的责任范围。

（7）能够对公司任何成员进行持续有效的调查，并坚持按规定处理。

（8）管理层对支持监督活动有明确承诺，包括提供充分的资源和训练其如何评价与治理有关的事件和活动。

为了实现有效的治理，公司管理层需要鼓励并建立良好的公司治理并强调道德规则和公司文化。内部审计应当评价公司的文化标准和道德程序，发现并揭露与治理有关的薄弱环节。

（三）评价审计委员会的活动

审计委员会的活动应当具有下列特征。

（1）有正式的书面形式的审计委员会章程，章程中对审计委员会的职能，成员及独立性，会议频率，成员的作用和责任，与管理层、内部和外部审计人员的关系，报告责任，进行特别调查的授权等问题进行阐述。

（2）保障、指导与督促内部审计的工作。审计委员会必须保证内部审计人员具有有效执行和遵守审计标准所需的各种资源，有接近委员会成员的权利和接近高级管理层的权利。

（3）经常进行自我评估，包括将实际开展的活动与章程的规定相比较、与正式的指南和规则相比较、与行业内部最佳实务相比较等。

内部审计人员需要按审计委员会的要求进行上述评价，以证实他们遵守了章程的规定。内部审计人员应该将这些评估视作通过观察、训练和建议等方式为审计委员会提供有价值的重要的机会。

二、治理流程审计

治理流程是指支持治理环境的特定活动。审计内容主要如下。

（一）评价舞弊控制和沟通流程

良好的舞弊控制和沟通流程应当具备下列特征。

（1）反舞弊程序将舞弊的预防视为一个持续进行的过程，而不只是一个侦察或调查程序。

（2）在舞弊风险评估的基础上开发、追踪和运用舞弊特征模型。

（3）将特定控制活动与特定的舞弊情节相联系，形成对应关系。

（4）经常开展反舞弊培训和沟通程序。

（5）启用舞弊举报热线。

（6）进行事件报告和追踪。

在法律法规变化的刺激下，反舞弊活动的重点从侧重于合规性侦查战略转向侧重于舞弊预防和早期发现的主动性战略。在这样的环境下，内部审计需要确定公司的内部控制是否具有这种反舞弊的预防和侦察程序。支持舞弊控制的沟通和风险评估程序也是如此。

对舞弊控制进行检查时，内部审计必须考虑几个关键点：公司是否设有腐败发现程序和相关的支持性沟通渠道，以有助于保证舞弊线索能够迅速引起高级管理层和审计委员会的注意；腐败发现程序背后的组织流程是否能够保证为参与揭发舞弊的员工保密；员工是否有理由相信，如果他们泄露了机密信息，是否将会遭受处罚。

（二）评价薪酬政策和相关流程

薪酬政策和相关流程应当具备下列特征。

（1）正式的薪酬政策和流程由薪酬委员会提出。

（2）有实际报酬和奖励、延期薪酬计划的批准和透明度、特殊安排的批准和透明度、报告和监督、遵守适用的法规要求等。

（3）有完善的薪酬考核机制。

（4）薪酬考核部门有足够的胜任能力。

内部审计部门有必要对公司的薪酬政策及其流程开展全面的、自上而下的检查。在进行薪酬检查时，内部审计应当：检查实际执行的激励程序，延期薪酬计划的透明度，与薪酬相关的报告和监督，以及是否存在特殊安排等；评估并证实薪酬委员会成员的独立性和他们用以得出总薪酬及其结构的程序；确定薪酬委员会的行动是否符合有关的规定；确定高级管理层的绩效评价所包含的关键因素的适当性，如高级管理层是否诚实，是否有能力制定与组织责任有关的正式的高层基调，是否有能力清楚地表述组织的价值观、道德规范和行为期望等；确定公司是否使用定量的流程设计和改善技术来创造和衡量关键经营流程的价值、质量和有效性。以前内部审计一般没有对薪酬方面给予充分的注意，部分原因是缺乏分析与薪酬相关的复杂事项的专业能力。显然，公司需要增加这方面的专业人员。

（三）评价财务治理流程

财务治理流程主要关注两个问题：作为财务治理基础的原则和流程是否建立且是否有效，财务治理原则和标准是否得到了有效的沟通。

财务治理框架包括两个组成部分：一是财务控制原则，用来指导财务报告的有效控制；二是操作标准，用来建立、记录和沟通公司财务治理方面的目标。例如，"财务报告应遵守所有法律法规的要求"是一个明确规定的原则；而要求每一业务都必须编制目录和有证明文件，就是一个适用的与报告有关的操作标准。

内部审计需要检查公司是否在整个公司建立了包括明确的政策和标准在内的财务治理流程。这一评估并非集中在特定的财务控制方面，而是试图证实治理活动之下的原则和标准是否适当，是否在关键的财务流程中得到积极的执行。

（四）评价治理绩效的衡量

如同公司定期对各种经营活动进行衡量，以确定它们是否有效一样，公司也可以衡量其治理活动。内部审计部门可以在评估该绩效评价的准确性和可靠性方面发挥重要作用。

首先，内部审计应该确定公司是否已经开展与治理活动有关的绩效评价。然后，评估其功能、范围和有效性，确定这些衡量指标与总体治理活动的相关程度。内部审计可以开发类似的自我评估程序，来证实评估治理绩效和评价其有效性的衡量指标确实存在。

三、治理程序审计

治理程序是指对治理活动的执行和操作十分关键的特定程序。审计内容主要如下。

（一）评价内部和外部治理报告程序

治理报告程序应当关注下列问题。

（1）治理报告是否符合法规中的报告标准和定义。

（2）是否建立了适当的报告标准。

（3）报告过程中是否使用了正确的重要性区间。

（4）报告的违规之处是否在公司中的适当层次被发现、上报，并得到解决。

进行评价时，内部审计首先应该识别和厘清与治理有关的报告程序，其次测试所有内外部治理报告的准确性和适当性。有效的治理报告必须与财务报告一样准确完整，以适应股东、监管机构和财务团体的其他成员不断增加的详细审查。

（二）评价治理事项的上报和追踪程序

公司治理事项的上报和追踪程序应当具备下列特征。

（1）政策规定了治理事项的上报和追踪程序。

（2）对解决治理问题的责任进行了清楚的界定和交流。

（3）发现的治理事项能够通过治理程序回溯至识别阶段。

（4）伴随着高级管理层的适当参与，治理事项以有效、及时的方式得到解决。

治理环境有效的公司应该具有适当的程序识别和上报与治理有关的事项，并对其进行追踪。由于该程序的重要性，内部审计必须对其进行认真评估。在评价上报流程的适当性时，内部审计人员应当确信上报对象包含了审计委员会和董事会。

（三）评价治理变化和学习程序

治理变化和学习程序应当包括下列内容：变化和学习创新被用来支持新治理方法的采用或现有程序的改革；治理问题的重要性通过持续的教育和培训得到加强。

管理层面临的真正挑战在于没有单一的、不变的治理问题。事实上，新的问题不断出现，现有的问题可能会以不可预见的方式发生持续的演化。因此，在治理领域开发和实施变化和学习的创新方法对公司而言十分重要。同样，评价这些创新方法的有效性对内部审计也很重要。

（四）评价治理支持软件和技术

公司治理活动的有效性在不同程度上取决于其技术资源的适当性和可靠性。在当前经营环境下，获取实时信息变得至关重要，对遵纪守法的要求加速上升。因此，技术成为公司努力提高和衡量其风险管理和治理的关键动因。随着配置不断升级，技术成为公司的"中枢神经系统"，有助于公司实时地识别风险，采取行动，控制风险。各种政策和措施真正发挥作用的关键在于与经营流程的融合，而这正是实时的风险和合规管理的实质。技术有助于通过推进各种风险管理、治理活动的综合、信息流动、绩效和报告来增加透明度、完整性和可理解性。

由于技术对公司治理活动非常重要，内部审计应当对关键的技术资源进行定期的检查，以评价和证实其是否充分和是否持续有效。这些检查应当确定治理活动正在使用的所有技术，并评估与该技术相关的控制是否适当。

思考与探索

1. 什么是公司治理？请说明公司治理与内部审计的关系。

2. 内部审计如何提升公司治理的3E性（即经济性、效率性和效果性）？

3. 说明公司治理审计与内部控制审计、风险管理审计的关系。

4. 某城市商业银行是一家在业界知名的专注于服务小微企业的全国性金融机构。从2005年以来，该商业银行仅大股东占款就累计高达1 500亿元，且每年的利息就多达百亿元。大股东长期无法还本付息，造成该商业银行严重的财务与经营风险，直接侵害其他股东及存款人的利益。在此后的两年时间里，该商业银行竭力融资防范挤兑。直到2019年5月，该商业银行因出现严重信用风险，被依法接管。接管开始之日起，接管工作组全面行使对该商业银行的经营管理权，委托中国建设银行托管该商业银行的业务。2019年6月，接管工作组以市场化方式聘请中介机构，全面掌握了该商业银行的资产状况、财务状况和经营情况。清产核资的结果印证了该商业银行存在巨额的资不抵债缺口，接管时已出现严重的信用风险。2019年9月，该商业银行改革重组工作正式启动。为确保该商业银行改革重组期间金融服务不中断，接管工作组最终决定采取新设银行收购承接的方式推进改革重组。2020年4月30日，接管工作组发布公告称，该商业银行将相关业务、资产及负债分别转让至4家区外分行。接管期间，接管工作组向纪检、监察等机关移送了大量违法违规和犯罪线索，相关人员被依法追责问责。2020年11月23日，中国银行保险监督管理委员会发布《关于某城商行股份有限公司破产的批复》，同意该商业银行进入破产程序。

该商业银行走到破产，是因为治理存在如下问题。

（1）党的领导弱化，党委主要负责人附庸于大股东并演化为内部控制人，总行党委、纪委的作用被严重弱化。

（2）大股东操纵股东大会，干预银行正常经营，通过各种方式进行利益输送。

（3）董事会形同虚设，缺乏全面有效的风险管理体系，风险管控职能失效，核心作用被董事长个人取代。

（4）管理层凌驾于制度之上，以领导指示或领导集体决策代替规章制度。

（5）监事会监督职能弱化，监事专业性不足、独立性不强，监督履职失灵。

（6）监管失效，"内部人"内外勾结，银行经营管理混乱，风险管理和内部控制管理、内部审计机制失灵。

请思考下列问题。

（1）该商业银行事件是我国金融发展史上的一个重大事件，其反映公司治理失败的惨痛教训。你认为，这个失败主要表现在哪些方面？

（2）第一章提到过"三道防线"理论，就本例而言，你认为哪道防线出了问题？

（3）针对该案例，结合本章内容，谈谈你对公司治理审计的认识。

第十二章　舞弊审计专题

引导案例

万达内部审计的权威性

2019 年 8 月 30 日，大连万达集团股份有限公司（简称"万达"）发布了《关于对王焱斌等人移交司法的审计通报》的内部公告。公告称，王焱斌等 4 名管理人员严重违反集团制度，向商户、供方及员工索贿，金额巨大，已涉嫌犯罪。根据报道，这起内部舞弊事件发生在武汉，涉案金额总数近亿元。这不是万达审计部第一次展示它的雷霆手段。2018 年 8 月，北京的万达公司总部，两名万达高管因涉嫌利用职务便利谋取私利被朝阳警方带走，其原因正是万达审计部查出两人参与高管群体作案，将其移交司法部门。

万达高管因贪腐而被带走，再次将万达审计部推到台前。万达审计部，究竟是个什么样的部门？万达内部一直流传着这样一个说法：当万达的内部审计人员经授权到地方公司查账时，地方负责人就要立即交出账本。

万达审计部为什么有这么大的威力？可能最大的原因就是——审计部是集团董事长唯一统筹管理的部门。万达董事长曾在演讲中表示，他在万达集团中什么都不管，只管审计部。为什么呢？因为他认为审计的人懂业务，需要建立非常大的权威，这是保障万达不逾越高压线的重点。

这个案例说明以下两点。

第一，企业内部的舞弊问题可能很严重，内部审计部门必须要予以高度重视。

第二，内部审计要想有所作为，企业最高管理层的重视很重要。

第一节　舞弊审计概述

一、舞弊及舞弊产生的原因

《第 2204 号内部审计具体准则——对舞弊行为进行检查和报告》中对舞弊的定义是：舞弊是指组织内、外人员采用欺骗等违法违规手段，损害或谋取组织利益，同时可能为个人带来不正当利益的行为。

舞弊具有如下特征。

第一，舞弊是一种违反法规的行为。舞弊所采用的手段不符合国家的法律、法规或者是违反组织的规章制度。

第二，舞弊是一种故意的行为。舞弊与错误的区别在于这一行为是有目的、有意而为之的，即主观上具有故意的特征。

第三，舞弊行为可能损害组织的利益，也可能是为组织谋取利益，但这种谋取的利益是通过不正当手段获得的，当该行为被曝光后，最终会给组织带来伤害。

管理层舞弊的财务特征

管理层舞弊的非财务特征

第四，舞弊行为可能给舞弊者带来不正当利益。舞弊者本人可能从舞弊行为中获取间接或直接的个人利益，但这不是舞弊的必然现象。

第五，舞弊的实施者可能是组织内部的人员，也可能是组织外部的人员，通常外部人员实施的舞弊都会损害组织的利益。

个人舞弊迹象

舞弊行为的存在，表明组织的控制存在着薄弱环节，如果不能加以制止，可能会对组织产生更进一步的破坏。因此，不管舞弊行为涉及的金额有多大，其性质都是严重的。

对于舞弊产生的原因，国外有著名的舞弊三角理论、GONE 理论、冰山理论等。依据舞弊三角理论，舞弊产生的原因主要有以下三个方面。

（一）动机

无论何种舞弊，首先是有一定动机的。舞弊行为动机主要有四种。第一是经济动机，为了使自身的经济利益最大化；第二是利己动机，是为了追求个人地位和威信；第三是思想动机，是为了所谓的"报仇"，为了使某个人得到"应有的惩罚"，为了证明自己"高人一等"；第四是恶习，为舞弊而舞弊，为盗窃而盗窃，通常会导致"惯性犯罪"。其中，经济动机是主要的，也是常见的。压力、贪婪、欲望、需要都会导致动机的产生。通常，刺激个人为其自身利益而进行舞弊的动机大体上可分为：

（1）经济动机或压力（生活所迫、贷款买房、奢侈生活、高额债务、经济损失）；

（2）工作动机或压力（独裁式管理、过于严格的制度、对工作不满、工作业绩得不到充分承认、工资待遇太低、升职机会少、不友善的工作环境、过高的预期、害怕失业）；

（3）恶习（赌博、酗酒、吸毒）；

（4）其他动机或偶发事件。

据统计，前两种类型的动机或压力大约占 95％。

（二）机会

机会是导致舞弊行为产生的条件，包括内部控制不健全、缺乏惩罚措施等。相关人员受到的信任程度越深、地位越高、权力越大，暴露程度越小，产生舞弊的可能性就越大。

1. 员工的机会

员工的机会主要有缺乏控制措施、无法评价工作质量、缺乏惩罚措施、信息不对称、相关人员无能力觉察舞弊行为、无审计轨迹等。

2. 组织的机会

组织的机会主要有法律不健全、公司治理结构不健全、内部人控制、注册会计师监管缺失等。

（三）借口

由于舞弊并不是一件光彩的事情，舞弊者需要找到某个借口，使舞弊行为与其本人的道德观念、行为准则相吻合。舞弊者常用的借口如下。

（1）法律条文本身含混不清，被人曲解利用。

（2）别人都这么做，我不做就是一笔损失。

（3）我也是被迫的，无可奈何。

（4）我只是为了让公司暂时渡过困难时期。

（5）凭自己的贡献应获得更多的报酬。

（6）我的出发点是为了一个很好的愿望。

其实，舞弊产生的一个最根本的原因是舞弊行为人的忠诚性缺失。忠诚性缺失是指组织内部拥有权力和责任的个人或集体，容易导致舞弊行为的工作态度或道德观念。忠诚性是自始至终都按照最高的道德价值标准来行动的一种能力，是对受托责任尽职尽责的忠诚度。正是由于忠诚性的缺失，动机（压力）和机会才导致舞弊。但是舞弊行为人在舞弊时不会意识到自己忠诚性缺失，而会寻找许多自我安慰的借口。

二、舞弊审计的含义及内部审计的责任

舞弊审计是指内部审计人员对被审计组织的内部人员及有关人员为谋取自身利益或为使本组织获得不当经济利益，而其自身也可能获得相关利益，采用欺骗等违法违规手段使组织经济利益遭受损害的不正当行为，使用检查、查询等审计程序进行取证并向委托者或授权者出具审计报告的一种监督活动。

内部审计机构是组织内部控制的重要组成部分。内部审计的责任是通过审查和评价组织内部控制的适当性、合法性和有效性来协助遏制舞弊，发现组织内部控制的重大缺陷。即使是在不以舞弊行为为主要目标的常规内部审计过程中，内部审计人员也应以应有的职业谨慎，警惕可能引发舞弊的机会。

应有的职业谨慎是内部审计人员应具备的合理谨慎态度和技能。舞弊行为的发生与组织内部控制存在漏洞相关，并且总会留下一些迹象，如果内部审计人员保持合理的职业谨慎，就能够对这些漏洞或迹象保持警觉，进而可以提醒管理层采取措施预防或发现舞弊行为。

内部审计机构和人员应在以下几个方面保持职业谨慎。

（1）具有预防、识别和检查舞弊的基本知识和技能。

内部审计人员在执行审计项目时应警惕相关方面可能存在的舞弊风险。这要求内部审计人员不仅具有财务知识，还需要对管理学和组织运营方面有相当程度的了解，有足够的工作经验及对任何异常现象都不放过的职业怀疑态度。

（2）根据被审计事项的重要性、复杂性以及审计成本效益性，合理关注和检查可能存在的舞弊行为。

内部审计人员所开展的日常审计工作并不是专门用来针对预防、发现和报告舞弊的，因此只依靠日常工作程序不能保证发现所有的可能引发舞弊的内部控制漏洞或发现所有已经存在的舞弊行为，需要延伸采取必要的其他程序。检查和发现舞弊所需的成本比日常审计工作大得多，组织不可能测试每一项交易业务。此外，揭示舞弊不能运用推理作为依据，而需要有明确的证据。这也增加了揭示舞弊的审计成本。因此，不可能要求内部审计人员对所有可能存在舞弊的疑点都保持同等的关注程度，而只能要求其根据相关疑点可能对组织造成危害的影响程度和揭示舞弊成本等因素综合考虑，而保持合理的关注。

（3）运用适当的审计职业判断，确定审计范围和审计程序，以发现、检查和报告舞弊行为。

在内部审计中，内部审计人员若发现存在控制薄弱环节，需要进一步追查，以便发现可能存在的舞弊行为。在确定延伸审计程序的范围、程度等事项时，内部审计人员需要考虑被审计事项的重要性、复杂性和审计的成本效益等因素，并运用职业判断决定对发现、检查和报告舞弊所采取的审计程序与范围。

（4）发现舞弊迹象时，应及时报告适当的管理层，提出进一步检查的建议。

适当的管理层是指有权进行相应决策，对舞弊行为进行制止、纠正或者完善相关的内部控制制度以预防舞弊行为的管理层。内部审计人员应当在发现舞弊迹象时，及时向适当的管理层报告，并提出相应的调查、纠正和完善制度等相关建议，供管理层参考。

三、舞弊审计的固有特点

相对于传统的财务审计，舞弊审计有其固有特点。

（一）思维方法

传统财务审计的思维特点是：根据既定的会计准则和审计准则，抽取样本数据，根据实际情况对照公认准则，得到具体发现，从而得出结论。这是从一般到特殊的演绎推理过程。舞弊审计是内部审计人员通过观察、询问，执行特殊程序和利用有关技术收集证据，从一个又一个疑点开始审查，即"跟随谎言去追寻真相"，用一个个有力证据说明疑点，最后得出结论，揭穿特定的舞弊行为。这是从特殊到一般的思维过程。

（二）审计切入点

财务审计的切入点是以内部控制为基础，以防范审计风险为目标，关注当期会计数据中的错误是否超过重要性水平。舞弊审计首先考虑的是行为动机、舞弊机会及控制的薄弱环节，关注的是例外事情、古怪事情。这些事情往往由奇怪的人，在奇怪的地点、奇怪的时间发生奇怪的次数，而奇怪的数字则不问金额大小。正所谓"大错不犯、小错不断"，正是舞弊审计要关注的。

（三）审计目的

财务审计的目的通常是发现偏离公认会计准则的重大差异事项，以验证财务报表的公允性、合法性、充分性。如果内部审计人员严格按照审计准则要求进行审计工作，并尽到应有的职业谨慎，却没有发现被审计单位的舞弊行为，内部审计人员一般不需要承担责任。而舞弊审计的目的在于调查揭露故意歪曲事实与非法占用资产的舞弊行为，确定舞弊损失的金额及问题的影响程度和范围，关注例外事项、不正常事项和潜在发出危险信号的事项，寻找舞弊证据，侦破舞弊案件。

（四）审计程序和方法

财务审计严格按照既定的审计准则，从了解内部控制、控制测试、实质性测试等环节进行规范审计取证。如果在实施必要审计程序后，仍不能获得所需要的审计证据，内部审计人员可以发表保留意见或无法表示意见。而舞弊审计最重要的思维方式是站在舞弊者的角度思考问题，寻找内部控制的薄弱环节，寻找舞弊的确切证据，不能凭推理去设想与舞弊有关的事项，一旦发现重大舞弊行为的蛛丝马迹，就要一查到底。

第二节　舞弊审计的类型

从组织经济利益的角度来看，舞弊可以分为损害组织经济利益的舞弊和谋取组织经济利益的舞弊。

一、损害组织经济利益的舞弊

损害组织经济利益的舞弊是指组织内外人员为谋取自身利益，采用欺骗等违法违规手段使组织经济利益遭受损害的不正当行为。有下列情形之一者属于此类舞弊行为。

（1）收受贿赂或回扣。

（2）将正常情况下可以使组织获利的交易或事项转移给他人。

（3）贪污、挪用、盗窃组织资产。

（4）使组织为虚假的交易或事项支付款项。

（5）故意隐瞒、错报交易事项。

（6）泄露组织的商业秘密。

（7）其他损害组织经济利益的舞弊行为。

由于组织的运营环境不同，可能还有上面未列举的损害组织经济利益的其他类型的舞弊行为发生，内部审计人员应运用职业判断来确定究竟哪些行为可能损害组织的经济利益。

二、谋取组织经济利益的舞弊

谋取组织经济利益的舞弊是指组织内部人员为使本组织获得不当经济利益而其自身也可能获得相关利益，采用欺骗等违法违规手段，损害国家和其他组织或个人利益的不正当行为。

谋取组织经济利益的舞弊行为可以使组织的经济利益增加，从局部和短期看，这种舞弊行为给组织带来了利益，其防范工作不像前一种舞弊行为那样被管理层所重视，甚至在内部审计机构和人员发现该类型舞弊时，管理层可能还会给予舞弊者某种程度的保护。但这种舞弊行为会损害国家或其他组织、个人的经济利益，从长远看，这类舞弊行为一旦被揭露，则组织的经济利益还是会受到损害，如失去资本市场的信任、组织形象受损、支付违法违规的罚款等。这种损害行为也可能使舞弊者获得不正当的个人利益。内部审计机构应向适当的管理层说明该类型舞弊对组织长远发展带来的负面影响，并争取高级管理层支持其对该类型舞弊的预防和检查。有下列情形之一者属于此类舞弊。

（1）支付贿赂或回扣。

（2）出售不存在或不真实的资产。

（3）故意错报交易或事项、记录虚假的交易或事项，使财务报表使用者误解而做出不适当的投融资决策。

（4）隐瞒或删除应对外披露的重要信息。

（5）从事违法违规的经营活动。

（6）偷逃税款。

（7）其他谋取组织经济利益的舞弊行为。

第三节　舞弊审计的程序

舞弊审计程序包括舞弊评估、舞弊检查和舞弊报告三个环节。

一、舞弊评估

（一）评估舞弊发生的可能性

内部审计人员在审查和评价业务活动、内部控制和风险管理时，应当从以下方面对舞弊发生的可能性进行评估。

（1）组织目标的可行性。组织目标设置不当，超越了执行人的能力范围，反而会对执行人产生不当的压力，使执行人可能会为达到目标而采取各种手段，甚至包括舞弊。因此，组织目标应当充分考虑组织的客观环境与实际情况，设置得当，使执行者通过努力可以达到。

（2）组织控制意识和态度的科学性。组织控制意识和态度是否正确、科学决定了组织能否设计出符合组织实际情况、有效的内部控制。

（3）员工行为规范的合理性和有效性。员工行为规范对员工的行为直接起到指导和规范的作用，员工行为规范是否合理、员工行为与组织目标和经营活动授权制度是对各种舞弊行为直接的监控手段。

（4）业务活动授权审批制度的有效性。各种职责的分离、授权，确保了各个层次的执行人难以滥用职权，做出超越权限的指令，限制了舞弊行为发生的机会，同时限制了舞弊行为确实发生时的损失程度。

（5）内部控制和风险管理机制的有效性。内部控制和风险管理机制是组织用于应对、消除面临的各种风险的解决方法和策略，因此，内部控制和风险管理机制的有效性对于最大限度地消除风险、减少风险带来的损失，具有重要的意义。

（6）管理信息系统运行的有效性。组织的管理信息系统不仅处理组织内部的信息，同时也处理外部的信息。信息在组织内部的交流与沟通，可以使员工更好地完成其职责。同时，管理信息系统对信息的收集、整理也使员工的工作得到一定的监督和约束，可以有效地减少舞弊行为发生的机会。

内部审计人员应关注内部控制运行的有效性及其可能存在的风险高发点。在进行内部控制审计时，为了发现舞弊线索，内部审计人员需要进行风险分析，对每一控制要点的审计都考虑以下因素。

（1）组织现有条件招致重大违法行为的风险。

（2）组织内拥有权力和责任的个人或集体，出于某种原因或动机从事违法活动的可能性。

（3）组织内拥有权力和责任的个人或集体工作态度或道德观念有问题，以致进行违法活动的可能性。

在正常情况下，内部审计人员在审计过程中应取得充分、相关和可靠的审计证据，如果不能取得与审计相关部门的支持与配合，则难以取得符合上述要求的审计证据。内部审计人员应尽可能取得被审计部门等相关机构的理解与支持，若被审计部门等相关机构在没有合理解释的情况下，依然抵触内部审计人员的工作，内部审计人员应对此保持警惕，考虑其中隐含舞弊的可能性。

（二）评估可能导致舞弊发生的情况

内部审计人员除内部控制的固有局限外，还应考虑可能会导致舞弊发生的下列情况。

（1）管理人员品质不佳。

（2）管理人员遭受异常压力。

（3）经营活动中存在异常交易事项。

（4）组织内部个人利益、局部利益和整体利益存在较大冲突。

由于内部控制的固有局限性，内部控制不可能防范所有的舞弊。上述情形的存在更容易促使舞弊者利用内部控制的固有限制，绕开内部控制进行舞弊。舞弊者在组织中所处位置越高，越容易绕开内部控制实施舞弊，或者更容易掩盖舞弊行为，内部审计人员应对此保持警惕。

二、舞弊检查

（一）舞弊检查的实施者

舞弊检查是指实施必要的检查程序，以确定舞弊迹象所显示的舞弊行为是否已经发生。遏制舞弊是组织管理层的责任，决定是否进行舞弊检查及如何进行舞弊检查也同样是组织管理层的责任。内部审计人员的责任是协助管理层完成这一责任。

舞弊检查通常由内部审计人员、专业的舞弊调查人员、法律顾问及其他专家实施。在某些情况下，由内部审计人员负责检查舞弊可能更为有效，但针对舞弊的检查与内部审计人员日常工作内容毕竟不相同，因此，往往还需要其他专业人士的共同努力才能完成舞弊检查工作。

（二）内部审计人员检查舞弊时的工作要点

内部审计人员检查舞弊的工作要点如下。

（1）评估舞弊涉及的范围及复杂程度，避免对可能涉及舞弊的人员提供信息或被其所提供的信息误导。由于舞弊者通常会消除舞弊痕迹，或者破坏、篡改记录，提供虚假的信息，以及舞弊时往往伴随着相关内部控制被破坏，因此，在常规审计中可以信任的审计证据，或同样条件下取得的可靠审计证据，在舞弊检查中就可能存在着不足以信任或不可靠情形，内部审计人员应对此保持警觉，以获取可靠的审计证据。

（2）对参与舞弊检查人员的资格、技能和独立性进行评估。通常，舞弊检查工作比较复杂，时间紧迫，因此，对内部审计人员的技能要求也高于日常审计工作，需要经验丰富的人员，以应对复杂的局面。在一般性内部审计工作中强调独立性，在舞弊检查中特别强调独立性，除了与前者有相同的要求外，特别强调内部审计人员应尽可能排除个人偏见和先入为主的思维模式。

（3）设计适当的舞弊检查程序，以确定舞弊者、舞弊程度、舞弊手段及舞弊原因。舞弊检查的工作程序与常规审计不同，它可能需要专门技术与专业人员的支持，针对已经发现的舞弊线索，采取特殊的审计程序与方法。例如在日常审计工作中，内部审计人员寻求整体的合理性、有效性；而舞弊检查中除了从整体的分析中查找线索外，更侧重于微观的、细节的合理性。在舞弊检查中需要对经济利益流出和流入组织的环节特别注意，重点关注那些容易受到舞弊袭击的资产。

（4）舞弊检查过程中与组织适当管理层、专业舞弊调查人员、法律顾问及其他专家保持必要的沟通。在舞弊检查过程中，人员的配置往往无法事先预测，因为随着检查所发现的内容不同，要求马上跟进检查的方面也不同。内部审计人员应与参与舞弊检查的各个方面和人员保持有效的沟通，利用其他专业人士的经验与能力，使检查工作能达到效果。

（5）保持应有的职业谨慎，以避免损害相关组织或人员的合法权益。在舞弊检查中，内部审计人员应对法律知识有所了解，以免由于采取了不恰当的审计程序或方法，损害相关组织和人员的合法权益，使自己处于不利的地位。

（三）舞弊检查结束后的工作内容

在舞弊检查工作结束后，内部审计人员应评价查明的事实，以满足下列要求。

（1）确定强化内部控制的措施。

（2）设计适当程序，对组织未来检查类似舞弊行为提供指导。

（3）内部审计人员了解、熟悉相关的舞弊迹象特征。

内部审计工作不仅应具有监督和评价的功能，更重要的是应当对组织的建设起到促进作用，即内部审计工作应具有指导性。确定强化内部控制的措施和设计适当的程序，为组织未来检查类似舞弊行为提供指导，就体现了内部审计的这一作用。同时，通过对检查过程中所了解的舞弊迹象特征进行总结，内部审计人员可以在工作过程中不断地自我完善。

三、舞弊报告

舞弊报告是指内部审计人员以书面或口头形式向适当管理层报告舞弊检查的情况及结果。

内部审计人员应根据审查和评价内部控制时发现的舞弊迹象或从其他来源获取的信息，考虑可能发生的舞弊行为的性质，向组织适当管理层报告，同时就需要实施的舞弊检查提出建议。

由于舞弊检查具有机密性，因此舞弊报告的提交对象应是适当的管理层，通常向组织的高级管理层或董事会报告，报告的层次至少应比舞弊涉及层次高一级。舞弊报告可以在检查工作结束后提交，也可以在检查工作进行过程中提交。采取口头报告和在检查过程中进行报告的目的是及时让适当管理层知晓所发现的情况，以便其决定是否采取和采取什么措施来遏制舞弊行为；而在完成舞弊检查工作后，应提交正式的书面报告。

（一）需要向适当管理层报告的情形

发现舞弊是一个渐进的过程，由线索引起而逐渐深入。内部审计人员在发现舞弊线索或需要适当管理层采取措施时，就应及时向后者报告，报告的形式可以是口头的，也可以是书面的。

在舞弊检查过程中，出现下列情况时，内部审计人员应及时向适当管理层报告。

（1）可以合理确信舞弊已经发生，并需深入调查。

（2）舞弊行为已经导致对外披露的财务报表严重失实。

（3）发现犯罪线索，并获得应当移送司法机关处理的证据。

内部审计人员的工作是检查舞弊，其本身没有权力对如何处置舞弊行为做出决策。因此，当确信舞弊已经发生或舞弊行为已导致对外披露的财务报表严重失实时，内部审计人员需要通报适当管理层，使其决定是否需要采取进一步的措施。内部审计人员应与适当的管理层讨论所发现的舞弊行为，由后者决定是否向外部权力机构通报所发现的问题。此时，内部审计人员的责任范围将扩大到对组织内部适当管理层负责。

（二）完成舞弊检查后的审计报告

内部审计人员在完成舞弊检查后，应提交书面报告。内部审计人员完成必要的舞弊检查程序后，应从舞弊行为的性质和金额两方面考虑其严重程度，出具相应的审计报告。

（1）报告的内容应包括行为的性质、涉及人员、舞弊手段及原因、检查结论、处理意见、提出的建议及纠正措施。内部审计人员在完成舞弊检查工作后提交的报告中，应体现检查的过程及内部审计人员的专业判断，不仅应阐明舞弊的成因、责任人、性质，还应提出改进的建议和纠正措施，后者体现了内部审计人员的建设性，也是为了实现组织利益的最大化。

（2）从成本效益原则考虑，内部审计人员对不同性质和金额的舞弊行为的处理应不同。性质轻且金额小的舞弊行为，对组织造成的危害较小，可以不特别指出，一并纳入常规审计报告；对性质严重或金额较大的舞弊行为，为引起管理层足够的重视，应单独出具专项审计报告。如果该舞弊行为涉及公众利益，对公众有重大影响或十分敏感，即该行为极可能引发法律后果，则应当寻求法律专业人士的帮助。

需要强调说明的是，对舞弊性质和金额的判断同等重要，即使某些金额较小但性质严重的舞弊行为也应被重视。决定采取何种方式报告舞弊检查结果时，内部审计人员需要运用职业判断。

思考与探索

1．有人说，"舞弊是审计永恒的主题"。请谈谈你对此说法的认识。

2．什么是舞弊的 GONE 理论、冰山理论，请与舞弊三角理论进行比较。

3．管理层舞弊与员工舞弊有什么不同？

4．獐子岛扇贝"跑路"已经成为资本市场的笑谈。2006 年，獐子岛集团股份有限公司（简称獐子岛）在深交所上市，当时募资 2.95 亿元，主要用于 3 个项目——底播增殖产业化基地项目、水产品精深加工区项目和国内贝类交易中心项目等。上市之后的 5 年，公司营业收入规模和业绩保持强劲增势。数据显示，2006 年至 2011 年，公司营业收入分别为 6.38 亿元、6.40 亿元、10.07 亿元、15.13 亿元、22.59 亿元和 29.37 亿元，同一时期，净利润分别为 1.67 亿元、1.68 亿元、1.42 亿元、2.07 亿元、4.23 亿元和 4.98 亿元。在业绩较高的 2010 年和 2011 年，公司大手笔分红，现金分红（含税）分别 2.37 亿元和 2.84 亿元，分别占合并报表中归属于上市公司股东净利润的 56.07%和 57.12%。2012 年是一个分水岭，这一年，獐子岛的辉煌戛然而止。当年，公司实现营业收入 26.08 亿元，净利润 1.06 亿元。

针对两项指标双降，公司在当年年报中分析，这主要是受到五大因素影响：一是底播虾夷扇贝亩产下降，二是浮筏鲍鱼受台风影响产量低于预期，三是计提与威海长青海洋科技诉讼的预计负债，四是出口贸易降幅较大，五是公司人力资源成本同比大幅增长。其中，底播虾夷扇贝亩产下降，直接导致底播虾夷扇贝产品收入下降 10.59%，为 10.59 亿元。当年，扇贝收入仍占公司总收入的 40.53%。

如果说 2012 年是公司"建立现代企业制度 11 年以来最为困难的一年"，那么，2014 年和 2018 年，几乎可以说是公司彻底崩塌的两年。

2014 年 10 月 31 日，公司发布公告披露，因为遭遇异常的冷水团，公司下辖捕捞的 105.64 万亩海洋牧场中，底播虾夷扇贝绝收，计提近 8 亿元存货减值准备，当年即出现上市以来的巨额亏损。"冷水团""扇贝跑路"成为公众热议的字眼。为消除外界的质疑，公司董事长兼总裁自掏腰包，承担 1 亿元灾害损失，其他总裁办公会成员自 2014 年起降薪 50%。公司 11 名总裁办公会成员计划在股票复牌后斥资 2 000 万元增持股票，2 年内不减持。2015 年，公司再次亏损 2.43 亿元，被"戴帽"。2016 年，公司靠变卖资产实现盈利，2017 年才得以"摘帽"。不料，2017 年再次发生巨亏。2017 年全年，公司净利润亏损 7.23 亿元。2018 年 2 月，公司发布公告披露，因上年底降水减少、饵料短缺、海水温度异常等原因，底播虾夷扇贝存货异常。"没东西吃，导致扇贝饿死"，这是外界熟知的第二次"扇贝跑路"升级版事件。獐子岛虽然在 2018 年扭亏为盈实现净利润 0.32 亿元，但已难返巅峰。2019 年上半年，公司再次陷入亏损，净亏损 2 358.97 万元。

2018 年，证监会对獐子岛涉嫌财务造假、内控存在重大缺陷以及披露文件涉嫌虚假记载等问题立案调查。经过长达 1 年半时间的调查，2019 年 7 月，证监会拟对獐子岛及董事长等 24 人进行处罚。

请通过阅读上述材料，并在网上探索相关信息，思考下列问题。

（1）獐子岛事件到底是正常的经营风险还是人为的财务舞弊？

（2）对类似獐子岛的事件，上市公司内部审计部门该当何责？如何应对？

（3）对类似于扇贝等隐蔽资产，应该如何审计？

第十三章　内部审计展望

引导案例

当审计插上高科技的翅膀

獐子岛扇贝"跑路"事件已经成为审计界讨论的一个热门话题。獐子岛集团股份有限公司（以下简称"獐子岛公司"）创始于 1958 年，主要业务是在海底底播养殖虾夷扇贝、海参等海产品，被誉为"中国水产第一股"。公司上市之后股价一路上涨，獐子岛公司的第一大资产是存货，也就是播撒在海底的隐蔽资产——虾夷扇贝，它们占獐子岛公司资产的 30%。獐子岛公司这正是利用隐蔽资产肉眼观测难和事后追溯难的特点，把"扇贝去哪了"拍成了连续剧。

第一集："扇贝冻死了"。2014 年 10 月，獐子岛公司称，因黄海遭到异常冷水团，扇贝发生绝收，全年亏损 11.89 亿元；这次事件后，公司连亏两年，一度"披星戴帽"。2016 年业绩扭亏为盈。

第二集："扇贝饿死了"。2018 年 1 月，獐子岛公司发布公告，称 2017 年降水量不足，扇贝饲料不足导致扇贝饿死，当年业绩亏损至 7.2 亿元。

第三集："扇贝又跑了"。2019 年一季报，公司一季度亏损 4314 万元，同比减少 379.43%，理由为"底播虾夷扇贝受灾"。

第四集："扇贝跑路了"。2019 年 11 月獐子岛公司发布公告称，对 2017 年、2018 年底播虾夷扇贝共计 55.45 万亩进行调查，预计核销存货成本及计提存货跌价准备合计金额约 2.9 亿元。

虾夷扇贝是獐子岛公司的消耗性生物资产，又生存于海底，到处游动，这的确是一个审计上的大难题。针对獐子岛公司扇贝连续"跑路"事件，2020 年，中国证券监督管理委员会亲自出手，借助北斗卫星导航系统，通过对 27 条采捕船只数百余万条海上航行数据进行分析，复原了獐子岛公司最近两年真实的采捕海域，揭露了獐子岛公司扇贝六年四次"出逃"之谜，并且对獐子岛公司处以 60 万元罚款，对 15 名责任人员处以 3 万元至 30 万元不等罚款，对 4 名主要责任人采取 5 年至终身市场禁入。

展望未来，审计都会插上高科技的翅膀。

第一节　增值型内部审计

内部审计是企业内部控制系统的重要组成部分，其主要目的是评估和提高企业风险管理、内部控制和治理过程的有效性。在全球经济一体化的背景下，内部审计正逐渐从传统的合规审计向风险管理和增值服务转型，以帮助企业应对不断变化的商业环境和竞争压力。

随着全球经济环境的不断变化和企业竞争日益激烈，内部审计在企业风险管理和内部控制方面发挥着越来越重要的作用。

一、内部审计的价值创造

第一，制定和优化风险管理策略

内部审计部门可以协助企业识别潜在风险，制定风险管理策略，以及监督风险管理措施的实施。此外，内部审计还可以评估企业现有风险管理策略的有效性，提出改进意见和建议，从而提高企业整体的风险管理水平。

第二，提高企业内部控制体系的有效性

内部审计通过对企业内部控制环境、风险评估、控制活动、信息沟通和监督等方面的全面审查，可以发现潜在的控制缺陷和漏洞，并提出整改建议。这将有助于企业持续优化内部控制体系，降低风险，提高企业运营效率和绩效。

第三，促进企业创新和战略发展

内部审计通过对企业战略、市场环境、竞争对手、技术创新等方面的研究和分析，可以为企业提供有针对性的战略建议。这将有助于企业调整和优化战略方向，抓住市场机遇，提高竞争力，实现可持续发展。

二、增值型内部审计特征

增值型内部审计具有如下特征：

（一）风险导向的审计方法

内部审计的核心任务是识别、评估和管理企业的风险。随着企业面临的风险类型和程度不断变化，内部审计需要采用更加灵活、科学的风险导向审计方法，以确保企业在迅速变化的环境中实现战略目标。

（二）数据分析和人工智能技术的应用

随着大数据、人工智能等技术的不断发展，内部审计将利用这些技术进行数据挖掘、分析和预测，以提高审计效率和质量。此外，人工智能技术还可以在内部审计中实现自动化和智能化，从而减轻人力负担并提高审计精确性。

（三）综合性和全面性审计

内部审计不仅关注企业的财务风险，还需要关注战略、运营、技术等多方面的风险。因此，内部审计需要拥有全面的知识体系和技能，包括风险评估、业务流程优化、信息技术审计等，以实现对企业全面风险的识别和管理。

（四）更加注重审计委员会的作用

为了确保内部审计的独立性和公正性，越来越多的企业开始建立审计委员会，并将其作为企业治理结构的重要组成部分。审计委员会负责审查内部审计工作计划、评估内部审计部门的独立性，以及监督企业内部审计与外部审计之间的协调和沟通。此外，审计委员会还需要关注企业的风险管理和内部控制体系，以提高企业的治理水平。

（五）持续审计和实时监控

为了实现更高效、有效的内部审计，企业将采用持续审计和实时监控方法，利用大数据审计技术，通过自动化和智能化手段不断收集、分析和报告审计数据。这将有助于企业在第一时间发现潜在问题，采取措施解决，从而降低风险并提高企业绩效。

总之，随着新技术的应用和内部管理的深入发展，内部审计也将面临着新的挑战和发展机遇。内部审计人员提高专业素质，拥抱变革和创新，探索新的工作模式和方式，从而实现更加贴近企业和业务流程的内部审计，为企业提供更有价值和有效的风险管理及控制建议。

第二节　大数据审计

　　所谓"大数据"，指的是具备价值的、能够被传播与利用的规模巨大的数据集合。它伴随着互联网技术而出现，不仅包括数据本身，也涵盖分析处理数据的操作平台和技术。因为数据量规模庞大，形态复杂，存在形式多样，大数据的搜集、处理、传输方式比传统数据在难度上有很大的提高，需要通过一系列新型技术来实现，譬如云计算、区块链等。

　　随着信息技术的飞速发展，大数据已经成为当今社会的关键词之一。在审计领域，大数据技术为传统审计方法带来了重大变革，使得审计工作更加高效、精确和全面。大数据审计旨在利用大量的数据资源和先进的数据分析技术，提高审计过程中风险识别、评估和管理的能力，从而实现审计目标的更好达成。

一、大数据审计的特点

（一）数据量大、类型多样

　　大数据审计涉及大量的数据，包括结构化数据（如财务报表、销售数据等）和非结构化数据（如文本、图片、视频等）。这些数据来自企业内部系统、外部数据库以及互联网等多个渠道，为审计工作提供了丰富的信息来源。

（二）数据分析与挖掘技术的应用

　　大数据审计利用数据挖掘、机器学习等技术对数据进行深入分析，发现潜在的审计风险和问题。此外，通过预测分析和数据可视化等手段，大数据审计可以帮助审计师更好地理解企业的业务状况和风险状况，提高审计效果。

（三）实时监控与持续审计

　　大数据审计可以实现实时监控和持续审计，及时发现和预警企业潜在的风险和问题。这将有助于企业及时采取纠正措施，降低风险，提高内部控制水平。

　　在大数据背景下，审计人员可以获取与企业相关的所有数据，利用相关关系准确地进行监控和预测，更好地把握企业可能存在的风险。审计人员不再局限于依赖少量的数据样本，而是立足于全样本的审计检查，不用担心某一数据点对整套分析的不利影响，可以从这些纷繁的数据中获得相应信息，不需要以高昂的代价消除所有的不确定性。因此，大数据改变了原先的审计方式，可以更准确地进行风险评估，不断降低审计风险和成本，全面提升内部审计价值。

二、大数据审计面临的挑战

（一）数据质量和数据安全问题

　　大数据审计涉及大量数据的收集、存储和分析，数据质量和数据安全成为关键问题。审计师需要确保数据的准确性、完整性和可靠性，同时防止数据泄露、篡改等风险。

（二）技术与人才短缺

　　大数据审计需要掌握先进的数据分析技术和具备一定的业务知识。然而，目前许多审计机构和企业在技术和人才方面存在短缺，这对大数据审计的推广和应用造成了一定程度的阻碍。

（三）法规和标准缺乏

　　大数据审计涉及数据隐私、知识产权等多个方面的法律法规，但当前相关法规和标准尚不完善。这给大数据审计的实施带来了诸多困难和挑战。

三、大数据审计的前景

（一）深度融合审计与业务

随着大数据技术的不断发展，大数据审计将更加深入地融入企业的业务流程，实现对企业全面风险的识别和管理。这将有助于企业提高内部控制水平，降低风险，提高经营效益。

（二）智能化和自动化审计

未来，大数据审计将借助人工智能、机器学习等技术实现审计的智能化和自动化。通过自动化的数据采集、分析和报告，大数据审计将进一步提高审计效率和质量，为企业提供更加精准的审计服务。

（三）审计领域的创新与发展

大数据审计将推动审计领域的创新与发展，包括审计方法、审计技术和审计服务等方面。这将有助于审计行业实现持续改进，提高审计服务的市场竞争力。

大数据审计作为一种新兴的审计方法，具有巨大的潜力和价值。然而，要实现大数据审计的广泛应用，还需克服数据质量、技术和人才短缺等挑战。同时，政府、行业组织和企业应共同努力，加强法规和标准的制定，为大数据审计的健康发展创造良好的环境。在未来，大数据审计有望为审计领域带来更多的创新和价值，助力企业实现可持续发展。

第三节 人工智能审计

2017 年，国务院发布《新一代人工智能发展规划》，标志着我国人工智能的发展进入新阶段。数字化与智能化对内部审计领域也产生了重大影响，2018 年《审计署关于加强内部审计工作业务指导和监督的意见》明确指出，"内部审计机构应积极推广大数据审计工作模式等先进审计技术方法，推动提高内部审计人员运用信息化技术查核问题、评价判断和分析问题的能力，促进提高内部审计工作效率和质量。"

随着人工智能（AI）技术的日益成熟，其在各个行业的应用也愈发广泛。在审计领域，人工智能技术的引入为审计师带来了高效、准确、全面的审计方式，彻底改变了传统审计方法。

人工智能审计是指运用人工智能技术，如机器学习、深度学习和自然语言处理等，辅助审计师开展审计工作的方法。这种方法充分利用大数据、高速计算能力和先进的算法，为审计师提供更高效、准确的审计支持，助力企业风险管理和内部控制的优化。

一、内部审计从数字化到智能化的转变

张庆龙等多位专家认为，内部审计数字化运用先进的互联网技术进行数据处理，将繁杂的信息转化为有用的数据，通过构建模型进行初步审计判断以提高审计效率，但这并不是内部审计的智能化。所谓智能，是"智慧"和"能力"的结合，需要具备思维、感知和学习能力。内部审计数字化虽然借助了大数据的运算，但最终对计算机的初步分析结果进行判断的依然是人，而不能依靠计算机自行决策。

数字技术赋能
内部审计

数字化是内部审计智能化的基础。在数字化的基础上，辅以机器学习、神经网络等人工智能技术，建立智能审计模型，由计算机计算最优决策。因此，向智能化的演进是内部审计数字化进程的必然选择。

二、内部审计智能化的优势

（一）数据获取简单直观

应用计算机技术汇集数据，直接采集原始数据，可以大幅度提升审计效率。而随着审计抽样准确性和时效性的提升，大量现场监督盘点、获取数据、识别审计线索的时间得以节省。同时，智能化内部审计具备的分析工具可以将测试结果展现为可读性更强的图表形式，便于审计人员的分析。

（二）自主学习，智能抽样

在目前的实践中，深度学习网络模型已经初见成效，包括三种应用模式：自动编码器、卷积神经网络、深度信任网络。自动编码器是深度学习的初级阶段，通过输入值的编码与解码调整参数，通过提取和识别特征筛选审计项目，将被审计数据与基准数据进行比较，通过对比分析寻找疑点。智能化内部审计用计算机模拟人脑的决策行为，借助计算机的运算力寻找可疑对象，将审计经验模型化，是机器学习与人类智慧结合的产物。

（三）机器人流程自动化

从技术角度看，国内对于数字化、智能化与审计的结合还处于研究的初级阶段，RPA应用在审计中可以获得更可靠、更完善的审计跟踪、更高的服务质量和更高的安全性，使审计人员从重复和判断程度低的审计任务中解脱，使他们能够专注于更具附加值的专业判断任务。

虽然RPA替代内部审计人员执行了一些重复性的工作，但并不意味着、就是人工智能，而是弱人工智能时代的一种替代技术。但这种自动化的应用为内部审计智能化搭建了重要的应用场景、数据基础与技术基础。德勤公司在原有RPA基础上与行业领先的智能应用业务相结合推出的认知自动化，被认为是迈向强人工智能的一款过渡产品，它可以在审计执行过程中协助审计人员完成自助式审计数据采集、自动化测试、自动化文档审阅、自动化底稿编辑、审计项目管理等工作项目。

三、内部审计智能化展望

（一）内部审计队伍优化

随着大数据时代的到来和人工智能技术的飞速发展，传统的内部审计模式逐渐力有不逮，难以满足为企业防范经营风险的需求。随着数字技术的运用，一方面要建立有效的人才培养机制，加强队伍的专业素质；另一方面，也要从团队协作入手，培养上下贯通、反馈迅速的团队。

首先，增加与外部机构和人员的合作与交流，建立一个具有数据分析能力的涵盖审计业务、分析监测等方面的智能化审计团队。同时强化员工的后续教育。譬如，定期选派员工到金融科技公司交流学习；定期举办讲座，邀请专家传授智能化领域的经验；联系专业的培训机构，重视云计算、信息技术等新领域的技能培养，提高内部审计人员对于新技术的应用能力。

（二）内部审计技术优化

随着云计算技术在审计中应用的深入，探索计算机加持的内部审计新技术已经成为主流。不仅体现在纸质记录逐渐实现无纸化，信息使用者对审计的期待也在放大，一场针对审计手段和技术的改革势在必行。新的审计方法需要先将审计思路关联到审计数据上，再用计算机语言进行表达。只有形成了新的审计方法，计算机才能自动执行某一审计思路，并形成审计疑点。

以网络爬虫技术为例，通过网络爬虫技术与文字、图像识别技术的配合，内审人员可以迅速抓取关键词，对可能存在的风险点进行精准识别，提高内部审计的精确度。同时，通过爬虫技术实现的数据整合，可以帮助内审人员从宏观视角识别关联风险，有效缓解了信息不对称的问题。此外，内部审计智能化还需要运用语音和文字识别技术（将大量信息以更高效的手段进行采集，节约审计人员的机械性劳动，为全覆盖审计打下基础）、复杂数据分析（宏观分析大量数据，挖掘潜在规律，快速捕获疑点）、知识图谱（通过关联检索技术，将繁杂数据合成为知识网络，便于判断隐含逻辑）等技术，建设"智慧审计"平台，实现覆盖全业务链的持续审计。

（三）内部审计智能化的应用场景

利用人工智能的图像识别技术，取代重复性高、工作量大、规则明确但技术含量低的工作，比如核对凭证等。如果加入算法，通过计算机自主学习，可以实现核对之后的初步分析，筛选需要进行审计的项目。这只是智能化审计的基础应用，是内部审计智能化的初级阶段。

如果只能取代脑力劳动较少的低端劳动，内部审计智能化产生的收益未必能覆盖其开发成本。智能化的最终目的是一定程度上取代"专家工作"，寻找异常数据，发挥一定的预警作用，将内部审计从传统的事后审计逐渐转变为事前、事中审计。

综上，人工智能审计为审计领域带来了革命性的变化，将审计工作推向一个新的高度。在克服挑战的同时，企业和审计机构应充分发挥人工智能审计的优势，实现审计领域的创新与发展。

思考与探索

1. 结合技术赋能内部审计，思考未来内部审计的可能发展。

2. 通过互联网了解机器学习，思考机器学习能够给审计带来哪些改善？

3. 思考面对大数据审计，我们可以做出哪些执业突破，其对审计理论和实务的发展会有怎样深远的影响。

4. 内部审计人工智能的发展方向会是什么？你觉得随着人工智能的发展，内部审计人员会失业吗？

附录　拓展资料

第一章

1. 《国际内部审计专业实务框架》（2017）

2. 《企业风险管理——与战略和业绩的整合》（COSO2017）

第二章

1. 《第1101号——内部审计基本准则》

2. 《第1201号——内部审计人员职业道德规范》

3. 《第2302号内部审计具体准则——与董事会或者最高管理层的关系》

第三章

1. 《第1101号——内部审计基本准则》

2. 《国际内部审计专业实务框架》（2017）

第四章

1. 《第2101号内部审计具体准则——审计计划》

2. 《第2102号内部审计具体准则——审计通知书》

3. 《国际内部审计专业实务框架》（2017）

4. 《第2107号内部审计具体准则——后续审计》

第五章

1. 《第2103号内部审计具体准则——审计证据》

2. 《第2104号内部审计具体准则——审计工作底稿》

3. 《第2109号内部审计具体准则——分析程序》

第六章、第七章

1. 《第2106号内部审计具体准则——审计报告》

2. 《第3101号内部审计实务指南——审计报告》

第八章

1. 《第2301号内部审计具体准则——内部审计机构的管理》

2. 《第2302号内部审计具体准则——与董事会或者最高管理层的关系》

3. 《第2309号内部审计具体准则——内部审计业务外包管理》

第九章

《第2201号内部审计具体准则——内部控制审计》

第十章

《企业风险管理——与战略和业绩的整合》（COSO2017）

第十一章

《上市公司治理准则》（2018）

第十二章

1. 《第2204号内部审计具体准则——对舞弊行为进行检查和报告》

2. GONE理论、冰山理论